乡村振兴背景下的现代农业产业体系研究

农业农村部农村经济研究中心产业发展研究室　著

中国农业出版社
北　京

目　　录

第一章

现代农业产业体系建设路径问题研究①

摘 要

现代农业产业体系与现代农业生产体系、经营体系是支撑现代农业发展的关键支柱。三大体系中，现代农业产业体系是核心，指引农业向哪发展、发展什么，现代农业生产体系和经营体系共同支撑着现代农业产业体系的发展。经研究梳理，本课题讨论了现代农业产业体系的概念与内涵、发展水平、路径选择，并提出了政策建议。

关于现代农业产业体系的概念和内涵，本研究认为，现代农业产业体系是以现代农业经营理念为指引，基于现代农业生产要素投入和高效科学的组织方式，以纵向环节联结和横向产业拓展为支撑架构的有机整体，具有完善的产业组织体系、高效的市场化运作、复合多元的要素配置等特征。

关于我国现代农业产业体系水平，通过本研究测算后认为，目前我国现代农业产业体系的发展水平在36%左右，这个数字意味着我国已基本形成与现代农业发展相适应的产业体系雏形，产业组织体系虽日趋完善，产后加工流通体系不断健全，生产性服务业快速发展，区域化优势产业带正在逐步形成。但也面临着诸多困难，如产前产后环节发展相对滞后，社会化服务体系仍滞后于产业发展，部分农产品生产与资源禀赋不够匹配、要素配置不够优化，农产品及加工副产物综合利用现状堪忧、产后环节损失浪费严重等。总体上，我国现代农业产业体系发展仍处于需要加速发展的初级阶段。

关于加快推进现代农业产业体系建设的总体思路，本研究认为，应按照深化农业供给侧结构性改革的总体要求，以补短板、转方式、调结构、增效益为主线，以区域优化、科技支撑、产销互动、链条延伸、功能拓展为主要手段，以推动产业横向拓展、纵向提档延伸、促进各环节融合提升为主攻方向，力争在“十三五”末构建起与“农业现代化取得明显进展”相适应的现代农业产业体系，形成区域特色鲜明、产业分工合理、产业链比较完整、核心竞争力强、综合效益高的现代农业发展格局。

关于建设路径，本研究提出，现代农业产业体系应采取多维立体式的发展路径。一是横向拓展，优化产业结构，推进技术创新，拓展农业功能；二是纵向提档延伸，加快农产

---

① 本文为2016年农业部计划司重大调研课题《现代农业产业体系建设路径问题研究》部分研究成果。

收稿时间：2016年12月；课题牵头人：郭永田；课题组成员：曹慧、张照新、刘景景、徐雪高、谭智心、武文。

品加工业转型升级，完善市场流通体系，促进农产品及加工副产物的综合利用；三是各环节融合提升，健全社会化服务体系，促进信息产业与农业融合发展。

关于政策选择，本研究提出，应将补齐短板作为主攻方向，"放""管"结合，培育有效市场，激发主体活力。建议加强政府宏观调控能力，发挥好政策的"指挥棒"和"导航仪"的作用，建立健全政策执行体系和保障措施，形成支撑有力、保障有效的现代农业产业政策体系。

现代农业的竞争归根到底是现代产业体系的竞争。当今世界上凡是实现了农业现代化的国家，均形成了分工明确、紧密相连的发达的现代农业产业体系。21 世纪以来，我国初步形成了区域化布局、专业化生产、产业化经营的现代农业产业格局，但与现代农业发展要求相比，我国农业产业体系还存在资源环境匹配度不高、粮经饲统筹不够、种养结合不紧、农产品精深加工能力不强、流通效率不高、低端农产品过剩和高端优质农产品不足并存等问题，迫切需要优化调整农业产业结构，加快构建现代农业产业体系。构建现代农业产业体系是一个复杂的系统工程，其建设涉及农业各个产业以及相关支持产业的互动协调问题，在构建过程中需要制定一套比较系统的框架作为指导，包括现代农业产业体系的内涵、原则、目标、基本思路等内容，这对于进一步推进现代农业产业体系的理论与实践具有重要指导意义。

一、现代农业产业体系的概念、内涵及由来

（一）现代农业产业体系的概念

农业产业体系是以一定的农产品为基础，为满足特定市场需求所进行的一切活动的总和，是一个多部门联合的复合体，这个复合体是将相关环节连为一体，构成一体化的、涵盖其价值的形成和分配的经济系统。而现代农业产业体系是与现代工业化大生产、现代市场经济相适应的产业体系，是由市场化农业及与其相关的产业所构成的一种新型的农业组织形式和经营机制，是农业产业化的高端形式，它包含以下主要特征。

1. 组织化、专业化 建立有效的农业组织体系对促进传统农业向现代农业转变至关重要，完善而发达的农业产业组织体系是发达国家现代农业产业体系的重要特征之一。这种产业组织体系是一个由许多专业化、社会化组织共同构建起来的网络。专业化使得各种类型的农业经营主体专门从事现代农业发展中的生产、加工、销售、服务等某一环节的工作，建立自己的专业优势，并通过合作建立各种类型的经济组织，帮助农业生产者节约交易成本，获得更多的经济效益。

2. 市场化、契约化 能够及时对市场需求做出反应，为消费者满足符合需要的农产品是现代农业产业体系的重要特征之一。市场需求既为建立现代农业产业体系提供了必要的条件，也在一定程度上决定着它的成败。有效且成规模的市场不仅可以帮助企业降低生产成本，而且有利于维持产业内部的良性竞争，快速成长的市场还有利于推动产业的技术进步。公平合理的利益分配机制是现代产业体系高效、稳定运行的核心。只有这样才能使生产、加工、销售、服务等各环节上的市场主体紧密地连接在一起，公平地参与产业利润

的分配。这种利益分配只能依靠市场力量来完成，但考虑到市场机制本身的缺陷，必须在市场化的基础上，通过契约化的方式促进市场主体之间建立长期稳定的合作关系。

3. **多元化、复合化**　由于农业产业对本地资源的依赖性相对较强，而各地耕地、气候等自然资源千差万别，现代农业产业体系能够通过对本地各种资源进行整体优化配置，形成符合本地情况的特色产业，提升本地农业产业的竞争力，因此现代农业产业体系的建设路径具有多元化的特征。从产业功能上看，现代农业产业体系有促进农业功能多元化、复合化的趋势。随着我国居民消费水平的提高，对农产品的消费需求已经由过去的吃、穿等基本功能转变为讲究营养、安全、方便、品质等，同时还在文化、生态、环境等多方面提出了新的需求。现代农业产业体系通过对农业功能的多层次、多方位开发，不仅能够满足人们更高的产品和服务需求，还可以扩大农业产业的增值空间。

（二）现代农业产业体系的内涵

现代农业产业体系的提出最早是在2007年。2007年中央一号文件作出发展现代农业的部署，强调“用现代产业体系提升农业”“健全发展现代农业的产业体系”，由此正式提出“现代农业产业体系战略”；2008年十七届三中全会提出“健全农业产业体系，提高土地产出率、资源利用率、劳动生产率，增强农业抗风险能力、国际竞争能力、可持续发展能力”；“十二五”规划进一步强调完善现代农业产业体系，大力发展高产、优质、高效、生态、安全农业。2015年，习近平总书记在两会期间参加吉林代表团审议时指出，推进农业现代化，要突出抓好加快建设现代农业产业体系、现代农业生产体系、现代农业经营体系三个重点。2016年，习近平总书记在安徽省滁州小岗村农村改革座谈会上进一步强调，要以构建现代农业产业体系、生产体系、经营体系为抓手，加快推进农业现代化。

从现代农业三大体系的定位上来看，现代农业生产体系解决的是“怎么种”和“怎么养”的问题，现代农业经营体系解决的是“谁来种”和“谁来养”的问题，而现代农业产业体系主要是解决“种什么”和“养什么”的问题。现代农业区别于传统农业的一个基本特征就是农产品的商品化水平非常高，即农产品生产主要是满足市场消费需求，包括产品的食用直接需求和休闲间接需求。在我国资源环境刚性约束下，“多而散”“小而全”的农业发展方式显然不能满足社会大众对主要农产品的数量和质量需求，更不可能依靠国内有限的资源去生产出所有的农产品。对此，“种什么”和“养什么”就成了农业发展的“指挥棒”。

从农业产业的安全定位来看，需要对大农业中的各个产业进行国家层面的战略选择，确定哪些产业必须绝对保障、哪些产业应当重点发展、哪些产业允许适度进口；从农业区域的功能定位来看，生态脆弱区注重生态保护、大城市郊区发展果蔬业和休闲观光、粮食主产区注重粮食生产、历史文化村落开发乡村旅游促进农民增收等，农业产业体系对各农业区域的功能定位进行顶层设计；从产业链建设来看，当确定农业的重点发展产业后，应对产业的产加销等上下游产业进行全产业链支持发展，一方面是拓宽农民在产后环节的增收渠道，另一方面更是以曾经的大豆产业沦陷为警示，避免产业链关键环节遭受外资控制而危及整个产业安全。因此，现代农业产业体系的构建对农业“向哪发展”“发展什么”将做出方向指引。

分析国内外现代农业发展实践，理解现代农业产业体系的内涵，可以从三个不同视角来把握。**一是农产品产业体系。**这是基于横向视角，包括粮食、棉花、油料、畜牧、水产、蔬菜、水果等各个产业。**二是农业产业链体系。**这是基于纵向视角，包括农产品生产、加工、市场流通以及农业服务业等上下游产业体系。**三是农业多功能产业体系。**这是基于功能拓展视角，主要包括生态保护、休闲观光、文化传承、生物能源等密切相关的循环农业、特色产业、生物能源产业、乡村旅游业等。现代农业产业体系的概念可以概括为：以现代农业经营理念为指引，基于现代生产要素投入、科学组织方式和高效市场运作，以纵向产业链延伸和横向多部门拓展为支撑架构的有机整体，是一个各产业融合协调、有效衔接、产出高效、竞争力强的综合产业系统。

（三）现代农业产业体系的由来

现代农业产业体系萌生于传统农业产业体系，传统农业产业体系向现代农业产业体系转变的模式大致市场演化型和政府推进型两种。

1. 市场演化型现代农业产业体系 该模式指市场是农业产业体系的形成与演化的第一动力和主导者，农业产业体系演化过程中出现的各种问题是随着市场不断成熟被逐渐解决的，是一种竞争力和效率极高的农业产业体系模式，多见于美国等市场经济高度发达的国家。美国农业产业体系是伴随美国的市场经济而发展起来的。1820 年以后，美国农业进入商品化阶段，农业生产迫切需要农户以外的加工、销售企业的支撑才能顺利完成产业的良性循环。到了 1860 年，美国第一次农业过剩危机爆发，进一步刺激了农业产业体系的发育。历史上，为了解决农产品过剩，美国采取了多种方法，如代理人战争、倾销、扩展国际市场；国内休耕、销毁部分产品、削减供应量或发放食品券来扩大需求等。但最主要的还是发展有竞争力的农业产业体系，使农业产品的生产、加工、销售等各环节有机结合、相互促进，并与国民经济其他部门相融合。

纵观美国农业产业体系的成长壮大过程，主要有以下值得我们注意的特点。**第一是社会消费需求变化推动。**19 世纪，随着美国经济的快速发展、人们收入水平的提高，人们对农业产品的社会消费需求发生重大变化，由追求吃饱、穿暖，变为要求吃得营养、方便、快捷、安全，穿得舒适、美观、体现个性，还在文化、环境等方面对农业产品提出新的要求。这就为农业发挥多功能性，并以此为基础发育各类适合社会需要的产业体系创造了广阔的发展空间。**第二是农户存在企业化特征。**农户真正成了有竞争力的市场主体，不仅是企业化生产，更是企业化销售和流通。在有机联系的产业链条中，每个企业都有独特的作用，很难说谁是龙头。**第三是完善的市场体系。**农业产业体系的构成和运营形式都由市场结构来决定，农业产业体系面临的加工与销售、专业化与一体化、全球化与区域化、劳动密集与高科技等重大关系问题的具体处理，也要根据产业体系所处的市场情况来具体决定。众多的企业都是以市场营销为龙头，产业体系中专门的流通企业更是企业链条的首端。**第四是政府职能的准确定位。**在美国，法律规定实行自由企业制度，政府不可以干预企业，而是需要发挥职能作用，为企业服务。完善现代农业产业体系相关法律法规是政府的首要职责。进入 20 世纪后，美国相继在种植、畜牧、水产、林业等方面通过了一系列法案。到目前为止，美国国会已先后制定出几百个不同的农业方面的法律，对农业税收、土地使用及所有权合同、农业信贷、生产资料供应、产品运输、加工企业、环保等都进行了立法，有了明确的规定，这为农业产业化经营提供了有效的法律保障。另外，提供高效、健全的农业社会化服务，特别是美国的农业教育事业相当发达和完善，政府对农业教育、科研和推广进行大量的投入，从而形成了高效的教、研、推“三位一体化”。

2. 政府推进型现代农业产业体系　该模式中政府直接干预现代农业产业体系的建设过程，通过各种手段和措施降低农业产业体系建设的风险和束缚程度，增强农业产业体系现代化的动力激励和理性预期。这种模式多见于市场经济欠发达的国家或者有政府主导经济传统的国家，典型代表是日本。

日本的基本国情决定了农户具有弱市场地位的特性，将农户抛向市场只会导致其被压榨和蚕食，因此加强政府的支持保护力度则是顺理成章的，大力扶持农业协同组织（各级农协）成为该模式的突出特点。日本农协是政府扶持的农业合作组织，组织结构与政府的行政体系相对，在市町村一级由农户入股建立基层农协，包括为当地全部农产品提供综合服务的综合农协和为特定农产品生产者提供专业性服务的专门农协。在都道府县一级由基层农协入股建立各类县一级农协联合会，全国共有600多个。在中央一级，由基层农协和县级农协联合会入股，建立全国性农协机构，包括主要负责行政管理的全国农协中央和主要从事专门经济业务的各种经济联合会，共40多个。这样就在全国形成了一个完整的农协组织网络，把绝大多数农户都纳入了合作经济体系。

在生产方面，日本采取农产品价格补贴政策和采取补贴基础设施投资的办法来促进农业生产的发展，90%左右是无偿投入；在加工方面，加工企业的建设投资国家无偿投入50%左右；在销售方面，农畜产品销售店、销售市场的建设，国家的无偿投入一般都在50%左右。日本政府采取的这些补贴、扶持举措，有力地促进了农业产、加、销等方面的强劲发展，大大提升其市场竞争力。

3. 我国建设现代农业产业体系的模式选择　与发达国家相比，我国在人地关系、体制基础、资源要素等方面都存在很大差异，这就要求我们在构建现代农业产业体系的过程中决不能完全照搬其他发达国家的做法，必须将中国国情与世界现代农业产业体系规律相结合，形成中国特色的现代农业产业体系建设之路。

首先，与日本的国情相类似，中国也是一个人口密度大、人均资源相对比较匮乏的国家，作为关乎国民生存安全的农业，必须要巩固和强化农业的基础地位和战略地位。中国的农业生产以小而散的农户为主，同样具有弱质性的特征，无法全部成长为企业家型的农户，实行企业化运作；其次，中国虽然经历了四十多年的改革开放，但是社会主义市场经济体制仍不完善，尚缺乏市场演化型现代农业产业体系模式运行所必备的基本条件。但中国地域广阔，农业人口占比较大，财政支持能力有限，政府的推动力难以达到日本的水平。在现代农业产业体系的建设过程中，政府的作用固然重要，但市场的力量也是不容忽视的。因此，**我国现代农业产业体系应选择以市场力量为主导，以有效的政府调控为基础的建设模式。**此外，中国各地域之间的农业产业体系水平参差不齐，所处阶段也不一致，其中沿海经济发达地区的现代化水平高于内陆地区。对于现代农业产业体系路径的选择并不是单一的。目前各地区所处的不同阶段，发展的重点也应存在差异，**但最终需实现的目标是一致的——农业竞争力及农民收入的提高。**

二、我国现代农业产业体系建设的发展情况

从我国现代农业产业体系的发展历程看，大致经历了三个阶段：第一阶段主要是用现代农业生产技术和物质装备改造传统农业；第二阶段侧重进行改革土地规模经营狭小分散的经营方式，以及由此带来的一系列农村经营制度和体制的改革试验、探索；第三阶段重点是进行农业产业化经营的实践，通过现代农业示范区建设、现代农业产业技术体系的建设以及一二三产业融合发展等实践活动，实现系统的现代农业产业体系的打造。

（一）我国现代农业产业体系的发展成效

21世纪以来，我国现代农业建设加快推进，现代农业产业体系日臻完善，经过长期的努力奋斗和发展，我国现已形成粮食、经济作物、园艺作物、畜牧、渔业等几大主体产业，区域产业特色突出，产业布局逐步优化，产业组织化程度日渐提高，一二三产业融合发展趋势不断增强。我国已基本形成了与现代农业发展相适应的产业体系的雏形，产业体系建设正由单纯追求资本、技术要素替代逐步转向要素融合的新阶段。具体来看，形成了以下几个特点：

1. 规模化、专业化水平不断提高 规模化经营、专业化生产是现代农业发展的必然趋势，也是世界各国农业发展的共识。为了推进农业要素集聚，提升规模效应和专业化分工水平，我国积极探索并实施所有权、承包权、经营权三权分置，不断引导土地经营权有序流转和发展多种形式的农业适度规模经营。据农业部统计，截至2014年底，我国土地流转面积约2 686.67万公顷，占家庭承包耕地面积的30.4%；经营面积在50亩以上的规模经营农户超过341.4多万户。规模经营农户通过增加农业生产要素投入，促进农业集约化经营，有效提高了农业产出效益，已成为推动我国现代农业发展的骨干力量。近几年来，中央以扶持新型农业经营主体为抓手，不断促进农业产业化经营和现代农业建设。仅2014年一年，中央财政就投入11亿元用于新型职业农民培育，全年培育新型职业农民超过100万人。截至2014年底，全国家庭农场超过87万家，农民合作社达到128万家，年销售收入超过1亿元的龙头企业近2万家。龙头企业提供的农产品及加工制品目前已占我国农产品市场供应量的1/3，占主要城市“菜篮子”产品供给量的2/3以上。

2. 产后加工、流通体系不断健全 结合地域资源优势，目前我国已初步形成了东北和长江流域水稻加工、黄淮海优质专用小麦加工、东北玉米和大豆加工、长江流域优质油菜籽加工、中原地区牛羊肉加工、西北和环渤海苹果加工、沿海和长江流域水产品加工等产业集聚区。2015年我国规模以上农产品加工企业达到7.7万家，全年完成主营业务收入20万亿元，“十二五”期间年均增长11.0%；农产品加工业与农业产值比由1.7∶1增加到2.2∶1。农产品加工在总量规模、结构优化、产业集中等方面都实现了较快发展。随着城镇化进程推进，消费人口向经济发达地区集聚，农产品生产基地也逐步向优势区域集中。为了适应这种地域格局的变化，各类农产品流通设施、流通体系得到快速发展和完善。目前农产品批发市场达到4 469家，产地市场约占七成。截至2013年底，亿元以上农产品专业批发市场达到1 019家，比2004年增加622家；营业面积和年成交额分别比

2004 年增加 3.1 倍和 5.7 倍。我国已基本形成了以蔬菜水产等鲜活农产品为主的大型专业市场流通网络。合作社等新型经营主体也正在努力发挥其联结市场和农民的桥梁纽带作用。截至 2014 年底，合作社为成员提供的经营服务总值超过 1 万亿元，超过 50%的合作社实行产加销一体化服务，统一购买生产投入品总值 2 581 亿元，约 10%的合作社兴办农产品加工流通业务。线下市场不断完善的同时，线上市场发育也日渐成熟。2014 年我国各类涉农电商达到 3.1 万家，其中涉农交易类电商有近 4 000 家。

3. 生产性服务业进入快速发展阶段　在现代农业产业体系构架中，生产性服务业的发展是农业劳动生产率提高的重要条件。无论以美国为代表的大规模农业，还是以日韩包括我国在内的小规模经营农业，在由传统农业向现代农业转变的过程中，生产性服务的投入都是不可或缺的重要因素。近年来，我国农业生产性服务业迅速发展，成为我国现代农业产业体系建设中的亮点。一方面，以农机服务为代表的产中作业发展迅速。大范围的跨区作业实现了我国小规模经营农业下的“大机械化”，有效降低了农业人工成本和农机使用成本，对缓解土地撂荒、农业劳动力季节性短缺起到重要作用，农机作业通过“抢农时”更是有力保障了粮食产量和品质。目前，我国农机专业户、农机合作社等各类服务组织数量分别超过了 530 万个和 170 万个，每年为广大农户完成作业服务面积近 266 666.67 千公顷，占全国农机作业总面积的 2/3 左右，年经营收入超过 5 100 亿元。2014 年我国农机合作社达到 4.94 万个，服务农户数超过 4 500 万余户。另一方面，生产性服务发展由重视产中服务逐渐向产前、产后服务延伸。部分地区鼓励农民合作社、农业生产性服务公司等通过承接服务外包方式，由最初的提供生产、技术服务为主逐渐向农资供应、良种引进及培育、病虫害及疫病的防治防疫、农产品加工、质量标准、品牌包装、基地认证、农产品销售和服务信息等产前、产后链条延展。生产性服务业的加快发展促进了农业生产性服务供给的规模经济和范围经济，有利于农业资源要素的高效节约利用，对于减少农业环境污染、促进农业产业链价值增值也起到重要作用。

4. 区域优化产业带逐步形成　农业区域布局特色突出，布局重点由原来的优势产区到目前的特色产品，布局日益细化和特色化，由简单的契合资源禀赋优势的专业化向融合了地区特色、文化特色的特色产品延伸。我国自 2003 年开始实施《优势农产品区域布局规划（2003—2007 年）》，2008 年对其进一步修编完善，形成《全国优势农产品区域布局规划（2008—2015 年）》。在这两个规划的指导下，主要农产品生产逐步向优势产区集中，形成了 16 个优势农产品区域，许多重要的农业生产区域适合两种或两种以上的优势农产品生产，又形成了复合产业带。优势农产品区域集中度的稳步提高，为优化农业生产力布局奠定了良好的基础。作为《优势农产品区域布局规划（2003—2007 年）》的重要补充，我国又相继出台了《特色农产品区域布局规划（2006—2015 年）》和《特色农产品区域布局规划（2013—2020 年）》，结合《全国主体功能区规划》中“七区二十三带”农业战略格局要求，我国正逐步形成一批特色农产品优势区，目前规划已细化到县。在这几个规划的指引下，区域特色农产品产业快速发展，农业基础设施建设加强，农业科技成果应用开发加快，重大农业项目支持加大，重点特色农产品优势区基本形成，专业化生产水平进一步提高。目前已陆续建成一批现代农业产业基地强县，优势产业带（区）规模化、专业化、市场化水平显著提升，对周边地区的辐射和带动能力明显增强。

(二)我国现代农业产业体系的发展水平

为衡量我国现代农业产业体系的发展水平，本文选择日本、韩国、美国、加拿大、澳大利亚等基本实现农业现代化的国家作为参照，并将研究条件预设为这些国家的现代农业产业体系均达到了较为发达的水平。那么，我国现代农业产业体系发展水平的标准值可以以这五个发达国家各项指标的算术平均值作为参考。将我国现代农业产业体系的单项指标的实际值与标准值进行比较，可以大致确定我国现代农业产业体系的发展水平，最后可根据现代农业产业体系各项指标发展水平的算数平均值确定现代农业产业体系的综合发展水平。

目前对现代农业产业体系的衡量指标尚没有相关研究，本课题参考现代农业的衡量指标，并考虑各国数据的可获得性，最终选择三类指标来衡量我国现代农业产业体系的发展水平：一是衡量农业在国民经济中的发展阶段，主要选取农业就业占总就业的比重、农业增加值占 GDP 的比重、食品（含饮料）、烟草占制造业的比重等三项具体指标；二是衡量农业内部结构的合理性，选取畜牧业产值占农业总产值的比重作为衡量指标；三是衡量我国农业的生产效率，选取农业劳动生产率、土地产出率等两项指标。具体计算公式为：

第一步，测算现代农业产业体系单项指标的发展水平

正向指标：
$$MAI_i = \frac{Ind_i}{InS_i} \times 100\%$$

逆向指标：
$$MAI_i = \frac{1}{(Ind_i + InS_i)} \times 100\%$$

第二步，测算现代农业产业体系综合发展水平

$$MAI = \frac{\sum_{i=1}^{8} MAI_i}{8}$$

公式中，MAI_i代表现代农业产业体系发展水平，Ind_i为指标 i 的实际值，InS_i为指标 i 的标准值。结果请见表 1。

表 1　我国现代农业产业体系发展水平测算结果

国家	农业就业占总就业的比重（%）	农业增加值占 GDP 的比重	畜牧业产值占农业总产值的比重（%）	农业劳动生产率（美元/千人）	土地产出率（千克/公顷）	食品（饮料）、烟草占制造业的比重（%）	总体发展水平（%）
中国	31.4	9.4	29.3	2 256	5 889	11.8	45.2
日本	3.7	1.2	54.6	7 769	6 105	12.8	63.6
韩国	6.1	2.3	46.3	6 837	6 480	6.1	51.8
美国	1.5	1.5	44.3	114 186	7 340	14.7	94.0
加拿大	2.2	1.5	35.0	100 450	4 167	16.5	78.5
澳大利亚	2.6	2.5	52.3	94 254	1 992	23.6	82.8

数据来源：世界银行，中国统计年鉴。

依据计算结果可知，目前我国现代农业产业体系的综合发展水平在 45.2%左右。假

设从0到33%属于现代农业产业体系建设的起步阶段，从34%到66%属于发展阶段，67%以上属于成熟阶段，当前我国现代农业产业体系的建设已经跨过起步阶段，刚刚步入发展阶段，离成熟阶段还有较大差距，未来发展的空间和潜力仍然很大。

从指标结构看，不同指标的发展水平差异较大：土地产出率得分最高，为112.9%，说明我国单位面积谷物产出（即上文提到的土地产出率）已经处于较高水平，与美国、日本、韩国等发达国家水平相近；食品（含饮料、烟草）占制造业的比重指标得分也较高(80%)，说明近年来我国农产品加工业发展成效显著；畜牧业产值占农业总产值的比重指标得分为63%，说明我国畜牧业生产发展水平仍处于中级阶段。从数据上可以看到，近年来我国畜牧业产值占农业产值的比重整体呈现波动下降的趋势，2008年曾达到35.5%，为改革开放以来的最高水平，到2014年降至28.3%；农业就业占总就业的比重、农业增加值占GDP的比重两项指标得分较低。克拉克认为，人均国民收入越高的国家，农业劳动力在全部劳动力中所占的比重相对来说就越小。我国农业增加值占GDP的比重为9.4%，而农业就业人数占总就业的比重却高达31.4%，就业人口比例与GDP的贡献份额相差较大，说明我国农业劳动生产率十分低下。这从农业劳动生产率指标上也能看出，该项指标得分仅为3.5%。为实现农业现代化，我国尚需扬长避短，在稳定土地生产率的基础上大幅度提高农业劳动生产率。

（三）存在的主要问题

虽然我国现代农业产业体系建设取得明显进展，但仍存在着各产业发展协调性不够、产业链条短、可持续发展能力不足、与发达国家现代农业产业体系发展水平差距大等问题。这些问题既验证了构筑现代农业产业体系的必要性和迫切性，也显示了未来建设现代农业产业体系的努力方向。

1. 农业产业结构协调性有待增强　现代农业产业体系是包含谷物、油料、棉花等多个子产业在内的有机复合体，需要在产品总量、产业结构、资源结合等方面统筹协调发展。但目前我国农业各产业发展的协调性不够，与市场需求、资源等的匹配也有待加强。突出表现为农产品品种和品质结构存在失衡，玉米阶段性供大于求，而大豆、棉花等供求缺口逐年扩大；高品质的牛羊肉、奶类、果菜等农产品生产与消费需求有较大差距。农业生产资源错配日益严重，资源环境硬约束与生产发展的矛盾日益凸显。东北黑土地质量下降、部分地区耕地重金属超标、地下水超采、“北粮南运”与水资源时空分布不匹配等问题突出。

2. 农业产业链体系发展失衡　长期以来，我国农业产业体系中产中环节比较发达，而产前、产后环节建设比较薄弱，流通、加工体系发展严重滞后。在产后初加工环节，大量农产品生产基地缺乏储藏、保鲜、加工等设施设备，产后耗损较大；在流通环节，普遍存在农产品冷链配送难、成本高的问题。我国食品冷链运输率只有10%左右，而发达国家的食品冷链运输率达80%～90%。由此造成了大量损耗和高成本。据统计，我国果蔬流通腐损率达30%，每年损失1 000亿元以上，流通成本是世界平均水平的2～3倍；在加工环节，大多数农产品加工企业仍以原料供给型、资源消耗型为主，规模小分布散，缺乏产业带动和行业牵动力，掣肘了整个产业发展。

3. 农业社会化服务体系难以满足现代农业发展需求 随着我国农业发展进入新阶段，农业发展模式与增长方式已发生转变，专业大户、农民合作社和家庭农场等新型经营主体成长迅速，当前的农业社会化服务体系难以满足新型经营主体在服务方式和内容等方面的新要求。主要表现在，公益性农业社会化服务体系普遍存在硬件建设能力不足、人才缺乏、体制不顺等问题，与农民实际需求不能有效对接；经营性农业社会化服务滞后于产业发展，农业技术、信息服务及金融服务满足不了产业需求；社会化服务市场主体发育不足，公共平台建设滞后，服务质量和效率总体偏低，影响农业效益和竞争力的提升。

4. 现代农业产业组织体系发育水平低 我国农业生产经营主体中，现代新型农业经营主体只占少数，大量、分散经营的小规模农户仍然是“养活中国”的主要力量。目前，我国农村有 2.52 亿户农户，户均耕地仅为 7.3 亩，远低于发达国家水平。农民组织化程度不高，参加农业产业化经营和加入农民专业合作社的农户分别仅占 35％和 13％，已有的龙头企业和农民专业合作社带动农户的能力也还比较弱，利益联结机制有待健全。

三、构建现代农业产业体系的思路、目标与路径选择

（一）总体思路

大力发展农业产业化，按照区域化布局、专业化生产的要求，在稳定粮食生产基础上，积极推进农业结构调整，推动粮经饲统筹、农林牧渔结合、种养加一体化，依靠科技支撑，由“生产导向”向“消费导向”转变，构建农业优势区域布局和专业生产格局，优化提升优势农业特色产业，形成区域特色鲜明、产业分工合理、产业链比较完整、核心竞争力强、综合效益高的现代农业产业体系。

（二）总体目标

着力把产业链、价值链等现代产业组织方式引入农业，最大限度地提升农业的价值创造能力。完善农业产业链条，围绕产业价值链，包括产前、产中、产后产业及支撑服务产业，将农业生产资料供应、农产品生产、加工、储运、销售等环节链接成一个有机整体。促进产业集群集聚发展，提高产业融合的规模效应；利用互联网平台，促进产业之间的线上融合，增进经济效率。在农村产业融合发展过程中，注重对农业非传统功能的挖掘，最大限度地提升农业的价值创造能力。紧紧围绕促进农业提质增效、农民就业增收、居民休闲消费的目标任务，以农耕文化为魂、以美丽田园为韵、以生态农业为基、以创新创造为径、以古朴村落为形，将休闲农业发展与现代农业、美丽乡村、生态文明、文化创意产业建设、农民创业创新融为一体，推动农村一二三产业的融合发展。

（三）基本原则

现代农业产业体系的构建必须遵循一定的原则，从我国具体国情出发，现代农业产业体系构建的原则可以大致概括为以下几个方面。

1. 产业发展的一般性和农业产业的特殊性相结合的原则 中国现代农业产业体系的构建实际上是要用现代产业理论来重塑农业产业，从而形成既符合产业发展一般规律，又

符合农业发展特点的现代农业产业体系。在构建现代农业产业体系的过程中要充分考虑工业与农业的区别与农业的特殊性，从而实现两者的有效结合。农产品与工业品相比，有以下特殊属性：一是农产品的生产存在诸多不可控因素，导致所生产的农产品在外观上存在不一致性；二是农产品生产的专业化水平不高，农业产业布局没有工业分布那么集中；三是农业各产业间的互动融合程度相对较低，农业产业的相关农产品之间的投入产出关联性不强；四是农业产业不存在工业领域的模块化发展趋势，使得农产品的产业链与工业品的产业链在发展水平和链条长度上都无法媲美。上述工业与农业的种种差别说明，我们在构建现代农业产业体系的过程中必须坚持产业发展的一般性和农业产业的特殊性相结合的原则。

2. 尊重国情与符合国际经验结合的原则 与发达国家相比，我国在人地关系、体制基础、经济技术条件、资源要素等方面都存在很大差异，这就要求我们在构建现代农业产业体系的过程中绝对不能完全照搬发达国家的做法，必须探索出一条符合我国国情的中国特色的现代农业产业体系之路。我国人口规模庞大，任何时候都不能放松对粮食产业的重视，在构建现代农业产业体系的时候要充分考虑这一特殊国情。同时现代农业产业体系是开放的体系、国际性的体系，体系构建应符合国际经济的一般规律，要逐步提高我国农业各产业的国际化水平。因此，中国特色现代农业产业体系是中国国情与世界现代农业体系规律的具体结合。

3. 因地制宜和形式多样原则 在构建区域现代农业产业体系的时候必须要首先考虑本地区最有潜力的资源和产业，在主导产业的基础上实现各种产业资源的有效集中和配套，建立起符合该地区经济发展实际的现代农业产业体系。我国不同地区的区位特点比较明显，东中西之间的资源特点差距明显，建立在地区资源优势基础之上的现代农业产业体系建设必将形式多样。对于不同的地区来说，现代农业体系的构建，都要从当地的实际情况出发，对各种自然资源和社会资源进行全面的调查论证和可行性设计，绝不可搞“一刀切”套用一个模式，要坚决反对各种脱离实际的盲目追求农业产业高端化的现象。

4. 市场调节与政府调控结合的原则 要充分发挥市场机制对资源配置的基础性作用，要按照市场经济的内在要求进行运作，引导体系的各个利益相关者以市场为导向进行生产、销售活动。在各利益相关者的具体的生产和销售活动中，政府要做一个旁观者和“守夜人”的角色，坚持政府不直接干预微观主体的生产和经营活动。在市场机制起基础性调节作用的前提下，政府可以通过各种经济手段、法律手段对现代农业产业体系的建设进行调节，从而加速和推进现代农业产业体系早日建成。

（四）主要模式

1. 横向拓展型 横向拓展型模式是指不仅提高传统农业的生产科技水平、创新农业经营模式、转变农业发展方式，同时构建横跨农业与其他产业，如农业与文化、旅游业等融合生产、生活、体验和生态功能的产业。横向拓展型包括生产转型、技术体系创新和多功能性拓展等类别。

（1）生产转型方面，可以通过培育各类新型经营主体、健全社会化服务体系、发展多种形式规模经营等途径。培育各类新型经营主体方面，支持发展专业大户、家庭农场、农民合作社和农业龙头企业，培育新型职业农民。实施农民合作社、家庭农场示范建设，重点扶持自治区级示范合作社、重点合作社和家庭农场发展。实施龙头企业成长计划，重点对龙头企业开展产品研发、农产品物流和精深加工项目进行扶持。健全社会化服务体系方面，要完善农技推广、病虫防控、农产品质量安全监管等公益性服务体系建设，推进政府购买公益性服务。积极发展生产资料供应、种子种苗繁育、病虫统防统治、测土配方施肥、农机作业、农业废弃物无害化处理和循环利用等农业生产性服务业。推广合作式、订单式等服务方式，推进农业生产全程社会化服务创新。发挥供销合作社农村流通主渠道作用，加强农产品流通设施和市场建设，完善农村物流配送和综合服务网络，大力发展农村电子商务。发展多种形式规模经营方面，要加快推进和完成农村土地承包经营权确权登记颁证，引导农户通过土地经营权入股、托管、合作等形式发展适度规模经营。支持土地承包经营权向专业大户、家庭农场、农民合作社和农业企业流转。加快发展“合作社＋家庭农场”“公司＋合作社＋农户”“龙头企业＋基地＋农户”等经营模式。

（2）技术体系创新方面，山东省有一些成功做法。一是创新农业科技服务机制。1995年山东省在全国率先建立了省农业专家顾问团，包括了蔬菜、水果、食用菌等13个专业分团，汇集了省内不同专业、不同领域的知名专家学者132名，涵盖了政府决策咨询、科研创新管理、行业技术指导、农民教育培训等多方面服务范围。2010年，启动实施了现代农业产业技术体系创新团队建设，打破部门和行业管理界限，以农产品为单元，以产业为主线，汇集各级各类专家人才，联合开展共性技术和关键技术研究、集成和示范，为产业提供科技支撑。目前已建成省现代农业产业技术体系创新团队22个，涵盖了农牧渔业的菜、果、茶、食用菌等22个优势特色农产品，遴选首席、岗位专家209名，建立118个综合试验站，涉及100多个农业科研、教学、推广单位和龙头企业，带动2 000多名农业科技人员广泛参与。省、市、县三级充分整合农业科技智力资源，调动广大农业科研、技术推广和教育培训人员的积极性，建立了涵盖众多农业领域的专家技术指导队伍和农民教育培训讲师团（师资库），每年都组织“万名科技人员下乡活动”，开展技术讲座、技术指导和咨询服务。二是改革与建设基层农技推广体系。近几年，山东省认真贯彻落实国务院加强基层农业技术推广体系建设的意见，省政府办公厅印发了《关于加快推进乡镇农业公共服务机构建设的意见》，推进基层农技推广体系建设。截至去年底，全省农技推广机构已达到4 200多个，农技推广人员达3.1万人。从2011年到2013年，争取了中央预算内投资1.58亿元，市县配套资金1.4亿元，连续实施“基层农技推广服务体系建设项目”，为121个县的1 008个乡镇站和33个区域站购置了仪器设备、建设了业务用房，改善了基层农技推广工作条件和拓展了服务手段。从2012年到2015年，争取中央财政资金累计6.155亿元（不含青岛市），组织实施“基层农技推广体系建设补助项目”，同时，扎实开展了基层农技人员素质提升工程，每年培训县乡农技人员1万余人。三是加强农民教育培训。近年来，山东省以提高农村劳动者科技素质、职业技能和增收致富能力为目标，大力实施新型农民培训工程，组织开展了多层次、多形式的农民培训，积极探索“送教下乡、农学结合”等职业教育的办学模式，培养了一大批有文化、懂技术、会经营的新型农民，每年培训农民都在150万人次以上。2014年，又全面启动实施了新型职业农民培育工程，培训对象聚焦专业大户和龙头企业负责人、合作社负责人、家庭农场领办人，农民培训向定向培训、精准培训发展。山东省共确定临沂1个整体推进市、81个重点示范县，通过教育培训、认定管理和政策扶持，培育新型职业农民35 970人，到2017年4月底已认定新型职业农民8 193人。

（3）拓展农业多功能性方面，四川省作为我国“农家乐”文化发源地，取得了一些成功经验。一是建设休闲农业景区。以“特色产业为基础、创意农业为手段、农耕文化为灵魂”为要求，积极推进现代农业产业基地“景区化”建设工作，打造一批农业主题公园、农业观光园区、农业科技园区、农业体验园区等休闲农业景区，实现产业基地“产区变景区、田园变公园、产品变礼品”。二是培育新型经营主体。积极培育农民合作社、家庭农场、农业企业、旅游公司四大休闲农业新型经营主体，构建以休闲农家为基础，休闲农庄为主体，农业旅游公司为引领的新型休闲农业经营体系。三是构建现代营销市场。创建全国休闲农业和乡村旅游示范县及示范点、中国最美休闲乡村、中国重要农业文化遗产等国家级品牌；培育省级示范休闲农庄、省级示范农业主题公园等省级品牌；推介精品线路、精品节会，进一步扩大知名度和影响力。支持和鼓励休闲农业经营主体依托特色资源开发旅游服务产品和优质农产品，组织参加各类展示展销活动；举办各类特色产业节会，实现“以节会友、以节拓市、以节富民”。四是加强人才培训。加大教育培训力度，力争建设一支精于管理、善于经营的休闲农业与乡村旅游管理队伍，一支具有国际战略眼光、深谙当地实际的休闲农业与乡村旅游营销队伍，一支素质较高、服务优良的休闲农业与乡村旅游从业人员队伍。

2. 纵向延伸型　纵向延伸型模式是指一些涉农经营组织（主要是龙头企业），以农业为中心向前向后延伸，将种子、农药、肥料供应与农业生产连接起来，或将农产品加工、销售与农产品生产连接起来，或者组建农业产供销一条龙。

（1）壮大骨干龙头企业。实施“龙头企业提升工程”，支持骨干企业做强、中型企业做大、小型企业做精。抓住经济转型加快，部分行业市场波动大、开始洗牌的契机，加快淘汰小、散、低落后产能，促进产业加快集中。特别是引导企业重点发展绿色特色加工，进军主食加工及副产品综合利用领域，增强盈利能力，打造竞争新优势。

（2）大力发展产地加工。积极推广成熟适用技术，支持农民专业合作组织、家庭农场、生产大户改善贮藏、保鲜、烘干、清选分级、包装物流等设施装备条件。集中培育农产品加工合作社示范单位，引导合作社向加工领域延伸链条，支持加工企业向产区延伸，促进就地加工转化，提高质量、均衡上市、减损增效。

（3）增强企业自主创新能力。鼓励农产品加工企业加快技术改造和设备升级，加快技术进步，开发科技量高、加工程度深、市场前景好的新产品。实施“人才强企”战略，坚持自主培养与人才引进相结合，着力培育企业经营型人才。推动农产品加工企业建立全程质量管理体系，形成质量安全与溯源体系，获得更多国内国际各种标准化体系认证。

（4）加强品牌整合和保护。大力发展绿色农业、特色农业和品牌农业，持续打造“高原制造”农产品绿色、营养、生态、安全、健康的“云系”整体形象，不断增强农产品的市场竞争力和影响力。引导企业实施名牌战略，采取联合、合作等方式，打造知名品牌，通过“创造一个名牌，激活一个企业，带动一片产业”，引导企业和农民合作社发展产品品牌、区域品牌和企业品牌，整合县域品牌，发展无公害农产品、绿色食品、有机农产品和地理标志产品。

（5）强化农产品加工质量管理。围绕品牌打造和形象树立，制订、修订一系列的农产品加工业标准，完善产品标准、方法标准、管理标准及相关技术操作规程等，加快农产品加工标准化体系建设。支持引导企业运用现代信息技术，建立检测检验、质量标准和全程质量可追溯体系。建立健全农产品和食品安全质量监管体系，加强检测能力和执法能力建设，提高执法水平，建立全程监管体系和追溯体系，强化质量安全监管。

3. **交叉融合型** 农业与其他产业，比如农业与文化、农业与旅游、农业与信息产业等相互融合，其他产业给农业强力支撑，促进农业产业快速发展。

（1）农业与信息产业融合，信息产业为农业提供强力支撑。农产品加工企业通过向农户注资建基地，向经销商注资连物流，将“互联网＋”等信息技术向农业渗透，发展电子商务、食品短链、社区支持、加工体验等新业态，模糊产业边界，实现网络链接，缩短供求距离，将农户、企业和客商在园区空间内聚集，实现集群化、网络化发展。据初步调查，2015 年云南省共有农业企业投入建设的农产品网上营销平台 90 多个，620 多家新型农业经营主体参与农业电子商务，全省农产品网络销售额达到 100 亿元。

（2）农业与服务业融合，服务业为农业提供强力支撑。广西省不断健全社会化服务体系。完善农技推广、病虫防控、农产品质量安全监管等公益性服务体系建设，推进政府购买公益性服务。积极发展生产资料供应、种子种苗繁育、病虫统防统治、测土配方施肥、农机作业、农业废弃物无害化处理和循环利用等农业生产性服务业。推广合作式、订单式等服务方式，推进农业生产全程社会化服务创新。发挥供销合作社农村流通主渠道作用，加强农产品流通设施和市场建设，完善农村物流配送和综合服务网络，大力发展农村电子商务。

（3）农业与加工业融合，加工业为农业提供强力支撑。要按照“优化配置、集约经营、规模发展、整体推进”的思路，在粮棉油、肉蛋奶、水产和果蔬等关系国计民生的重点行业，培育一批引领行业发展的领军企业。鼓励支持龙头企业通过兼并、重组、收购、控股以及强强联合和合作等方式，组建跨区域、跨行业的大型企业集团。鼓励龙头企业建立现代企业制度，推行股权激励和员工持股，广泛吸纳人才、培养人才、走出家族式管理模式。鼓励企业加大研发投入，采用先进的设备、技术和工艺，加大技改力度，突出农产品精深加工和副产品综合利用，延长产业链条。应当抓住龙头企业“甲级队”和现代农业产业化联合体培育，壮大农业产业化规模，提升产业化发展水平。

（五）路径选择

现代农业产业体系可以采取多维立体式的构建路径，通过结构优化、功能拓展、链条延伸、产业融合等方式，提高农业整体素质和竞争力，逐步建立起与“农业现代化取得明显进展”相适应的现代农业产业体系。

1. **优化产业结构和调整农业生产布局** 加大对种植业结构调整是今后农业产业发展的重要内容，针对消费要求和经济的需要，种植业应当由粮食作物和经济作物的二元结构转变为粮食作物、经济作物、饲料作物、瓜果、花卉等园艺作物的多元结构。应逐步降低粮食作物的比重，不断促进经济作物的发展，特别是蔬菜和水果产业的发展，我国的水果产业发展比较慢，今后一段时间应该根据区域资源优势大力推进特色水果产业区的发展。大力推进饲料作物的种植，逐步提高饲料作物在种植业结构中的比重，改变当前饲料作物比重过低的现象，以满足现代畜牧业对于饲料作物的需求。其次，对粮食作物要淘汰劣质品种，大力引进推广优良品种，尤其是专用产品，如种植高蛋白质、面筋强度大的小麦，赖氨酸、色氨酸含量高的饲用玉米和高油玉米、高淀粉玉米，优质杂交水稻等。经济作物要重点发展优质长绒棉和陆地棉、彩色棉、油菜、油葵、甜菜等。根据我国的气候资源大力发展独具特色的优质瓜果、蔬菜、花卉、中药材。将加大对畜牧业内部结构的调整作为今后农业产业发展的重点，逐步调整畜禽品种结构，转变养殖方式，推广生长快、肉质好、饲料利用率高的肉牛、肉羊和肉猪等优良品种，加快发展优质细毛羊、兔、鸡、骆驼、鸵鸟等草食型、节粮型、特色型畜牧业，在有条件的地方发展珍稀特色禽类、马鹿、北极狐等特种经济动物。其次，不断发展肉牛产业，该产业当前仍处于供不应求的状态，在肉类产品中的比重还比较低，而且该产业还与饲料作物的关联性极大，增值空间比较高。再次，应大力推进我国奶业的发展。

2. 推进农产品加工业转型升级　农产品加工是农业产业链条中增值空间最大的环节，已成为改变农业弱质和低效特性、发展业达到社会平均利润率的潜力所在。对于农产品主产区更应突出发展农产品加工业，这是对传统农业的一种有机改造和提升，可从根本上提升农产品的附加值和科技含量，进而提升农业的综合效益和市场竞争力。农业主产区应积极调整农产品加工产业与产品结构，围绕农产品加工共性关键技术、高新技术装备、重大产品开发、产品质量安全、物流配送等重大产业问题，开发一批拥有自主知识产权专利的新技术、新产品和装备，提升主产区农产品加工业的科技创新能力，形成以食品精深加工为主体的农产品加工业体系，不断开发适应人们消费需求变化的方便食品、快餐食品、休闲食品、营养保健食品等多样化产品；依托优势农产品、优势区域和大城市郊区，加快调整和扩张步伐，主动承接产业转移，促进农产品加工业向优势产区集聚，着力打造一批农产品加工企业密集区和优势农产品加工产业带。

3. 建立高效农产品物流体系　完善农产品市场流通体系是发挥农业大省在全国农产品市场中的地位和作用、搞活农产品流通、更好为全国大中城市服务的重要途径。应统筹规划农产品市场流通网络布局，加快发展主产区大宗农产品现代化仓储物流设施，建立现代化的市场营销网络和物流中心，完善鲜活农产品收集、加工、运输、销售各环节的冷链物流体系；加强以大型农产品批发市场为骨干、覆盖全国的市场流通网络建设，培育具有国内外影响力的农产品价格形成和交易中心；积极推进以标准化菜市场、生鲜超市、城乡集贸市场为主体的农产品零售市场建设，支持产地小型农产品收集市场、集配中心建设，加强农产品电子商务平台建设。应积极总结山东寿光蔬菜批发市场、内蒙古蒙牛乳业的“分散饲养、定点收购、集中加工、统一分销”中介组织物流模式、深圳笋岗—清水河物流园区农产品物流园区模式等典型农产品流通模式，带动农产品现代物流发展模式创新。

4. 拓展农业多功能　发挥农业的生态环境保育功能。如黑龙江、辽宁、吉林、内蒙古的重点国有林区，应停止天然林商业性采伐；严格保护四川、湖北等大江大河源头、生态敏感脆弱区、优质农产品产地、重点生态功能区的生态环境。四川、广西等生态脆弱地区，应建立生态循环农业试验示范区，大力发展循环农业和生态农业，实现农业资源的综合循环利用和生态环境的保护。部分农村地区人力资源丰富，农民收入相对较低，应发展休闲农业，不仅满足市民亲近自然、休闲观光的需求，还能解决农民就业、带动农民增收、促进城乡统筹发展，同时也是传承农耕与民俗文化的有效途径。在发展乡村旅游和休闲农业过程中，应充分挖掘农业传统文化，将其充分展现并传承下去。

我国农业副产物、剩余物、废弃物资源丰富，开发农业的生物质能源功能要立足于利用现有的农业副产物、剩余物、废弃物，提高现有资源的利用率，变废为宝，着重加快开发以农作物秸秆等为主要原料的生物质燃料、肥料、饲料。在林业资源、农业资源、生活污水和工业有机废水、城市固体废物、畜禽粪便等生物质丰富与集中区，发展沼气、压缩成型固体燃料、气化生产燃气、气化发电、生产燃料酒精、热裂解生产生物柴油等生物质能源，建立大型生物质能源电厂，推进生物质能源发展。能源作物丰富的广大农村，应大力发展沼气技术，构建生物质能源高效转化利用的生态产业链，实现在农村建立以村为单位的集体沼气供给系统。畜禽养殖场和工业废水集中区，应建立沼气工程，提供优质生活燃料。

5. 支持农业产业集群发展 我国农业生产仍较为分散，虽然全国各地建立了一些农业产业园区，但园区内部企业之间的关联度较弱，并没有产生较好的产业集聚效应。为此，应推动资源向优势产区集聚，建设一批集群化农业生产基地，按照产业集群模式打造现有各类农业产业园区，采取产业链招商的方式，完善农业产业集群上下游链条。按照“政府引导、协会参与、企业为主”的模式，采取会员制，在园区或基地内成立农业产业集群协调机构，制定产业集群发展规划，加强集群内企业合作，打造集群信息化平台，协助获得政府资助，开展跨区域、跨国业务，推进产业集群品牌经营管理。

6. 促进一二三产业融合

（1）完善工商资本进入农业的相关政策。我国虽然有大量工商资本开始进入农业，但是出于粮食安全质量下降、乱占耕地、与民争利和破坏环境的担忧，工商企业从事农业生产活动仍受到诸多限制，工商企业因此无法形成稳定的发展预期，制约了一二三产业融合互动。为此，对工商资本下乡应按照宜“疏”不宜“堵”的原则。农业部门应尽快划定工商资本进入农业的分类区域。发改委应尽快出台工商资本投资农业的负面清单，鼓励和引导工商资本进入便利于一二三产业融合互动的新品种研发、新技术推广、生产性服务、农产品加工、储藏、物流、销售、品牌建设等领域，同时也要秉承自由出入、规范经营的原则，强化工商资本进入农业的土地用途管制，建立有效的土地流转风险预防、控制和处置办法，探索形成工商企业与农户之间长效、紧密、公平的利益联结机制。

（2）破除产业融合发展的要素制约。由于一二三产业融合互动要打破单一的农业生产模式，过去仅限于农业生产的土地、资金、人才政策将无法适应产业融合的需要。以休闲农业为例，建设酒店、游乐设施、生活服务设施等需要占用土地，但这些配套设施用地往往难以解决。而且，农用地上的附着物一般不能用于抵押贷款，现有的农民培训和城乡人才流动政策也无法适应一二三产业融合的需要。为此，应制定鼓励发展的一二三产业融合互动项目目录，允许农村集体经营性建设用地率先用于农村地区一二三产业融合互动项目，各地区每年应配置一定规模的用地指标用于一二三产业融合项目。加快农村土地、住宅、集体财产等产权制度改革，建立农村财产价值评估机构，扩大农村产权抵押物范围，推广普及林权、土地承包经营权、订单农业抵押质押贷款等，探索建立土地抵押合作社、土地银行、农业信托机构，将一定比例的农业政策性金融贷款向涉农产业融合项目倾斜，优先支持符合条件的涉农产业融合企业上市。增加现有“阳光工程”培训业务经费，支持各地成立“农民大学”，培育各类一二三产业融合急需人才，实施产业融合人才下乡工程，开辟人才绿色通道，采取各种灵活方式引导城区人才向县乡流动。

(3) 推动技术和商业模式的创新和普及。我国广大农村地区对新技术和商业模式的普及还远远不够。为此，除继续支持新兴信息技术和生物技术的创新能力建设、知识产权保护、科技成果转化之外，还要借鉴国内外经验，允许商业模式创新企业申请成为高科技企业，享受相应优惠政策，实施一二三产业融合互动商业模式示范工程，扶持、宣传和推广示范工程。同时，通过政府支持和引导社会资本，加快移动互联网、物联网等新技术和电子商务、定制服务、互联网金融、众筹、第三方物流等新型商业模式在农村的普及，包括开展面向农民和农民工的新技术和商业模式宣传教育，定向补贴农村地区用户宽带费用，对物流快递企业开展农村地区业务、建设配套物流设施给予财税支持，将农村电子商务作为农村信息化的核心，在有条件的地区实施“淘宝村”培育工程。

四、加快构建现代农业产业体系的政策建议

构建现代农业产业体系，将补齐短板作为政策的主攻方向，在着力推动现代农业产业体系供给侧结构性改革的基础上，“放”“管”结合，有效激活市场。加强政府宏观调控能力，发挥好政策“指挥棒”和“导航仪”的作用，建立健全政策执行体系和保障措施，形成支撑有力、保障有效的现代农业产业政策体系。

（一）优化产业结构和调整农业生产布局

在确保谷物基本自给、口粮绝对安全的前提下，基本形成与市场需求相适应、与资源禀赋相匹配的现代农业生产结构和区域布局，提高农业综合效益。稳步推进种植业结构调整，稳定水稻和小麦生产，适当调减非优势区玉米种植。支持粮食主产区建设粮食生产核心区。扩大粮改饲试点，加快建设现代饲草料产业体系。划定粮食生产功能区和大豆、棉花、油料、糖料蔗等重要农产品生产保护区。积极推进马铃薯主食开发。加快现代畜牧业建设，根据环境容量调整区域养殖布局，优化畜禽养殖结构，发展草食畜牧业，形成规模化生产、集约化经营为主导的产业发展格局。启动实施种养结合循环农业示范工程，推动种养结合、农牧循环发展。加强渔政渔港建设。大力发展旱作农业、热作农业、优质特色杂粮、特色经济林、木本油料、竹藤花卉、林下经济。

（二）推进标准化生产，完善质量标准体系

全面推进农业标准化生产，引导生产者和经营者开发、培育更多的无公害农产品、绿色食品和有机食品，以品牌建设推动农业标准化建设。切实加强农业标准化示范区建设。加大对品牌优势农产品生产经营主体的培育力度，为创品牌打好扎实基础。建立健全主要农产品的产业标准体系，有效实现产业各环节紧密衔接，生产行为全程规范。以产业标准

体系为基础，加强标准转化，指导和督促农产品生产者全面实施标准，有效实现农业技术推广方式由传统技术推广向标准推广全面提升、农业生产模式由分散生产向规模生产全面转变、农业产业结构由分环节经营向产销一体化紧密对接。健全农业生产性服务法规标准，尽快研究制定各类专业化的技术标准、效果评定标准等一系列行为规范和技术标准，切实提高农业生产服务质量。

（三）创新金融与保险服务模式

加快构建适应我国农业产业体系的农村金融服务体系，降低融资成本，全面激活农村金融服务链条。鼓励农村信用社、农业银行、邮政储蓄银行等正规金融机构加大“三农”金融产品创新和重点领域信贷投入力度，特别是要加大对农业产业链条上的新型农业经营主体的信贷倾斜力度。扩大在农民合作社内部开展信用合作试点的范围，健全风险防范化解机制，落实地方政府监管责任。开展农村金融综合改革试验，探索创新农村金融组织和服务。在风险可控前提下，稳妥有序推进农村承包土地的经营权和农民住房财产权抵押贷款试点。全面推进农村信用体系建设。加快建立“三农”融资担保体系。完善中央与地方双层金融监管机制，切实防范农村金融风险。

完善农业保险制度。把农业保险作为支持农业的重要手段，扩大农业保险覆盖面、增加保险品种、提高风险保障水平。积极开发适应新型农业经营主体需求的保险品种。探索开展重要农产品目标价格保险，以及收入保险、天气指数保险试点。支持地方发展特色优势农产品保险、渔业保险、设施农业保险。探索建立农业补贴、涉农信贷、农产品期货和农业保险联动机制。积极探索农业保险保单质押贷款和农户信用保证保险。鼓励和支持保险资金开展支农融资业务创新试点。进一步完善农业保险大灾风险分散机制。

（四）推进农产品加工业转型升级

加强农产品加工技术创新，促进农产品初加工、精深加工及综合利用加工协调发展，提高农产品加工转化率和附加值，增强对农民增收的带动能力。加强规划和政策引导，促进主产区农产品加工业加快发展，支持粮食主产区发展粮食深加工，形成一批优势产业集群。开发拥有自主知识产权的技术装备，支持农产品加工设备改造提升，建设农产品加工技术集成基地。培育一批农产品精深加工领军企业和国内外知名品牌。强化环保、能耗、质量、安全等标准作用，促进农产品加工企业优胜劣汰。完善农产品产地初加工补助政策。根据农产品加工行业或者农产品品种出台具有针对性的加工扶持政策，例如制订主食加工业扶持政策、小麦加工业扶持政策等。对国内农产品原料丰富、加工利用比重较低的农产品加工给予特殊支持。对以出口为主导的农产品加工企业提供出口便利，简化程序，加大出口退税支持力度。

（五）建立高效的农产品流通服务体系

健全统一开放、布局合理、竞争有序的现代农产品市场体系，在搞活流通中促进农民增收。加快农产品批发市场升级改造，完善流通骨干网络，加强粮食等重要农产品仓储物流设施建设。完善跨区域农产品冷链物流体系，开展冷链标准化示范，实施特色农产品产区预冷工程。推动公益性农产品市场建设。支持农产品营销公共服务平台建设。开展降低农产品物流成本行动。促进农村电子商务加快发展，形成线上线下融合、农产品进城与农资和消费品下乡双向流通格局。加快实现行政村宽带全覆盖，创新电信普遍服务补偿机制，推进农村互联网提速降费。加强商贸流通、供销、邮政等系统物流服务网络和设施建设与衔接，加快完善县乡村物流体系。实施“快递下乡”工程。鼓励大型电商平台企业开展农村电商服务，支持地方和行业健全农村电商服务体系。建立健全适应农村电商发展的农产品质量分级、采后处理、包装配送等标准体系。深入开展电子商务进农村综合示范。加大信息进村入户试点力度。

（六）促进农产品及加工副产物的综合利用

坚持资源化、减量化、可循环发展方向，促进秸秆等农业副产物的循环利用，加工副产物的全值化利用，加工废弃物的梯次利用。明确农业投入品回收责任主体，加大对农业投入品集中收储和无害化处理的政策扶持力度，依托现有的农业投入品销售体系，将回收责任绑定销售许可，建立立足基层的回收体系。引导社会资本进入农业投入品循环利用领域，鼓励龙头企业、农民合作社等开展农药、地膜、包装物等农业投入品无害化处理业务。充分发挥非政府组织及行业协会的引导作用，鼓励其参与、监督农业投入品回收工作。

扩大畜禽粪污等农业废弃物综合利用试点范围，提升粪污资源化利用水平。加强畜禽养殖废弃物利用关键技术攻关，增强科技支撑保障能力。出台有机肥生产、使用、运输等方面的扶持政策，引导社会资本进入，支持畜禽粪便污水处理社会化服务组织发展。加强病死畜禽无害化收集处理体系建设，支持大型养殖场和屠宰场建设、完善无害化处理设施设备，所有规模养殖场户都要通过自建设施或委托处理纳入无害化处理体系。积极探索牛、羊、禽等畜禽无害化处理补助机制，大力推动畜禽养殖保险。

第二章

农业领域推进政府和社会资本合作研究[①]

摘　要

本课题对农业领域推行政府和社会资本合作（以下简称PPP）模式做了探索性的研究。根据近年来国内发布的一系列PPP相关的指导性文件，总结了PPP的基本内涵。并通过对发改委、财政部PPP项目库中农业类项目数量、区域分布、落地率等情况的分析，得出我国农业领域实施PPP项目显著落后于其他行业、领域，目前还处于探索起步阶段的结论。从各地实践看，地方推行PPP项目的积极性较高，农业类项目涉及高标准农田建设、现代渔港建设、种子工程、农业废弃物资源化利用、病死畜禽处理、现代农业产业园、休闲农业七个重点领域。结合2017年国家发展和改革委员会农村经济司与（以下简称国家发改委农经司）农业部发展计划司联合推荐的第一批20个农业PPP示范项目，本课题从合作期限、运作模式、回报机制、政府与社会资本的责任、风险分担机制、退出机制等方面总结出农业七个重点领域PPP项目的运作方式。

但在课题调研和案例分析中，我们也发现目前农业领域PPP项目仍存在一些问题，包括地方政府和企业对PPP模式的认识存在误区，专业人才有限导致现有项目操作水平不高，合作协议中对政府和社会资本的责权利边界划分不清，土地、人才、金融等方面的政策支持力度不够，政府管理体系和信用体系存在缺失等。建议下一步应坚持“严格审查、风险可控、多方共赢、试点先行”的原则逐步推开农业PPP项目，同时加强PPP知识培训和技术指导；对已有农业项目进行甄别，推动合适的项目PPP化；加强对项目前各关键环节的监督管理，健全利益分配与风险防控机制；不断优化农业农村社会资本投资环境，促进政府主管部门间的统筹协作；以财政资金为引导，构建以企业自有资金、信贷资金和财务投资为主体的多元化投入渠道。

农业是国民经济的基础产业，党的十九大报告提出，要“坚持农业农村优先发展”，实施乡村振兴战略。2018年中央一号文件指出：“实施乡村振兴战略，必须解决钱从哪里来的问题，要健全投入保障制度，创新投融资机制，加快形成财政优先保障、金融重点倾

---

① 本文为2017年农业部计划司重点调研课题《典型领域农业PPP运行机制研究》部分研究成果。
收稿时间：2017年7月；课题牵头人：王忠海；课题组成员：曹慧、张永江、刘艳、谭智心。

斜、社会积极参与的多元投入格局”。推进 PPP 模式是农业领域投融资机制创新的一个重要内容，不仅可以有效减轻政府财政支出压力，还可以促进政府转变职能和角色，从基础设施和公共服务的“供给者”，向社会资本的“合作者”和项目“监管者”转型，有效提升农业农村基础设施和公共服务的供给水平和供给效率。

PPP 模式作为一种涉及多个学科理论和多个领域政策的高难度管理模式，在我国农业领域的理论和实践探索刚刚起步。从已有文献看，关于农业领域 PPP 模式的研究较少，且主要集中在农业农村基础设施建设领域。贾康等、胡静林等、肖海翔等等学者团体对农业基础设施领域引入 PPP 模式的必要性和可行性以及主要障碍、政策思路进行了初步的探讨。在此基础上，王春福详细讨论了在农村基础设施领域推行 PPP 模式须配套的政策工具，认为除现有的政策工具外，还要加强产权拍卖、规制、补贴等政策工具的创新和组合运用；唐祥来、杨娟娟研究发现，影响农业基础设施 PPP 项目运行的主要因素包括上一期投资量、农业生产力水平、人均 GDP、上一年贷款利率和农业人口等。韩美贵、蔡向阳等分析了经营性、准经营性和非经营性三类农村基础设施建设所匹配的 PPP 模式。还有学者从实际出发，探讨 PPP 模式在某一具体项目，如高标准农田建设方面应用的可行性。此外，农业园区类项目、农村批发市场、农村沼气工程、渔港码头、基层动物防疫体系等也是可以鼓励 PPP 投资的主要领域。从国际经验看，PPP 还可以为农业科研体制改革提供一些系统有效的改革办法。

从已有研究看，虽然国内学者对农业领域推行 PPP 模式的研究已经取得了一些成果，具有一定的借鉴意义，但与近年来国内农业领域 PPP 的发展步伐相比还略为滞后。尤其是 2017 年以来，国家层面不断出台鼓励和规范农业 PPP 项目的政策文件，各地农业领域推广 PPP 模式热度空前高涨，我们需要及时跟踪研究并总结国内农业领域推广 PPP 模式的经验和教训，为进一步完善相关政策法规提供参考。本文在梳理农业领域推行政府和社会资本合作背景的基础上，总结当前国内农业推行 PPP 模式的进展情况和主要问题，进而提出相关政策建议。

一、PPP 的内涵及运行模式

PPP 在我国的实践探索始于改革开放。20 世纪 80 年代初，我国基础设施建设及相关服务提供的滞后严重制约了改革开放的前进步伐。中央政府意识到仅仅依靠政府自身的财力根本没有可能支持整个基础设施领域的供给需求，因此必须寻求更多的融资渠道。为解决公共品供给低效的问题，我国第一个采用 BOT（建设—经营—转让）运营模式来解决电力投资的 PPP 项目——深圳沙角 B 电厂项目登上了历史舞台。随后，伴随着我国经济增长、经济体制改革和相关政策文件的出台，PPP 在实践中不断发展和总结推广。党的十八大以来，我国社会领域新兴业态不断涌现，投资总量不断扩大，服务能力不断提升，但扩大有效供给与满足社会领域广泛需求的矛盾依然存在。所以，挖掘社会领域投资潜力，降低制度性交易成本，吸引各类投资进入社会领域，更好满足多层次多样化需求，对于我国保持投资稳定增长、培育经济发展新动能、促进经济转型升级、实现经济社会协调发展具有重要意义。

（一）PPP的定义及基本内涵

1. PPP的定义 PPP（Public Private Partnership）的起源国际上有两种说法：一是源于英国，最早由英国政府于1982年提出，是指政府与私营商签订长期协议，授权私营商代替政府建设、运营或管理公共基础设施并向公众提供公共服务。这种“公共私营合作”的融资机制，以特许权协议为基础，彼此之间形成一种伙伴式的合作关系，并通过签署合同来明确双方的权利和义务，最终使合作各方达到比单独行动更为有利的结果。二是源自欧洲大陆上的特许经营，已有几百年历史。根据项目的实际收益情况，公共部门可能会向特许经营公司收取一定的特许经营费或给予一定的补偿，这就需要公共部门协调好私人部门的利润和项目的公益性两者之间的平衡关系，因而特许经营类项目能否成功在很大程度上取决于政府相关部门的管理水平。

《国家发展改革委关于开展政府和社会资本合作的指导意见》（发改投资〔2014〕2724号）指出，政府和社会资本合作模式（以下统称为PPP模式）是指政府为增强公共产品和服务供给能力、提高供给效率，通过特许经营、购买服务、股权合作等方式，与社会资本建立的利益共享、风险分担及长期合作关系。明确特许经营、服务购买和股权合作等均为PPP模式的具体实现方式，重点在于政府与社会资本之间建立长期稳定的利益共享、风险共担机制。《国务院办公厅在转发财政部发展改革委人民银行关于在公共服务领域推广政府和社会资本合作模式指导意见的通知》（国办发〔2015〕42号）中称，PPP模式的提出是公共服务供给机制的重大创新，政府采取竞争性方式择优选择具有投资、运营管理能力的社会资本，双方按照平等协商原则订立合同，明确责权利关系，由社会资本提供公共服务，政府依据公共服务绩效评价结果向社会资本支付相应对价，保证社会资本获得合理收益。2017年7月，国务院发布的《基础设施和公共服务领域政府和社会资本合作条例（征求意见稿）》（以下简称《PPP条例（征求意见稿）》）中，将PPP定义为，政府采用竞争性方式选择社会资本方，双方订立协议明确各自的权利和义务，由社会资本方负责基础设施和公共服务项目的投资、建设、运营，并通过使用者付费、政府付费、政府提供补助等方式获得合理收益的活动。

PPP的定义会随着时代进步而不断向前发展，随着地域变化而因地制宜。课题组认为，在我国现阶段，开展PPP模式的主要目的是为了增强公共产品和公共服务的供给能力，提高财政资金的使用效率，满足人民群众日益增长的物质文化生活需要，提升国家治理体系和治理能力的现代化水平。开展PPP模式可以采用特许经营、购买服务、股权合作等方式，体现市场在资源配置中的决定性作用。政府与社会资本体现的是合作关系，要在利益共享、风险分担的基础上，通过项目建设与项目运营，实现开展PPP模式的上述目标。

2. PPP的基本内涵 关于PPP的基本内涵，《财政部关于推广运用政府和社会资本合作模式有关问题的通知》（财金〔2014〕76号）做了界定，认为PPP模式是政府和社会资本在基础设施及公共服务领域建立的一种长期合作关系。PPP的通常模式是由社会资本承担设计、建设、运营、维护基础设施的大部分工作，并通过“使用者付费”及必要的“政府付费”获得合理投资回报；政府部门负责基础设施及公共服务价格和质量监管，以保证公共利益最大化。《关于印发政府和社会资本合作模式操作指南（试行）的通知》（财金〔2014〕113号）文件中，进一步明确投资规模较大、需求长期稳定、价格调整机制灵活、市场化程度较高的基础设施及公共服务类项目适宜采用PPP模式。PPP项目一般由政府或社会资本发起，以政府发起为主。其中，社会资本主体是指已建立现代企业制度的境内外企业法人，但不包括本级政府所属融资平台公司及其他控股国有企业。2017年7月，国务院发布的《PPP条例（征求意见稿）》中规定，可以采用PPP模式的基础设施和公共服务项目必须符合政府负有提供责任、需求长期稳定、适宜由社会资本方承担等三个条件。

关于农业领域引入PPP模式，根据《中共中央 国务院关于深化投融资体制改革的意见》（中发〔2016〕18号）、《国务院关于创新重点领域投融资机制鼓励社会投资的指导意见》（国发〔2014〕60号）等文件要求，带动社会资本投向农村产业融合领域，推进农业领域政府和社会资本合作，为加快农业现代化提供有力支撑。目前，关于引进社会资本的投融资模式中，以项目融资模式为代表的PPP模式最为普遍，但该模式仍处于政策研究和稳妥推进阶段，并未明确区分各类农业基础设施的具体PPP实现形式。2017年中央一号文件指出，要推进农业供给侧结构性改革，需要协调好政府和市场的关系，应创新财政资金使用方式，推广政府和社会资本合作，实行以奖代补和贴息，支持建立担保机制，鼓励地方建立风险补偿基金，撬动金融和社会资本更多投向农业农村。拓宽农业农村基础设施投融资渠道，支持社会资本以特许经营、参股控股等方式参与农林水利、农垦等项目建设运营。鼓励地方政府和社会资本设立各类农业农村发展投资基金。加大地方政府债券支持农村基础设施建设力度。在符合有关法律和规定的前提下，探索以市场化方式筹集资金，用于农业农村建设。

课题组认为，PPP是政府和社会资本在基础设施及公共服务领域建立的一种长期合作关系。在**项目适用特点**上，通常政府负有提供责任且投资规模较大、需求长期稳定、价格调整机制灵活、市场化程度较高的基础设施及公共服务类项目适宜采用PPP模式。在**项目回报机制**上，社会资本取得投资回报的资金来源主要包括使用者付费、可行性缺口补助和政府付费等支付方式。在**项目风险承担**上，按照风险分配优化、风险收益对等和风险可控等原则，综合考虑政府风险管理能力、项目回报机制和市场风险管理能力等要素的基础上，项目设计、建造、财务和运营维护等商业风险由社会资本承担，法律、政策、社会等风险由政府承担，最低需求风险的承担方需要根据项目的类型来确定①，不可抗力等自然风险由政府和社会资本合理共担。在**项目责任认定**上，政府需要在项目识别阶段开展物有所值评价和财政承受能力论证，并根据相关法律法规对项目履行行政监管职责，重点关注公共产品和服务质量、价格和收费机制、安全生产、环境保护和劳动者权益等，以保证公共利益最大化。社会资本应公开项目产出的数量和质量、项目经营状况等信息。

（二）PPP项目的运行模式

近年来PPP投融资模式的广泛应用有效地拓宽了项目融资渠道，解决了资金匮乏的

① 一般情况下，特许经营权类项目由项目公司或社会资本方承担；政府购买服务类项目由政府方承担。

难题，同时也将市场竞争机制引入公共事业建设中，提高了公共产品或服务的供给效率。从项目付费机制来看，主要有使用者付费、政府付费、可行性缺口补贴等。

使用者付费：指政府通过招标的方式选定适合的基础设施项目民间投资主体，同时，政府制定合理的收费制度并通过一定的技术手段将上述费用转移支付给项目的社会投资者，作为购买项目服务的资金。

政府付费：政府以购买服务的方式引入社会资本，完成项目的投资建设，在运营期内向社会资本支付费用。此类付费方式针对的是缺乏“使用者付费”的非经营性项目，例如河道整治、市政道路、公共绿地、学校等建设项目。

可行性缺口补贴：指使用者付费不足以满足社会资本或项目公司成本回收和合理回报，而由政府以财政补贴、股本投入、优惠贷款和其他优惠政策的形式，给予社会资本或项目公司的经济补助。

从行业划分上，农业项目属于传统基础设施建设项目，根据国家发改委 2016 年 10 月公布的工作导则，该类项目在具体运行中，新建项目优先采用建设—经营—移交（BOT）、建设—拥有—经营—移交（BOOT）、设计—建设—融资—经营—移交（DBFOT）、建设—拥有—经营（BOO）等方式，存量项目则优先采用改建—经营—移交（ROT）方式。

1. BOT 模式 BOT 是 Build - Operate - Transfer 的缩写，即“建设—经营—移交”，是私人企业参与基础设施建设，向社会提供公共服务的一种方式。政府就某个基础设施项目与私人企业之间达成协议，特许私人企业在一定时期内筹集资金建设该项目并负责管理、经营和维护该设施，提供公共产品与服务。政府则负责对该项目的监督和调控，限制该机构提供公用产品或服务的数量和价格，并保证私人企业能够获得合理的利润。待特许经营期满后，私人企业按照协议约定，将该项目无偿转交给政府或政府指定部门。在 BOT 模式下，投资者一般会需要政府保证其最低收益率，一旦在特许期内无法达到该标准，政府应给予特别补偿。从投资方式的内涵来看，BOT 模式具有市场机制和政府干预相结合的混合经济特色。其最大的特点是政府无须花钱，只是将基础设施经营权做一定期限抵押来获得项目融资，换句话说就是基础设施国有项目民营化。该模式主要涉及的参与主体包括政府（项目的控制主体）、BOT 项目公司（项目的执行主体）、投资人（项目的风险承担主体）、银行或财团（项目的主要出资人）、承担设计、建设和经营的相关公司。

2. BOOT 模式 BOOT 是 Build - Own - Operate - Transfer 的缩写，即“建设—所有—经营—移交”，项目公司对所建项目设施拥有所有权并负责经营，经过一定期限后，再将该项目移交给政府。BOOT 是 BOT 演变而来的一种投资方式。

3. DBFOT 模式 DBFOT 模式是 Design - Build - Finance - Operate - Transfer 的缩写，即“设计—建设—融资—经营—移交”，社会资本对所建项目设施进行设计、建设，并以社会资金和政府资金作为基础资金对外融资，项目建成后由政府授权经营一段时间后，再将项目移交给政府。

4. BOO 模式 BOO 模式是 Build - Own - Operate 的缩写，即“建设—所有—经营”，是指政府授予私人企业待建项目的永久特许权，私人企业负责投资兴建、拥有并经营基础设施项目，而不需要将项目转让给政府。与 BOT 模式最大的不同之处在于私人企业对建成的基础设施项目不仅具有经营权，还具有所有权，即 BOO 模式不需要在特许期满后将基础设施项目无偿转让给政府，项目公司有权不受任何时间限制地拥有并经营项目设施。

5. ROT 模式　ROT 模式是英文 Retrofit - Operate - Transfer 缩写，即“重构—经营—移交”，是一种风险共担的模式。社会资本负责已有设施的运营管理和项目扩建、改建所需资金的筹措、建设和其运营管理，期满将全部设施无偿移交给政府部门。ROT 模式采取“政府购买服务、民营机构重组重构”的模式，寻求“管办分离”，由政府抓改革原则和方案制定、抓绩效考核和监管。

二、我国农业领域 PPP 投资的实践探索

当前，我国农业正处于由传统农业向现代农业转型的升级阶段，新型经营主体对金融服务的需求越来越旺盛。“十三五”时期，为实现“农业现代化取得明显进展”的目标，各级政府在积极争取财政投资的同时，更加注重撬动金融资金、吸引社会资本参与现代农业建设。在农业领域推进 PPP，符合我国推进财税体制、国家治理体系和治理能力现代化和农业供给侧改革的要求，不仅有助于增加农业农村基础设施和农业公共服务供给能力，减轻当期财政支出压力，防范和化解政府性债务风险，还有助于转变政府职能，完善农业投资和管理方式，解决政府职能错位、越位和缺位的问题，加快政府从农业领域公共产品的直接“提供者”，向社会资本“合作者”和项目“监管者”转变。

（一）政策导向

2013 年，中共十八届三中全会决定允许社会资本通过特许经营等方式参与城市基础设施投资和运营。从 2014 年（被称为“PPP 元年”）开始，国家出台了一系列关于 PPP 的指导性文件。2014 年 5 月，财政部 PPP 工作领导小组正式设立。特许经营立法工作重新启动，《基础设施和公用事业特许经营管理办法（征求意见稿）》于 2015 年 1 月公开征求意见。财政部在 2014 年 9 月印发了《关于推广运用政府和社会资本合作模式有关问题的通知》，12 月批准成立了 PPP 中心，并下发了首批 30 个 PPP 合作示范项目名单和操作指南；国家发改委同期下发了《关于开展政府和社会资本合作的指导意见》和通用合同指南。从中央到地方大量推出 PPP 试点项目，掀起了 PPP 热潮。

2016 年 12 月，发改委联合农业部印发的 PPP 指导性文件《关于推进农业领域政府和社会资本合作的指导意见》，这是专门针对农业领域 PPP 的纲领性文件。文件要求，拓宽社会资本参与现代农业建设的领域和范围，重点支持社会资本开展高标准农田、种子工程、现代渔港、农产品质量安全检测及追溯体系、动植物保护等农业基础设施建设和公共服务；引导社会资本参与农业废弃物资源化利用、农业面源污染治理、规模化大型沼气、农业资源环境保护与可持续发展等项目；鼓励社会资本参与现代农业示范区、农业物联网与信息化、农产品批发市场、旅游休闲农业发展。要求积极探索优化准公益性与公益性农业项目的多种付费模式。采取资本金注入、直接投资、投资补助、贷款贴息等多种方式，

实现社会资本的合理投资回报。

2016 年中央一号文件《中共中央 国务院关于深入推进农业供给侧结构性改革加快培育农业农村发展新动能的若干意见》明确指出：创新财政资金使用方式，推广政府和社会资本合作，实行以奖代补和贴息，支持建立担保机制，鼓励地方建立风险补偿基金，撬动金融和社会资本更多投向农业农村；拓宽农业农村基础设施投融资渠道，支持社会资本以特许经营、参股控股等方式参与农林水利、农垦等项目建设运营。鼓励地方政府和社会资本设立各类农业农村发展投资基金。

2017 年 2 月，国务院印发的《关于创新农村基础设施投融资体制机制的指导意见》中明确指出：对农村道路等没有收益的基础设施，建设投入以政府为主，鼓励社会资本和农民参与；对农村供水、污水垃圾处理等有一定收益的基础设施，建设投入以政府和社会资本为主，积极引导农民投入；对农村供电、电信等以经营性为主的基础设施，建设投入以企业为主，政府对贫困地区和重点区域给予补助。

2017 年 3 月，农业部、财政部印发的《农业部 财政部关于开展国家现代农业产业园创建工作的通知》，提出要加大政策支持。各地方应加大对创建国家现代农业产业园的支持力度。统筹现有渠道资金，按照“渠道不乱、用途不变”的原则向园区适当倾斜，形成集聚效应。发挥财政资金的引领作用，通过 PPP 模式、政府购买服务、贷款贴息等方式，撬动更多金融和社会资本投入园区建设。鼓励地方创新产业园管理体制和产业园投资、建设、运营方式。

2017 年 6 月，《财政部 农业部关于深入推进农业领域政府和社会资本合作的实施意见》提出我国将重点引导和鼓励社会资本参与农业绿色发展、高标准农田建设、现代农业产业园、田园综合体、农产品物流与交易平台、“互联网＋”现代农业六个领域的农业公共产品和服务供给。政府可以参股项目公司，但应保障项目公司的经营独立性和风险隔离功能，不得干预企业日常经营决策，不得兜底项目建设运营风险。

这些文件的出台，是对农业基础设施领域和公共服务的一个有力探索，为社会资本进入农业领域 PPP 项目释放了积极的信号。

（二）农业领域 PPP 的发展现状

中国农业领域实施 PPP 项目显著落后于其他行业、领域，**目前还处于探索起步阶段。**自 2014 年以来，财政部和国家发改委大力推动公共投资领域的公司合作模式，两部委均出台了一系列的 PPP 政策，并分别建立了各自的项目库。

截至 2017 年 7 月 31 日，财政部向社会公布的全国 PPP 综合信息平台项目库中，入库项目 13 599 个，其中农业项目 146 个，占总数的 1.07%（表 1）。分省份来看，西部地区省份农业 PPP 项目较多，新疆、贵州、内蒙古、四川、甘肃、云南等省（自治区）农业 PPP 项目总和占全国农业 PPP 项目的一半以上，经济发达地区如北京、上海、天津、浙江等省、直辖市均没有农业 PPP 项目入库。从落地情况看，截至 2017 年 7 月 31 日，农业类 PPP 项目中已落地（即已签订 PPP 项目合同进入执行阶段）的项目仅有 12 个，占农业类项目总数的 8%（图 1），占所有行业入库落地项目的 0.5%。

表 1　财政部入库农业 PPP 项目统计表

省（自治区、直辖市）	数量（个）	省（自治区、直辖市）	数量（个）	省（自治区、直辖市）	数量（个）
新疆	25	陕西	4	重庆	0
贵州	21	江苏	4	浙江	0
内蒙古	13	河北	4	西藏	0
山东	13	湖南	4	天津	0
河南	11	安徽	3	上海	0
四川	9	黑龙江	2	山西	0
甘肃	8	青海	1	吉林	0
云南	8	宁夏	1	湖北	0
江西	7	海南	1	福建	0
辽宁	5	广西	1	北京	0
		广东	1		

数据来源：财政部全国 PPP 综合信息平台项目库。

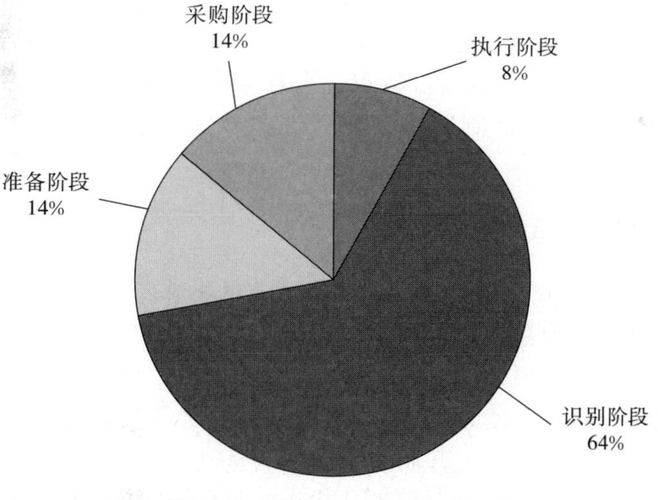

图 1　财政部入库农业 PPP 项目落地情况
数据来源：财政部全国 PPP 综合信息平台项目库。

国家发展改革委向社会公开推介传统基础设施 PPP 项目 1 233 个，计划总投资约 2.14 万亿元，涉及能源、交通运输、水利、环境保护、农业、林业和重大市政工程七个领域。其中，农业项目 34 个，约占项目总数的 2.76%；从投资额看，农业项目投资 264.93 亿元，约占 1.24%。

2017 年 3 月，国家发改委农经司与农业部发展计划司联合推荐农业领域政府与社会资本合作试点项目，在各地积极报送的 230 个 PPP 试点项目基础上，经过农业部组织专家筛选，初步确定了两类项目：一是已开展工作的 PPP 试点项目。共有 11 个省的 23 个项目通过筛选。二是动态跟踪 PPP 试点项目。考虑到省际的平衡，增加了天津、吉林、福建、陕西和新疆5个省份排名的第一项目列入试点范围；考虑到覆盖到重点领域，增加1个高标准农田建设项目，在江苏省泰州市。共计29个项目通过初步筛选。在筛选过程中也发现了一些问题：一是各地对PPP试点项目理解不一致，把这次推荐试点项目误以为是申报PPP项目；二是非PPP范畴项目较多，大部分是传统的政府投资补助项目。之后，农业部组织调研组赴河北等省调研首批入围的试点项目开展PPP的情况，并通过召开座谈会的方式，邀请中咨公司、农工院、农研中心等PPP领域专家进行质询和指导，请项目单位补充完善了项目申报资料。国家发改委农经司和农业部请农工院对完善后的申报材料进行了评审，最终20个项目通过评审，拟作为第一批PPP试点项目予以公布。试点项目涉及9个领域，其中，农业废弃物资源化利用（含病死动物无害化处理）6个，现代农业产业园区3个，现代渔港、规模化生物天然气、旅游休闲农业、农业信息化各2个，畜禽良种工程、生态资源和环境修复、农业产业化基础设施建设各1个。

三、我国农业领域PPP模式的运行机制

PPP模式的流程分析与运行机制，对农业领域采用PPP模式的具体操作至关重要。本部分首先对PPP项目的一般运作流程进行整理，归纳出其中的关键环节，然后结合国家发改委与农业部首批筛选的农业类示范项目，分类阐述不同领域PPP项目实际操作过程中应当注意的关键点，如项目特点、合作期限、运作模式、回报机制、政府与社会资本的责任、风险分担机制等，以期为进一步完善农业领域PPP项目运作提供参考。

（一）PPP项目的运作流程

为保证PPP项目的实施质量，规范项目各环节的操作细节，财政部于2014年11月印发《政府和社会资本合作模式操作指南（试行）》，将PPP项目的操作流程分为项目识别、项目准备、项目采购、项目执行和项目移交五个环节（见表2）。从农业领域类项目而言，一般由县级以上地方人民政府有关主管部门根据经济发展需要、社会公众对公共服务的要求、相关发展规划，在组织开展前期论证的基础上，提出拟采用PPP模式的基础设施和公共服务项目。然后由农业主管部门拟定农业类合作项目实施方案，并会同同级发展改革、财政等有关部门，从经济效益、社会效益等方面对采用PPP模式的必要性和合理性开展评估；涉及政府付费、政府提供补助或者补偿以及政府分担风险等财政支出事项的，应当提请同级财政部门进行财政承受能力评估，形成明确的结论，并经本级人民政府审核同意后，向社会公布。通过招标、竞争性谈判等方式选择社会资本，经公示后，如不成立专门负责合作项目的公司（以下简称项目公司），则由选定的社会资本与政府实施机构①在协商一致的基础上签订合作项目协议；如由社会资本方独资或与政府方合作共建新的项目公司承担PPP建设项目的设计、建设、运营和维护的大部分工作，则由政府实施机构与项目公司签订合作项目协议。社会资本方或项目公司通过使用者付费、政府付费或

① 由本级人民政府确定相关部门、单位作为政府实施机构，负责合作项目实施的相关工作。

可行性缺口补贴获得合理投资回报，同时，政府实施机构负责做好公共产品和服务的价格和质量监督。

表 2　PPP 项目实施五大阶段流程

项目识别	项目准备	项目采购	项目执行	项目移交
项目发起	管理架构组建	资格审核	成立项目公司	移交准备
物有所值评价	实施方案审核	响应文件评审	绩效监测与支付	资产交割
财政承受能力论证		谈判与合同签署	中期评估	绩效评价

1. 项目识别　项目识别是 PPP 项目的第一个阶段，其目标是科学筛选适合开展 PPP 运作的项目，以保障政府和社会资本后续有序的协调和开展项目建设。在这一阶段，有三个关键点：**一是识别 PPP 项目。**根据财政部文件，投资规模较大、需求长期稳定、价格调整机制灵活、市场化程度较高的基础设施及公共服务类项目，适宜采用 PPP 模式。项目发起可以由政府方或社会资本发起，但以政府方发起为主，农业类项目的政府方主要是地方农业主管部门或拥有政府背景的企业或投资平台。合同项目期限一般不低于 10 年，最长不超过 30 年①。**二是项目必要性及合理性评价。**其目的是比较 PPP 模式和传统政府建设管理模式的优劣，提高项目决策的科学性和合理性。并非所有项目都适合采用 PPP 模式，社会资本要求的收益率一般高于传统模式项目收益率（8%～12%），社会资本的融资成本也往往高于政府融资成本，但 PPP 项目可以节约建设成本（10%～20%），还可以借助社会资本先进的技术和管理手段来提高运行效率，降低运营成本，只有那些成本收益较传统政府主导更具优势的项目才适用于 PPP 模式。**三是财政承受能力评价。**PPP 项目具有准公益性，涉及政府公共服务职能和责任，与政府公共财政的拨付和支持密切相关。财政部于 2015 年印发的《政府和社会资本合作项目财政承受能力论证指引》，规定"每一年度全部 PPP 项目需要从预算中安排的支出责任，占一般公共预算支出比例应当不超过 10%"。而"PPP 项目需要从预算中安排的支出"包括股权投资、运营补贴、配套投入和风险承担支出等。通过这项评价，可以对地方政府形成硬约束，避免盲目上项目加剧地方财政压力。

2. 项目准备　这一阶段重点是管理构架组成和实施方案的编制、审核。管理构架组成主要是项目协调机构以及实施机构的组建。其中协调机构是由县级（含）以上地方人民政府成立 PPP 项目工作小组，由政府有关部门组成，形成 PPP 项目的专门协调机构，负责项目评审、组织协调和检查督导等工作；项目实施机构是由政府或其指定的有关职能部门或事业单位可作为项目实施机构，负责项目实施方案的编制。实施方案的编制是本阶段的关键点，在项目识别阶段的项目建议书和初步实施方案基础上，由有关主管部门编制项目实施方案，初步确定项目总投资、项目交易结构（项目交易主体和融资安排）、PPP 公司股权架构、社会资本选择程序、建设资金筹措方式、政府筹资措施、项目评价机制、风险分配基本框架、项目运作方式、合同体系和监管架构等。在拟定实施方案时应当听取其

① 2017 年国务院《基础设施和公共服务领域政府和社会资本合作条例（征求意见稿）》。

他部门的意见，必须做财政承受能力评估，具体标准由财政部门确定。最后财政部门重点对运作方式、采购程序、交易结构、风险分配、监管架构等进行审核。

3. 项目采购 PPP项目的采购方式包括公开招标、邀请招标、竞争性谈判、竞争性磋商和单一来源采购五种，参与者包括采购人（PPP项目实施机构），供应商（社会资本），政府采购代理机构，PPP项目咨询服务机构，与社会资本合作的金融机构等。不论使用哪种方式，均要由评审小组进行资格预审，以实现项目实施机构对社会资本进行更为严格的筛选和把控。采购文件由采购人（项目实施机构）编制，而通过资格预审的社会资本和与其合作的金融机构，要按照采购文件要求准备响应文件，并递交评审小组评审。评审结束后，由项目实施机构成立专门的工作组负责采购结果确认前的谈判和最终采购结果确认工作。确认谈判完成后，项目实施机构与中选社会资本签署确认谈判备忘录，并将采购结果和相关文件及合同文本进行公示（不少于5个工作日）。

4. 项目执行 PPP的项目执行主要由社会资本方或项目公司进行。项目公司由社会资本方依法设立，政府可指定相关机构参股，但应保障项目公司的经营独立性和风险隔离功能，不能干预企业日常经营决策。项目公司的社会资本方及建设运营可以是一家，也可以是几家组成的社会资本方式联合体和建设运营联合体。政府作为重要一方，在公司设立的责任体现上有特许经营、购买服务和股权合作三种方式，在具体操作实施中可能是三种方式的任一种，也可能是以其中两种方式综合组合方式存在。在农业领域，新建成并采取BOT（建设—经营—转让）模式的项目主要以股权合作和购买服务为主，已建成并采取TOT（转让—经营—转让）的项目主要以购买服务为主。项目的融资、建设及建成后的运营和维护由项目公司负责，而项目实施机构需要根据合同约定，监督社会资本或项目公司履行合同义务，定期监测项目绩效指标，并合理测算和落实政府支出。2016年国家发改委和农业部联合发布的《关于推进农业领域政府和社会资本合作的指导意见》（以下简称“指导意见”）提出，鼓励引进第三方评价机构，制定PPP项目绩效评价方案，对项目建设运营质量以及资金使用效率等方面进行综合评价。绩效评价结果应作为项目公司或社会资本方取得项目回报的依据。对农业PPP项目，除了政府付费之外，最大问题是如何建立使用者付费机制，减轻财政支付压力。同时，如何创新多种形式的政府支付方式和支持方式也需要探索，两部委文件也提出采取资本金注入、直接投资、投资补助、贷款贴息等多种方式实现社会资本的合理投资回报。

5. 项目移交 项目建设过程中，如遇不可抗力、社会资本方严重违约或依法征收、征用合作项目财产导致项目提前终止时，项目实施机构要及时做好接管，保障项目设施持续运行；因依法征收、征用合作项目财产导致合同提前终止的，应按照国家有关规定给予社会资本方合理补偿。PPP项目合作期满后，项目公司需要根据合同约定的条件和程序将全部项目设施和相关权益移交给政府或政府指定的其他机构。两委联合发布的农业类项目《指导意见》中，鼓励积极构建多元化退出机制，主要是依托各类产权、股权交易市场，通过股权转让、资产证券化等方式，为社会资本提供多元化、规范化、市场化的退出方式，增强PPP项目的流动性。但为保证公共服务提供的持续性和稳定性，2017年国务院发文中明确了股权转让门槛，规定在合作项目建设期内，社会资本方不得转让其持有的项目公司股权，在合作项目运营期内，经政府实施机构报本级人民政府同意，社会资本方可以转让期持有的项目公司股权。项目移交完成后，财政部门要组织有关部门对项目产出、成本收益、可持续性、PPP 模式应用等进行绩效评价，并按相关规定公开评价结果，至此一个 PPP 项目的生命周期正式结束。

（二）重点农业领域实施 PPP 的运作方式

PPP 项目的运行机制会因项目的不同而进行差异化的设计，就农业领域而言，不同领域的农业项目因其公益性程度差异较大，如何根据其公益性程度选择适当的运作方式，是本研究想要重点解决的问题。本部分结合重点农业领域项目的基本特点和建设内容，本部分从建设内容和特征、运作模式、回报机制与各方责任、风险分担与退出机制四方面分析不同类项目的运作方式。

1. 高标准农田建设

（1）建设内容与特征。高标准农田建设以提高土地利用率和产出水平为目标，建设内容主要包括开展土地平整、土壤改良与培肥、灌溉与排水、田间道路、农田防护与生态环境保持、农田输配电等工程建设，支持耕地治理修复。项目合作期限一般为 10～30 年，具有公益性强、投资大、资金回收期长、涉及主体多等特点。

（2）运作模式。考虑到农地用途和权属关系不变，而且高标准农田建设涉及国有农场和四类新型经营主体，不同参与主体的特征与资金需求不同等因素，因此，可以采用 BOT（建设—经营—转让）模式来进行筹资建设。在具体实施过程中，根据项目公司的股权构成，可以分为两种方式：一是股份合作制，即政府和社会资本共同出资成立项目公司；二是由社会资本独资设立项目公司。在合作期内，项目公司享受政府的项目建设投资补助、运行补贴、贷款贴息等政策福利，按照约定的规则实行自主经营。

（3）回报机制与各方责任。项目收益方式主要包括四种。一是使用者付费，如向农业经营者按用水量收取农田灌溉服务费等。二是土地平整完成后新增耕地所置换出的建设用地指标出让收益。三是特许经营期内，通过将平整后新增耕地出租所产生的收益。四是政府财政投资补助、运行补贴、贷款贴息等。

项目实施机构为农业主管部门，通过竞争性谈判、公开招标等方式选择有实力的社会资本作为合作方，并可指定相应机构作为政府方出资代表人入股项目公司。政府方负责处理建设过程中的企业、村民搬迁和安置问题，为项目提供集中连片的耕地，并提供一定金额的财政补贴。项目公司负责筹集安排项目建设所需的资金，按照约定要求进行高标准农田建设、运行、管理和维护。同时，在农地整理中，项目公司应当保证一定规模的农村劳动力就业，且有权将土地整理过程中通过填平沟壑、清楚地界等方式多出来的耕地指标出让和经营收入作为项目公司的盈利来源。

（4）风险分担与退出机制。按照国家发改委和财政部相关规定，项目风险应根据由对风险最有控制力（包括控制成本最低）的、最有控制力、风险收益对等和风险上限三个原则，在政府和社会资本间进行合理分配。就高标准农田建设项目而言，政府方主要承担项目审批延误、政策变动、政府信用、土地使用权变更、服务标准提高、经营权收回、政府购买服务费拖欠等风险，社会资本方主要承担融资、建设、经营、转让过程中所发生的技术和市场风险，而合同不详尽、文物保护、建设其所有权变更、宏观经济及自然环境等不可抗风险由双方共同承担。合作期满后，项目公司获得的土地使用权和其他权益可以无偿转让或以商定的价格出售给政府或村集体。在合作期内，项目公司不能擅自改变规定的土地用途；如发生重大分歧，可通过协商、仲裁或司法途径解决；如合同中止，当地政府必须找一个可替代的项目公司来承担合同中的责任和义务。

2. 现代渔港建设

（1）建设内容与特征。建设内容包括交通、码头、防波堤、护岸，以及港池疏浚、陆域形成、执法办证中心等其他配套工程，还有通信、环保、浮标等相关设施设备，同时还有水产品交易与加工、冷冻储藏、物流配送、休闲文化等经营性设施场所。现代渔港建设项目的合作期限一般在10年以上，具有公益性强、投资大、前期工作复杂、建设周期和资金回收周期长、易形成稳定持续的现金流等特点。

（2）运作模式。现代渔港项目前期投入很大，项目总额一般在10亿元以上，需要资金实力雄厚且在渔港建设和运营方面具有经验的社会资本方，以及能提供长期、大额贷款的金融资本方共同参与。在运作模式的选择上，如果是新建渔港，可以采用BOT（建设—经营—转让）模式，若是在原有基础上改建或者扩建，则可以采用ROT（重构—经营—转让）或TOT（转让—经营—转让）相结合的模式。项目公司可由政府和社会资本共同出资成立，也可由社会资本方独资成立，负责项目投资、建设和运营，在享受政府各种政策的同时，实现独立运行。

（3）回报机制与各方责任。项目主要收益来源：一是服务收费；二是水产品深加工、冷冻储藏、物流配送、水产品交易等经营性设施场所的租赁收入。项目主要合作伙伴可以是政府、渔港建设企业和基金公司等机构，或者多方组成的联合体。其中，政府职责主要是渔港项目的规划和审批，建设用地的无偿划拨（土地一级开发费用由项目公司承担），资本金的投入，并授权项目公司对渔港设施进行投资、融资、设计、建设等。项目公司主要负责渔港项目的项目投资、融资、设计、建设，并在特许经营期内，按照特许经营协议条款和条件对渔港进行运营、维护和修理，并且按照协议规定提供相应的公共服务。

（4）风险分担与退出机制。现代渔港项目的前期审批过程非常复杂，海域使用权等相关审批过程较长，因此在项目风险分担上，政府方要承担项目审批风险，为项目顺利实施尽可能地提供便利条件。此外还应承担政策变动、政府信用等风险，社会资本方主要承担项目融资、建设、运营过程中可能发生的技术和市场风险，其他不可抗风险如宏观经济调控导致的政策风险和自然环境风险由双方共同承担。由于现代渔港项目中的基础设施建设占据较大比例，而这部分基础设施往往拥有较长的使用年限，因此在合作期满后的项目移交问题就非常重要。在前期政府和社会资本签订PPP协议时，就应就合同期满后的移交问题进行充分讨论，包括项目资产评估、项目性能和功能测试、资产交割（合同或技术）方式，等等。

3. 种子工程

（1）建设内容与特征。种业工程项目主要为国内育种企业提供可靠稳定的种子生产基地和高水平的育种服务，建设内容主要包括育种创新基地建设、新品种测试中心建设、品种区域试验站、种子质检设施、现代化种子加工中心和配送体系建设等项目。种子工程项目是国家重点支持的PPP项目类型，项目合作期一般在20年左右，具有资金需求量大、专业性强、育繁基地土地获得困难、合作具有长期性等特征。

(2) 运作模式。可以采用 BOT 模式或 BOO 模式来投资，通过招投标选择实力较强的种业企业，成立项目公司，在种子生产大县（场）或生产优势县（场）开展种业基地建设，配套建成一批大型现代化种子加工中心，形成相对集中稳定的标准化、规模化、集约化、机械化种子生产基地。项目公司可由政府和社会资本共同出资成立，也可由社会资本方独资成立，负责项目投资、建设和运营，在享受政府各种政策的同时实现独立运行。

(3) 回报机制与各方责任。项目回报主要使用者付费和政府补贴，包括以下几个方面：一是基地为种业企业提供相关育种服务收费；二是基地内商业空间租赁（如办公、餐饮、超市、旅馆及停车场等）；三是种子企业付费和政府补贴。社会资本方可以选择有较强专业能力和资金实力的育种企业、工程建设公司、种子企业、基金公司等，或者多种公司组成的联合体。

政府方职责包括：一是授权项目公司对种业生产基地进行投资、融资、设计、建设，在合作期限内，按照事先约定条件对种业生产基地进行运营、维护和管理；二是统一规划基地建设用地和育繁土地，无偿提供给项目公司使用，但是项目公司得承担项目设施场地的土地一级开发费用。社会资本方职责包括：一是对种业生产基地进行投资、融资、设计、建设，在合作期限内，按照事先约定条件对种业生产基地进行运营、维护和管理。若采取 BOT 模式，在特许经营期满后，将移交政府或者政府制定部门。二是通过市场化运作方式进行经营，为种子企业提供服务，收取服务费用，收回建设成本，获取一定利润。

(4) 风险分担与退出机制。种子工程项目中育种基地土地的选择与流转，需要由政府协助企业共同完成。土地流转与村民安置的事务应由政府承担主要责任。此外，政府方还应承担政策变动、政府信用等风险，社会资本方主要承担项目融资、建设、运营过程中可能发生的技术和市场风险，其他不可抗力风险如宏观经济和自然环境风险由双方共同承担。根据运作模式的不同，项目的退出机制也不一样。采用 BOT 模式的项目，在合同期满后，由社会资本根据协议将项目资产及相关权利等移交给政府；而采用 BOO 模式的项目，在合同期满后由社会资本或项目公司拥有项目所有权。

4. 农业废弃物资源化利用

(1) 建设内容与特征。农业废弃物资源化利用项目主要涉及对农村畜禽粪污、农作物秸秆等进行回收，通过生态化处理，生产沼气或进行肥料化利用的项目。建设内容主要包括原料生产原料仓储与预处理系统，厌氧消化系统，沼气净化、储存、提纯、利用系统，沼液储存系统，沼渣制肥系统，以及园区基础设施等。项目合作期一般在 20～30 年，具有量大面广，涉及多学科、多行业，对建设技术要求高，投资大等特点。

(2) 运作模式。根据实际情况，可以采用 BOT、BOO 等模式，与专业运营机构合作，鼓励其进入农业废弃物资源化利用领域。根据 2017 年国务院办公厅发布的《关于加快推进畜禽养殖废弃物资源化利用的意见》（以下简称《意见》），应建立企业投入为主、政府适当支持、社会资本积极参与的运营机制。以政府主管部门作为项目发起人，通过招投标，选择专业的建设运营机构作为社会资本方。由政府方和社会资本方共同出资，或者由社会资本方单独出资成立项目公司。政府实施机构授权项目公司辖区内农业废弃物回收和沼渣沼液等综合利用的特许经营权，将关键装置和设备开发建设，后期的运行维护、集中供气和沼液利用与处置等环节委托给项目公司。为解决项目投入资金问题，政府方还可以与社会资本方共同成立产业建设基金，发挥财政资金池的放大效应，吸引市场投融资机构合作加入项目建设和推广。

(3) 回报机制与各方责任。项目回报机制主要是使用者付费和政府补贴。在使用者付费方面，项目公司的收入来源于三方面：一是对处理农村秸秆、畜禽粪便等废弃物进行收费；二是沼气发电收入和供气收入；三是沼渣、沼液生产有机肥的销售收入。在政府补贴方面，有两种方式：一是政府直接以股权出资的方式参与项目公司的建立；二是使用者付费不足部分由政府进行缺口补贴。在现有项目运行过程中，有的项目政府只用一种补贴方式，有的项目两者都有并存。

在责任分担方面，政府方主要职责包括：一是向项目公司提供没有设定他项权利、满足具备出让条件的净地作为项目用地，并根据项目建设需要为项目公司提供临时用地；二是给予项目初期一定资金投入和其他支持，或在财政资金内安排可行性缺口补贴，也可以和社会资本共同设立投资基金，创新粪污资源化利用设施建设和运营模式；三是给予项目公司特许经营权，允许其在辖区范围内经营以农业废弃物等为原料生产沼气或天然燃气并发电，生产销售沼渣沼液复合肥。生物天然气符合城市燃气管网入网技术标准的，经营燃气管网的企业应当接收其入网。落实沼气和生物天然气增值税即征即退政策，支持生物天然气和沼气工程开展碳交易项目。社会资本主要职责包括负责沼气建设规划、选址、筹资、建设、运营和维护。

(4) 风险分担与退出机制。根据风险分担原则，社会资本方承担项目设计、融资、建设管理、财务和运营等商业风险，政府方主要承担征地拆迁、法律、政策和最低需求等风险，不可抗力的风险由双方共同承担。待特许经营期满后，项目公司将沼气等设施移交给政府或政府指定机构。

5. 病死畜禽处理

(1) 建设内容与特征。病死畜禽处理项目属于环保产业，主要涉及对病死生猪、牛羊、禽类等动物尸体的无害化处理及有效利用问题。建设内容包括病死畜禽收集中心、冷库（暂存点）、密封运输车、无害化处理中心，以及环境绿化、供水、电力、道路等设施。项目合作期一般在10年以上，具有投资较大、专业性强、原料收集及运营成本高、项目选址困难等特点。

(2) 运作模式。目前示范类项目主要采用BOO模式或者BOT模式来进行建设。政府以病死畜禽无害化处理和利用的特许经营权向社会公开招标，引进符合条件的资质企业建设和运营病死动物无害化处理厂，并在收集、处理等环节给予一定补贴支持。由于项目在原料收集环节运营成本较高，可以由地方政府建立病死畜禽收集点，并承担其设计、建设和配套人员与设备的责任，为社会资本减轻成本压力，建设资金主要来自政府财政投入。为解决病死畜禽处理原料来源和数量的要求，政府通过完善制度建设，以减轻企业的运营风险。例如，实施生猪保险与无害化处理联动的运行机制建设，逐步扩大生猪保险覆盖面，畜牧部门、保险公司和处理厂三方联动，将病死畜禽是否无害化处理作为保险赔的前提条件，确保了参保生猪因病死亡后都进行了无害化处理。同时，三方联动进行查验、查勘、无害化收集，从制度上防止养殖场（户）和无害化处理企业的虚报、瞒报等情况的发生，避免处理工作出现监管漏洞、死角。

（3）回报机制与各方责任。项目主要回报机制为“使用者付费＋政府可行性缺口补贴”。项目收益主要来自两方面：一是政府购买公益性动物防疫服务的收入，政府以处理厂实际处理数量为申报依据进行补贴，补贴来源主要是各级财政对病死畜禽处理的专项补贴；二是市场化经营性动物防疫服务收入，主要是项目公司通过处理病死畜禽生产油脂、肉骨粉所获得经营收入。政府作为公共部门的主要职责：一是在项目前期手续方面提供支持，如协助企业建立病死畜禽处理厂，包括协调相关职能部门为企业在办理立项、规划、用地、环境影响评估、建设、用电等手续方面给予支持。组织相关部门对企业提供的处理工艺和设计方案进行优化、评审。二是负责建立无害化处理工作信息监管平台，独自出资建立或者与社会资本共同出资建立病死畜禽收集点。三是核实处理数据，负责对口政策扶持资金和县级补贴资金拨付。四是负责制定无害化处理体系监管办法，加强政策法律宣传，督促养殖、屠宰、经营等环节的经营者病死畜禽及检验不合格产品，督促保险企业凭收集处理证明理赔参保生猪等。社会资本主要负责病死畜禽处理厂的建设、运营和维护，建立相应的生产、管理的技术标准、流程，建立病死畜禽无害化处理信息系统，并与政府方共同制定绩效考核的指标和标准。

（4）风险分担与退出机制。根据风险共担的原则，社会资本方承担项目设计、融资、建设、运营等风险，政府方主要承担征地拆迁、法律、政策等风险，不可抗力的风险由双方共同承担。根据采取的运营模式不同，在退出机制方面也有差异。在特许经营期满后政府可以根据项目公司的绩效评估情况考虑是否继续与之续约，如果政府方需要对项目进行重新采购或自行经营，则涉及社会资本的退出和移交问题。如果采取的是 BOO 模式，而且由政府方负责病死畜禽收集点的建立，则不涉及处理厂及相关技术、设备、人员的移交问题，但土地使用权和其他文件资料的移交需要政府和企业在签订协议时就协商好。如果采取的 BOT 模式，则需要组建相应的评估机构对移交项目进行价值评估和性能测试，符合要求的资产和文件才能移交项目实施机构或政府制定的其他机构。

6. 现代农业产业园

（1）建设内容与特征。现代农业产业园是以规模种养基地为依托，涵盖农业生产、加工、物流、研发、示范、服务于一体的综合性项目。建设内容主要包括示范区内水、电、路等基础条件配套设施，农产品加工物流和服务中心，农业观光、物流展示、消费服务等设施配套等。项目合作期一般在 10～20 年，具有综合性强、前期投入较大、投资周期较长、运营管理要求高、具备持续盈利能力等特征。

（2）运作模式。可以采取 BOT、TOT 或 BOO 模式来进行建设。园区所在政府授权园区管委会作为项目发起方，择优选择对园区建设运营有丰富经验和综合实力的社会资本，并由政府指定政府方股东与社会资本共同出资组建 PPP 项目公司。园区管委会与项目公司签署 PPP 项目合同，授权其在项目合作期内负责园区的投资、建设和运营。项目合作期，包括建设期和运营期一般在 20 年以上。合作期满后，项目公司将园区资产无偿移交给政府指定的机构。该运作结构中，政府股东作为政府出资人代表，可以参与项目公司的组建以及公司章程的制定等，同时对重大事项有一票否决权，从而在园区开发过程中可以有效地约束社会资本的行为，保证公共安全和公共利益不受侵犯。政府方股东也应承担一定责任，减少社会资本在项目运作过程中的压力和阻力，保证园区建设的顺利推进。

（3）回报机制与各方责任。回报机制的主要经济来源为使用者付费，包括：①现代农业产业园区的设施项目运营收益，例如园区土地出租收益；②特色农副产品销售、门票、住宿、餐饮、交通、休闲娱乐等经营收入。若所获得的上述收益还不能使社会资本达到自有资金8%～10%的合理内部收益率要求，需要政府以财政补贴形式予以补足。项目主体包括政府方和社会资本方。其中，政府方的责任具体表现为以下三方面：①在项目建设期，负责园区规划建设用地的土地征用并形成建设用地，按照政府与社会资本约定的开发进度，及时并依法提供建设用地。制定园区基础设施和公用设施建设标准，根据需要或法律变更情况对已确定的建设标准进行修改或变更。②在项目运营期，制订项目运营期间运营及绩效考核标准，并根据法律法规及强制性、规范性文件，对运营标准进行变更。在遵守、符合适用法律要求的前提下，对项目公司履行合同项下的建设期及运营期的义务进行监督和检查。如果发生项目公司违约的情况，有权要求项目公司纠正违约行为、向项目公司收取违约金或要求赔偿损失并采取协议规定的其他补救措施，甚至提前终止协议。社会方的责任具体表现为以下两方面：在开发建设阶段，主要负责园区基础设施及公共服务设施投资、建设、运营及维护，同时根据规划要求提供公共公益设施建设工作，包括公园、绿地、广场、景观环境、科技示范、文化休闲等项目建设。建设完成后，在特许经营期内，发挥社会资本经营管理的专业性优势，负责园区的招商、经营和维护。

（4）风险分担与退出机制。项目融资、建造、财务和运营维护等商业风险由项目公司承担，征地拆迁、法律、政策等风险由政府承担，不可抗力风险由政府和项目公司合理共担。合作期满后所有的产权根据协议要求全部移交给政府或其指定机构，若有必要继续合作运营，原社会资本方拥有租赁经营优先权或并购优先权。

7. 休闲农业

（1）建设内容与特征。休闲农业引入PPP模式主要是为扩宽休闲农业基地建设的融资渠道，提供优质的休闲农业基础设施和服务，同时引进先进的休闲农业领域管理团队和管理经验，提高运营效率。建设内容主要包括休闲农业观光娱乐设施、道路、停车场等基础设施。项目合作期一般在10年以上，具有基础设施建设投入大、运营管理要求高、盈利能力强等特征。

（2）运作模式。可以采用BOT或DBFO（设计—建造—融资—经营）等模式。政府通过公开招标的方式选择社会资本，并签订正式合作协议，成立项目公司，由项目公司负责休闲农业项目的资金筹集、建设、经营和维护。政府和项目公司签订特许经营协议进行保障双方利益。

（3）回报机制与各方责任。可以采用使用者付费或者“使用者付费＋可行性缺口补贴”的方式，在使用者付费方面，收益主要来自：一是休闲农业基地观光门票收入；二是商业空间（如办公、餐饮、超市、旅馆及停车场等）的租赁收入。可行性缺口补贴由政府根据年基本服务量、公共设施维护等情况，结合年运营收入、运营成本考核后按年支付。同时政府可以鼓励社会资本增加项目运营盈利点，提高营业收入，以降低可行性缺口补贴；并按股权比例分享利润，同时还可以约定项目运营的投资最高回报率，超额利润全部归政府所有，实现社会资本方的合理回报。从项目各方责任看，政府职责包括：一是规划休闲农业基地用地；二是为休闲农业基地提供电力、水和其他公用设施；三是投资入股项目公司，或者提供政府补贴；四是成立评估考核小组，每年对项目公司经营状况、资产负债等进行评估。社会资本方主要负责：一是筹资、建设和管理休闲农业基础设施；二是特许经营期内，负责具体管理运营休闲农业基地，并负责为此公用设施的运转。

(4) 风险分担与退出机制。政策、法律变更风险由政府承担，融资、建设、运营、维护等商业风险由项目公司承担；不可抗力风险由政府和项目公司合理共担。合作期满后，社会资本方享有优先经营权，如若不愿继续经营，需提前1年提出，由双方作为招商项目推介，双方出资建设形成的固定资产分别谈判确定资产处置方案。到期项目无承接后续经营时，双方谈判处置项目存量资产。

四、农业PPP投资模式存在的问题及建议

（一）我国农业领域PPP投资存在的问题

从实践调研看，国内农业领域的PPP模式总体上仍处于起步和探索阶段，虽然申报项目很多但真正符合PPP操作规范的项目较少，在合规项目中，又有部分只具备PPP的雏形或合作关系，并未形成完整的PPP模式。具体看，目前我国农业领域的PPP项目及其运行机制主要存在以下几方面的问题：

1. 对农业PPP项目的认识存在误区　从地方实践看，由于农业PPP项目属于新生事物，各地对此类项目的内容、适用范围、操作规程、实施方式等均不了解，认识上的误区较多。从政府的角度来看，地方政府及相关主管部门期望通过PPP项目的实施来帮助政府解决当地农业项目投入不足的问题，但是由于对PPP模式不了解，采取的操作方式和以往的政府购买服务没有区别。从企业的角度来看，农业类PPP项目收益能力弱，社会资本介入意愿不强。一方面，农业生产周期长影响投资回报周期，社会资本必须要有足够的耐心和承受力等待未来的资金回报；另一方面，农业基础设施建设投入较大，首先就把一部分社会资本挡在了外面，即使部分资本勉强进入，也易导致采取“短期行为”。从调研情况看，部分企业“等、靠、要”思想严重，希望通过PPP项目从政府身上获得更多的财政资金支持。

2. 现有项目操作水平普遍不高　调研中发现，虽然有些项目由于自身盈利性强，PPP协议的内容商业性较强，而忽视了PPP项目所应有的公共服务的职能。而有一些项目具备很强的公益性特点，也是政府鼓励进入的项目，如高标准农田建设、现代渔港建设、农业废弃物资源化利用、病死畜禽处理等，只要转变思路，加强规范，很容易转化成为很好的农业PPP项目。但从目前情况看，由于地方政府和企业缺乏相关信息的公示，或者没有找到合适的咨询机构，使得项目流程遗漏较多，项目协议不规范，不符合国家下发的相关文件规定。例如，2017年国务院发布的《基础设施和公共服务领域政府和社会资本合作条例（征求意见稿）》中明确规定，在PPP项目合作协议中，政府不得约定由政府回购社会资本方投资本金或承担社会资本方投资本金损失，不得约定社会资本方的最低收益以及由政府为合作项目融资提供担保。但在目前的农业项目中，不符合这些规定的项目还比较多。在调研时，一些企业不知道有财政部下发的《政府和社会资本合作模式操作指南（试行）》操作流程，也不知道需要通过正规的招投标手续获得政府支持，以为仍然

是和以前一样，由政府财政进行直接补贴。此外，目前农业领域的 PPP 投资主体还不十分成熟，社会资本尤其是民营资本参与的程度还需要大幅度提高。

3. 政府和社会资本的责权利边界不清 农业 PPP 项目应该是政府主导，具备一定的公益性质。同时，企业通过承担一部分本不该由企业承担的公益性职能，来为政府服务，这部分公益职能所产生的成本和费用应该由政府通过特定的方式（如特许经营、可行性缺口补贴等）进行补偿。在湖北省咸安市咸安区畜禽养殖环境污染项目的调研中发现，在政府没有介入前，企业已经在对项目进行投资，而且企业的市场边界非常清晰，只与大的养殖场合作，处理规模较大的畜禽养殖粪便。政府介入后，目的是为了让企业将整个咸安区内的所有畜禽养殖场粪便进行处理，由于区域内小养殖场较多，增加了企业的搜集、运输、处理、管理等方面的成本，这些成本需要政府进行补贴。而企业在考虑问题时，则希望政府全部兜底，保证企业扩展部分的全部收益和利润。这种机制的设定不符合国家政策文件，不符合 2017 年财政部 50 号文的规定，该文件明确指出地方政府及其所属部门参与 PPP 项目，不得以任何方式承诺回购社会资本方的投资本金，不得以任何方式承担社会资本方的投资本金损失，不得以任何方式向社会资本方承诺最低收益。总体来看，政府和企业在合作的过程中，没有对整个项目周期中各方的责权利约定清楚，风险分担机制也不够完善甚至没有建立，财政资金的承受能力也没有进行评估。如此下去，可能会增加政府和社会资本长期合作的不确定性。

4. 政策支持力度还不够 农业 PPP 项目属于新生事物，在成长初期需要一些政策扶持，但目前支持力度还不够。一是土地政策。随着国家土地政策的调整，用地难矛盾十分突出，特别是农业设施用地紧张，制约了设施农业或其他需要较大规模设施用地的农业项目的发展。土地流转进程滞后，没有签订规范合同的流转行为较多，再加上政府力量参与主导农村土地流转，从而使“自愿流转农地”的行为转变成“强制流转”，容易引发各利益主体之间的矛盾。二是人才政策。PPP 项目具有很强的专业性，需要实施人员具备财务、金融、法律等各方面的知识和实操经验，但目前，我国专门从事 PPP 项目操作的人员和规范的咨询机构较少，无法适应 PPP 迅速发展的形势。三是金融政策。社会资本投资农业，缺少抵押物或者抵押物不符合金融机构的要求，难以通过贷款审批。农业保险的品种少、覆盖面窄，社会资本经营风险较大。四是评估体系。现有的 PPP 绩效评价体系存在诸多问题，如绩效评价标准不统一、评价方法不科学，再加上评价机构缺乏权威性，导致绩效评价结果缺乏约束力。

5. 政府管理体系和信用体系存在缺失 关于 PPP 项目的管理方法和操作细节，目前国家发改委与财政部存在分歧。国务院 2016 年 7 月 7 日常务会议决定由国家发改委和财政部分别牵头负责传统基础设施和公共服务领域的 PPP 项目。国家发改委据此明确由其牵头负责能源、交通、农业、林业、水利、环保、市政 7 个传统基础设施领域 PPP 项目，财政部则提出除教育、科学、文化、卫生、体育、公共安全等公共服务领域外，还要负责其他部门共 13 个领域的 PPP 项目，实际上完全覆盖了发改委划定的传统基础设施领域。在农业 PPP 项目的适用范围方面，发改部门涉及的领域更为宽泛，地方政府选择按照发改委的要求，领域更广，PPP 项目也能更多；在实施机构方面，国家发改委的规定也较宽，地方政府可以依此选择平台公司做实施机构。在项目论证标准方面，财政部是“物有所值”标准，而国家发改委是可行性研究，导致地方政府采用简单的可行性研究评判项目，盲目上项目；在监管机制方面，国家发改委要求各省市发改委建立数据库，逐月评估上报，而财政部指定其下属 PPP 中心监督项目实施。多头监管使地方政府和社会资本无所适从，降低了他们的参与意愿。此外，目前 PPP 项目中社会资本在合作中地位较低，而且政府习惯成为企业的行政领导对象，导致政府凌驾于社会资本之上。一些地方政府凭借其政治权力，不守信用，而且在 PPP 项目实施过程中，政府领导班子的更迭、监管约束的缺失以及项目风险分担的不合理经常导致政府担责能力不足的问题，表现为对特许授权或合作合同的调整，对项目合作的提前终止，严重损害了社会资本的利益，违背了平等协商的原则，也直接导致了社会资本参与率低下。

（二）完善农业 PPP 投资的政策建议

针对调研项目反映出的问题，建议下一步在全国开展农业 PPP 项目试点时，应坚持“严格审查、风险可控、多方共赢、试点先行”的原则逐步展开。具体来讲，可以从以下几方面加强政策引导：

1. 广泛开展农业 PPP 项目领域的培训 农业 PPP 项目投资量大、周期长，且有许多潜在风险，促进其健康发展迫切需要大量既懂得农业技术和政策，还懂得 PPP 模式运作的复合型人才。应加强对相关人员的 PPP 知识培训和技术指导。一方面，政府相关部门需要，要让地方政府相关部门正确认识到 PPP 模式是一种准公共品的提供模式，其目的更多的是为了提高公共服务的效率，融资仅仅是手段，绝非目的；另一方面，PPP 经营主体迫切需要被培训，很多企业对农业 PPP 项目很感兴趣，但对项目的具体运作过程并不了解。各级政府要加快组建指导 PPP 模式运作的专家团队，指导农业 PPP 项目的规划编制、标准研究和技术指导工作，将人才培训纳入农业专业技术培训计划，引入具有 PPP 业务经验的勘察设计单位、科研机构、咨询公司、律师事务所、会计师事务所等第三方机构，让他们积极参与农业 PPP 业务的咨询工作，提升专业化水平。

2. 加强对农业 PPP 项目的识别和管理 各级职能部门要加强合作，对已有的具备农业 PPP 项目特点的项目进行甄别，推动合适的项目向 PPP 模式转化；规范操作并完善农业 PPP 项目库建设，明确入库标准，优先选择有经营性现金流、适宜市场化运作的农业公共设施及公共服务项目，做好项目储备，明确年度及中长期项目开发计划，确保农业 PPP 项目有序推进。此外，政府部门要加强对项目前期准备、项目建设进度、资金使用拨付等关键环节开展监督管理，全面掌握涉农领域资金分布和使用情况，注重发挥规划的统领作用。依托行业部门等各方面力量构建投资综合监管体系，开展专项整治行动，加大项目检查和抽查力度，坚决查处 PPP 项目执行中存在的突出问题，推动形成投资监管与投资安排紧密衔接的激励制约机制。改革资金管理方式，要彻底改变以前的重投轻管的状况，形成“投资—建设—管理—运营”一体化的方式，促进项目可持续发展。进一步推进农业 PPP 试点工作，在重点领域选择前期工作规范的项目，先行先试，探索形成可复制的具有推广价值的经验和模式，以点带面，全方位开展农业领域 PPP 工作。

3. 健全利益分配与风险防控机制 利益分配是 PPP 模式的基石，参与农业 PPP 项目的各方始终应恪守契约精神。首先根据国家相关政策文件对经营性项目、准经营性项目和非经营性项目分类确定使用者付费、可行性缺口补贴和政府付费等回报机制；其次要灵活调整定价。大多数农业领域PPP投资的项目收益一般是通过10年、20年甚至更长时间的合作来获得，因此在确保政府的资金起到杠杆作用的同时，还应根据农业产业生命周期特点制定动态可调整的定价机制，一般以3～5年为一个周期，根据消费物价水平、项目收益率、运营维护成本、税收、资产收入、服务供给流量等指标，重新评估社会资本的盈利能力和水平，以保障社会资本的基本利润水平。合理的风险分担机制是保证PPP项目可持续运作的关键，农业领域PPP项目在准备阶段，要根据项目特点合理分担风险，根据承担风险程度“与所得回报相匹配”“有上限”两大原则，明确社会资本方和政府方各自应承担的风险，在协议中还应拟定重新谈判的触发机制和调解机制，实现风险共担；此外，还要严管财政资金。开展财政承受能力论证，将运营补贴、经营收费权和其他支付定价等统一纳入年度预算、中长期财政规划，强化信息公开和社会监督。

4. 优化农业农村社会资本投资环境 良好的投资环境是社会资本投资农业的定心丸，要在国家法律允许范围内，搞好软、硬环境建设，营造良好的制度、体制、行政、法制、服务、诚信环境。**一是精简审批流程。**横向上，采取多部门联审、与其他审核流程合并同类项。纵向上，对同一项内容不做重复性审查、减少审查环节。例如将规划条件、土地使用审查与PPP方案评估合并，在评估过程中邀请规划、国土部门出具意见，实施方案通过评估的即视同通过了规划、土地审查。**二是稳定政策环境。**加强法制建设，通过法律制度对各方行为进行合理有效的约束，将多方主体的共同责任和利益建立在严格且规范的法制基础上，最大程度避免PPP项目受到政府干预、换届等因素影响，为农业领域PPP投资模式顺利实现提供制度保障。**三是健全市场体系。**建立健全以政府为主导、社会资本方参与，第三方机构支撑的PPP市场体系。鼓励和引导具有较强技术、经营管理能力和资金实力的农垦企业、渔业企业、养殖企业、粮油商贸企业、种业公司、农民专业合作社等专业化机构，作为社会资本方积极参与农业PPP项目。**四是保障用地需求。**地方政府在进行土地利用总体规划中应统筹考虑相关农业PPP项目的建设需求，鼓励社会资本通过土地整理，落实占补平衡，合理安排项目建设用地供给。

5. 加强政府主管部门间的统筹协作 要想从根本上杜绝地方政府利用财政部和国家发改委关于PPP标准不统一而择低标准上项目的做法，只有让两部门加强协调和配合，在政策上形成合力，做到政令统一。政策涉及多个部门时，应协商联合发文而非各自独立发文，尽可能避免就同一事项出现两种标准的情况，努力构建标准统一的PPP政策环境。也可以考虑在更高层面对PPP进行约束和规范，做到政策口径的统一。例如，在中央集中设立一个PPP指导机构，理顺部门关系，使之成为指导和推进工作的唯一性和权威性机构。此外，一些大型的或新型的PPP项目（如具有全国性或跨地区性的特征），可直接由中央PPP机构直接操作，既可起到引领示范作用，也可增强其实战经验，也有利于不断提高其政策法规的制定水平。

6. 拓展农业PPP项目的资金来源 以财政资金为引导，构建以企业自有资金、信贷资金和财务投资为主体的多元化投入渠道。一是加快政府投融资平台转型，积极引入社会资本，推动符合条件的投融资平台转型为PPP实施主体；二是创新项目融资模式，采取股权投资等方式，运用政府投资成立农业PPP专项基金，探索农业基础设施“PPP＋产业引导基金”的模式，撬动社会投资支持农业基础设施建设，助力项目区当地企业的发展；三是加强金融机构对农业 PPP 项目的支持，鼓励政策性银行、开发性银行及商业银行对涉农项目贷款的倾斜和支持，在授信、贷款期限、利率等方面给予特殊考虑和优惠，并加强产品、服务及担保方式创新，探索以项目预期收益或整体资产用作贷款抵押担保的新模式；四是提高财政支持力度，整合各类农业补贴资金，增强企业使用财政性资金和补贴的灵活性和自主性。提高财政支持力度，允许财政状况好的地区适度提高财政用于 PPP 支出比例。

第三章

我国中原现代农业科技示范区小麦产业及支持政策研究①

摘　　要

中原现代农业科技示范区内含7个国家级农业科技园区，基本覆盖了河南省农业科技资源比较集中、产业化优势明显的区域，包括郑州、开封（含兰考）、安阳、鹤壁、新乡、焦作、濮阳、许昌、漯河、驻马店10个省辖市。示范区以食品产业为主导，整合现有科技资源，创新体制机制，依靠现代信息技术，打造现代食品产业，培育农业全产业链和食品安全技术体系，实现从土地到餐桌全链条增值。小麦产业是河南的优势产业，同时也是食品产业重要的生产原料之一。本报告结合河南地理资源和气候条件、生产条件等资源禀赋特点，分析河南甚至整个中原现代农业科技示范区小麦生产的地位和竞争优势，把握小麦产业的增长潜力和发展趋势，解析河南小麦产业链发展现状及存在的问题，并结合国家发展粮食生产功能区的政策，对未来促进中原现代农业科技示范区小麦产业发展提出政策建议。

一、我国中原现代农业科技示范区小麦产业发展概况

（一）中原现代农业科技示范区小麦产业地位独特

1. 河南小麦生产在全国占有举足轻重的地位

（1）河南粮食产量居全国前列。河南粮食生产在全国具有举足轻重的地位。作为全国粮食生产的核心区，河南省用占全国1/16的耕地生产出了占全国1/10的粮食，不仅解决了本省近1亿的口粮问题，每年还可向外调出200亿千克的商品粮和粮食制成品，为保障国家粮食安全作出了重大贡献。2015年，河南省粮食播种面积10 267.2千公顷，占全国粮食播种面积的9.1%。粮食总产量达到6 067.1万吨，占全国粮食总产量量的9.8%，

① 本文为中国农业科学院农业资源与农业区划所委托《国家中原现代农业科技示范区粮食产业展望（预测）以及支持示范区粮食产业的政策研究》课题部分研究成果。

收稿时间：2017年9月；课题主持人：曹慧；课题组成员：孙昊、张振、简林强。

仅次于黑龙江，是全国第二大粮食生产省。

（2）河南是中国小麦生产第一大省。河南是我国小麦生产第一大省，2015 年小麦播种面积占全国的 22.47%，产量达到全国总产的 26.89%，已多年保持播种面积、总产量、单产水平、收购量全国第一，是名副其实的中国粮仓。2015 年，我国河南省、山东省、河北省、安徽省和江苏省 5 个小麦主产省的小麦产量之和约占全国小麦总产量的 75.8%。其中，河南省小麦无论是播种面积还是产量所占份额均居首位，在全国小麦生产中占有着举足轻重的地位。其他详细数据见表 1、表 2。

表 1　2010—2015 年主产省小麦播种面积在全国总面积占比情况

年份	河南省		山东省		河北省		安徽省		江苏省	
	面积（万亩）	占比（%）	面积（万亩）	占比（%）	面积（万亩）	占比（%）	面积（万亩）	占比（%）	面积（万亩）	占比（%）
2010	7 920	21.77	5 343	14.68	3 630	9.98	3 549	9.75	3 140	8.63
2011	7 985	21.93	5 391	14.81	3 594	9.87	3 575	9.82	3 168	8.70
2012	8 010	22.00	5 439	14.94	3 615	9.93	3 624	9.95	3 200	8.79
2013	8 051	22.25	5 510	15.23	3 567	9.86	3 650	10.09	3 221	8.90
2014	8 111	22.46	5 610	15.54	3 515	9.73	3 653	10.11	3 240	8.97
2015	8 139	22.47	5 700	15.74	3 479	9.61	3 686	10.18	3 269	9.03

数据来源：国家统计年鉴

表 2　2010—2015 年主产省小麦产量在全国总产量占比情况

年份	河南省		山东省		河北省		安徽省		江苏省	
	产量（万吨）	占比（%）	产量（万吨）	占比（%）	产量（万吨）	占比（%）	产量（万吨）	占比（%）	产量（万吨）	占比（%）
2010	3 082	26.76	2 059	17.87	1 231	10.68	1 207	10.48	1 008	8.75
2011	3 123	26.60	2 104	17.92	1 276	10.87	1 216	10.36	1 023	8.72
2012	3 177	26.25	2 180	18.01	1 338	11.05	1 294	10.69	1 049	8.67
2013	3 226	26.46	2 219	18.20	1 387	11.38	1 332	10.92	1 101	9.03
2014	3 329	26.38	2 264	17.94	1 430	11.33	1 394	11.04	1 160	9.19
2015	3 501	26.89	2 347	18.03	1 435	11.02	1 411	10.84	1 174	9.02

数据来源：国家统计年鉴

小麦是河南最重要的粮食作物品种。根据中国农业年鉴数据，从 2009 年到 2015 年，河南省粮食作物在农作物总播种面积的比重呈逐年增加趋势，由 2009 年的 68.2%增加到 2015 年的 71.2%。在粮食作物中，小麦从 2009 年的 37.1%上升到 2015 年的 37.6%，玉米从 2009 年的 20.4%上升到 2015 年的 23.2%，稻谷从 2009 年的 4.3%上升到 2015 年的 4.5%，大豆从 2009 年的 3.3%降至 2015 年的 2.5%，油料从 2009 年的 10.9%上升到 2015 年的 11.1%，红薯从 2009 年的 2.2%上升到 2015 年的 2.5%。可见，河南省主要粮食作物中，小麦和玉米相对于其他品种而言具有比较大的规模优势，这其中小麦更为明显。其他详细数据见表3、图1。

表3　2009—2015年河南省主要粮食作物种植结构比重

（单位：%）

年份	2009	2010	2011	2012	2013	2014	2015	平均
粮食作物	68.2	68.4	69.1	70.0	70.4	71.0	71.2	69.8
小麦	37.1	37.1	37.3	37.4	37.5	37.6	37.6	37.4
玉米	20.4	20.7	21.2	21.7	22.4	22.8	23.2	21.8
稻谷	4.3	4.4	4.5	4.5	4.5	4.5	4.5	4.5
大豆	3.3	3.2	3.1	3.2	3.1	2.8	2.5	3.0
油料	10.9	11.0	11.1	11.0	11.1	11.1	11.1	11.0
红薯	2.2	2.1	2.1	2.2	2.1	2.4	2.5	2.2
总播种面积	100	100	100	100	100	100	100	100

资料来源：中国农业年鉴

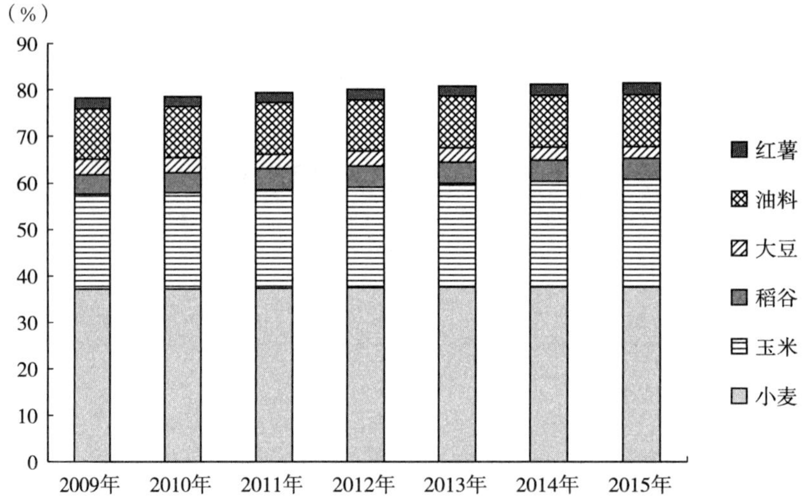

图1　2009—2015年河南省主要粮食作物种植结构比重走势图

（3）河南小麦品种优势布局已经形成。从品种的发展历程来看，河南农作物品种审定委员会自1979年成立以来，共审定和引进小麦品种283个，其中审定小麦品种258个，引进国外及周边省份品种25个。截至2013年，河南小麦品种已经经历了10次更新换代，前4次更新换代是以农家品种的提纯复壮和对国外品种改良为主，生产上利用的主要品种有阿夫、阿勃、内乡5号和内乡36号、博农7023、郑引1号等。

20世纪80年代，进行了第5次换代，这一次是以自育品种和引进外省品种为主，主要品种有百农3217、宛7107、豫麦2号、徐州21、陕农7859等。百泉农专培育的百农3217小麦品种，在1983年全省种植面积突破66.7万公顷，此后的5年中面积一直维持在 66.7 万公顷以上，获农业部技术改进一等奖。

20 世纪 90 年代，河南省小麦育种工作处于上升阶段，主要品种有豫麦 13、豫麦 17、西安八号、豫麦 18、豫麦 21、豫麦 25、豫麦 41 等，周口市农科院选育的豫麦 21 株高仅 70～75cm，是河南小麦矮化育种成功并在生产上成为主导品种的典范，连续 4 年推广面积超过 66.7 万公顷。豫麦 18 以其广泛的适应性和丰产稳产性能，从 1993 年至 2003 年连续 11 年种植面积超过 66.7 万公顷，是河南推广时间最长、利用面积最大的小麦品种，1996 年获国家科技进步二等奖。

进入 21 世纪，河南小麦育种水平处于全国领先地位，小麦育种提倡优质、高产相结合，主要推广品种有郑麦 9023、豫麦 34 号、豫麦 49、豫麦 54、豫麦 70、偃展 4110、周麦 16、新麦 18 等，河南省农科院培育出的优质小麦郑麦 9023，成为 21 世纪初国产食用小麦首次出口的首选品种，2003 年种植面积达到 86.7 万公顷，年最大推广面积达 193.0 万公顷，连续 6 年居全国小麦品种推广面积第一，是"十五"期间唯一获国家科技进步一等奖的小麦品种。

2009 年以来，小麦品种进入第 10 次更新换代时期，品种选育上注重品种的抗逆性，提倡优质、高产与稳产相结合，这一阶段的品种以半冬性品种为主，主要品种有：矮抗 58、郑麦 366、周麦 18、众麦 1 号、西农 979、豫麦 49－198、周麦 22 等，河南省科技学院培育的矮抗 58 以矮秆抗倒、冬季抗寒性好，成穗率高、丰产稳产性好等特点，连续 4 年种植面积超过 66.7 万公顷。

2015 年，河南冬小麦主要推广品种是周麦 22，种植面积超过 1 981 万亩，居河南小麦品种推广面积第一位。此外，郑麦 7698 推广面积 823 万亩，百农 AK58 推广面积 821 万亩，西农 979 推广面积 677 万亩，郑麦 366 推广面积 438 万亩，成为当前河南冬小麦推广的主要品种。

品种的更新换代为河南小麦优势区域布局奠定了坚实基础。目前，河南省已基本形成早、中、晚茬和强、中、弱筋搭配合理的优质小麦品种结构，以及以豫北为优质强筋小麦、豫中为中筋小麦、豫南为弱筋小麦生产基地的区域布局。根据不同类型小麦品种与气候、土壤等自然生态因素的关系，结合河南省各地的气温、降水、土壤类型、土壤质地、土壤有机质、养分的分布状况和水文分布等资料，全省共可划分为 6 个优质专用小麦种植区，即豫西北强筋白麦适宜种植区、豫西强筋/中筋白麦适宜种植区、豫东北强筋/中筋白麦适宜种植区、豫东中筋/强筋白麦适宜种植区、豫中南中筋白麦适宜种植区/强筋白麦次适宜种植区、豫南弱筋白麦适宜种植区/中筋白麦次适宜种植区。

2. 中原现代农业科技示范区小麦生产在河南居重要地位　国家中原现代农业科技示范区涉及的十个省辖市，小麦种植面积之和为 2 625.18 千公顷，占河南省小麦种植面积的 48.4%；总产之和为 1 808.24 万吨，占河南省小麦生产总产量的 51.6%。不论从种植面积，还是产量来看，现代农业科技示范区的小麦种植在河南的地位十分重要。

（1）各市小麦播种面积、产量总体上升，驻马店居首位。从小麦生产分布的总体情况来看，郑州、开封、安阳、鹤壁、新乡、焦作、濮阳、许昌、漯河和驻马店 10 个省辖市的播种面积变化幅度不大，总产量整体呈上升趋势。2015 年小麦播种面积和总产量最大的五个省辖市分别为驻马店、新乡、安阳、开封和濮阳市，其中驻马店是河南小麦生产的四大产区之一，2015 年共生产小麦 472.63 万吨，与周口、南阳及商丘的总产量之和占全省总量的一半。排在第六位的许昌市与濮阳相差甚少，总产量都超过 150 万吨，而新乡和安阳总产量都超过了 200 万吨。驻马店的小麦播种面积和总产量均远高于其他各市，紧随其后的新乡与安阳两者的播种面积之和、总产量之和都不及驻马店市。可以看出，河南省小麦总产量与驻马店的变化趋势颇为一致，都呈快速上升的趋势，驻马店对于河南全省小麦生产的整体发展具有重要的影响（其他数据详见表 4、表 5 及图 2、图 3）。

表 4　1996—2015 年中原现代农业科技示范区小麦播种面积变化

（单位：千公顷）

地区＼年份	1996	1998	2000	2003	2006	2009	2012	2013	2014	2015
河南省	4 868	4 964	4 922	4 805	5 007	5 263	5 340	5 367	5 407	5 426
郑州市	214	214	208	181	174	176	1	1	0	172
开封市	292	290	277	287	279	293	297	298	301	301
安阳市	272	278	275	267	288	303	306	308	309	310
鹤壁市	81	83	84	80	84	87	87	88	88	89
新乡市	282	282	292	295	320	335	338	340	342	343
焦作市	120	193	119	120	135	139	141	142	143	143
濮阳市	189	193	196	197	202	216	218	219	220	220
许昌市	183	222	216	197	204	214	216	216	218	218
漯河市	127	130	132	131	133	140	142	142	143	143
驻马店市	546	564	586	587	626	648	666	672	680	685

数据来源：《河南统计年鉴》，下同。

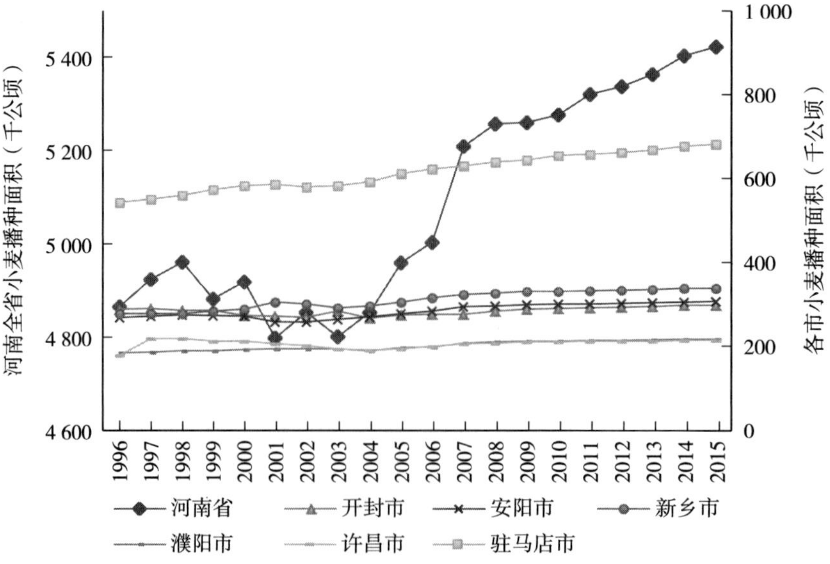

图 2　1996—2015 年中原现代农业科技示范区小麦播种面积变化情况

表 5　1996—2015 年中原现代农业科技示范区小麦产量变化情况

（单位：万吨）

地区＼年份	1996	1998	2000	2003	2006	2009	2012	2013	2014	2015
郑州市	75	91	75	75	78	80	81	80	81	86
开封市	125	130	141	134	155	171	175	177	182	190
安阳市	124	132	142	137	164	185	189	192	198	207
鹤壁市	43	42	48	43	53	59	61	61	63	66
新乡市	141	165	172	163	196	221	228	231	238	249
焦作市	83	88	84	79	95	106	108	109	110	112
濮阳市	100	93	118	117	129	147	150	151	155	160
许昌市	96	117	125	120	134	150	154	154	156	159
漯河市	67	47	69	73	84	96	99	99	102	107
驻马店市	216	185	231	246	357	413	428	433	449	473
河南全省	2 027	2 074	2 236	2 293	2 823	3 056	3 177	3 226	3 329	3 501

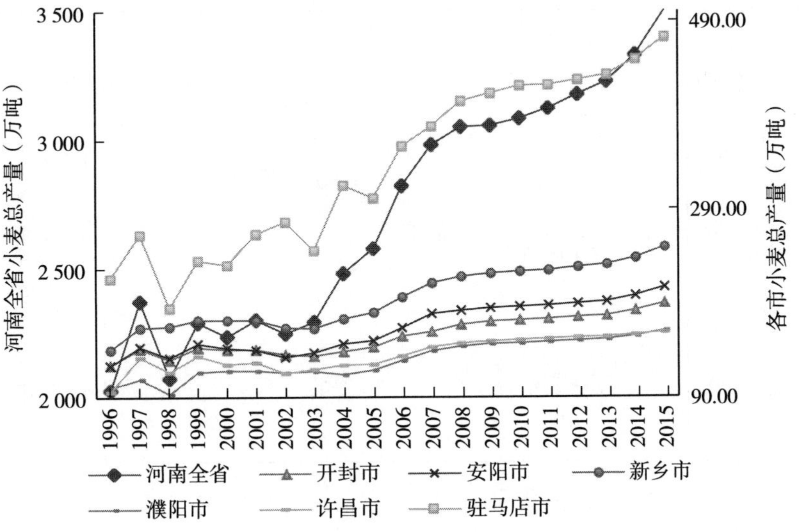

图 3　1996—2015 年河南个别市小麦总产量变化情况

（2）小麦单产焦作第一，驻马店增势最快。从小麦单产发展情况来看，1996 年以来焦作一直是十个省辖市中小麦单产最高的地区，2015 年单产达 7 821 千克/公顷；其次为鹤壁和漯河，每公顷单产均超过 7 400 千克；而总产量较高的新乡、安阳等则位于中等地位，产量和面积排全省首位的驻马店市在单产上并无优势，仅为 6 896 千克/公顷，排名倒数第三，略高于全省平均值；郑州市则无论是从面积、总产还是单产来看都是最后一位，单产水平低于全省平均值。值得注意的是，其他各市单产的增长趋势不甚明显，焦作、鹤壁和漯河的年均增长率分别为 0.61%、1.82%和 1.84%，而驻马店却呈现出强烈的增长趋势，年均增长率达 2.97%，若照此趋势发展，驻马店必将成为面积、总产和单产都最高的小麦主产区（见表 6 及图 4）。

表 6　1996—2015 年中原现代农业科技示范区小麦单产变化情况

（单位：千克/公顷）

地区＼年份	1996	1998	2000	2003	2006	2009	2012	2013	2014	2015
郑州市	3 496	4 243	3 595	4 128	4 474	4 518	4 577	4 577	4 605	4 971
开封市	4 269	4 494	5 086	4 661	5 539	5 840	5 907	5 918	6 045	6 293
安阳市	4 570	4 747	5 177	5 135	5 690	6 113	6 199	6 230	6 395	6 664
鹤壁市	5 265	5 037	5 680	5 333	6 250	6 854	6 934	6 976	7 106	7 422
新乡市	4 995	5 854	5 905	5 536	6 141	6 620	6 757	6 791	6 958	7 271
焦作市	6 966	7 350	7 112	6 528	7 050	7 616	7 667	7 667	7 706	7 821
濮阳市	5 307	4 828	6 048	5 958	6 390	6 804	6 888	6 916	7 052	7 266
许昌市	5 250	5 264	5 814	6 067	6 583	6 997	7 115	7 119	7 164	7 314
漯河市	5 279	3 571	5 196	5 545	6 322	6 847	6 973	6 985	7 140	7 470
驻马店市	3 956	3 282	3 931	4 198	5 709	6 383	6 424	6 447	6 604	6 898
河南全省	4 163	4 177	4 542	4 771	5 638	5 806	5 950	6 012	6 157	6 453

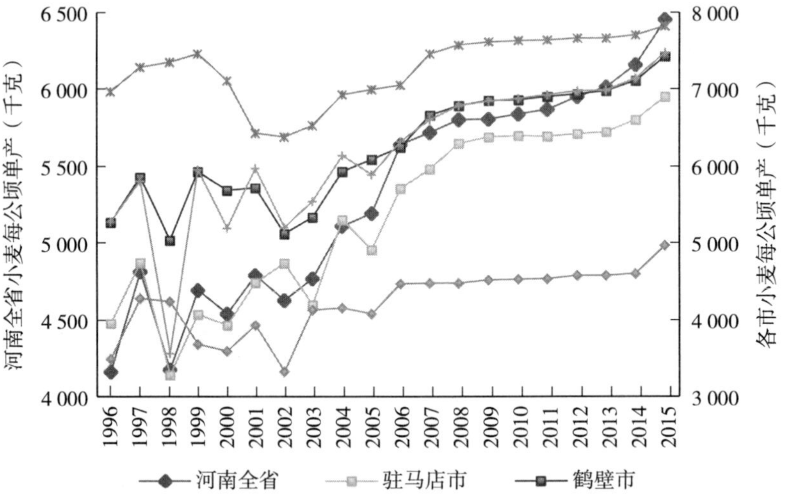

图 4　1996—2015 年河南各主产市小麦单产变化情况

（3）四大主产市播种面积稳中有增，驻马店增势最为明显。综合上述分析可知，新乡、濮阳、许昌和驻马店是总产和单产都较高的小麦生产核心区，生产条件较好。从播种面积的占比情况来看，驻马店市一直位居榜首，不仅面积逐年增加，占全省小麦播种总面积的比重也不断提高，从 1996 年的 11.22%上升到 2015 年的 12.63%；新乡和濮阳的播种面积总体上也不断增长，但占比情况的增势不明显，发展过程中存在起伏，新乡播种面积占全省的比例 19 年间只增长了 0.53 个百分点，而濮阳更少，只增加了 0.18 个百分点；许昌市的播种面积从 1998 的峰值年下降到了 2015 年的 217.96 公顷，同时，占比也从

4.47%下降到4.02%（见表7及图5）。

表7　1996—2015年河南四个主产市小麦播种面积变化情况

年份	小麦播种面积（公顷）							
	新乡市	占全省比例	濮阳市	占全省比例	许昌市	占全省比例	驻马店市	占全省比例
1996	281.64	5.79%	188.68	3.88%	183.06	3.76%	546.03	11.22%
1997	282.02	5.72%	190.52	3.87%	221.80	4.50%	553.54	11.23%
1998	282.11	5.68%	192.72	3.88%	221.99	4.47%	563.95	11.36%
1999	287.63	5.89%	193.80	3.97%	216.15	4.43%	577.22	11.82%
2000	291.64	5.92%	195.89	3.98%	215.52	4.38%	586.31	11.91%
2001	309.47	6.45%	197.48	4.11%	210.40	4.38%	588.67	12.26%
2002	304.99	6.28%	197.72	4.07%	204.69	4.22%	583.97	12.03%
2003	295.01	6.14%	197.03	4.10%	196.97	4.10%	586.52	12.21%
2004	299.45	6.17%	192.39	3.96%	194.38	4.00%	595.45	12.26%
2005	309.33	6.23%	200.19	4.03%	198.00	3.99%	614.59	12.38%
2006	319.81	6.39%	201.97	4.03%	203.88	4.07%	625.56	12.49%
2007	327.69	6.29%	211.03	4.05%	209.42	4.02%	633.85	12.16%
2008	330.40	6.28%	213.67	4.06%	211.52	4.02%	642.98	12.22%
2009	334.51	6.36%	215.51	4.09%	214.00	4.07%	647.66	12.31%
2010	335.25	6.35%	216.32	4.10%	214.15	4.06%	658.63	12.47%
2011	335.91	6.31%	217.05	4.08%	215.47	4.05%	661.27	12.42%
2012	337.81	6.33%	218.05	4.08%	216.13	4.05%	666.11	12.47%
2013	339.98	6.33%	219.04	4.08%	216.46	4.03%	671.51	12.51%
2014	341.84	6.32%	220.23	4.07%	217.97	4.03%	680.48	12.59%
2015	343.10	6.32%	220.45	4.06%	217.96	4.02%	685.15	12.63%

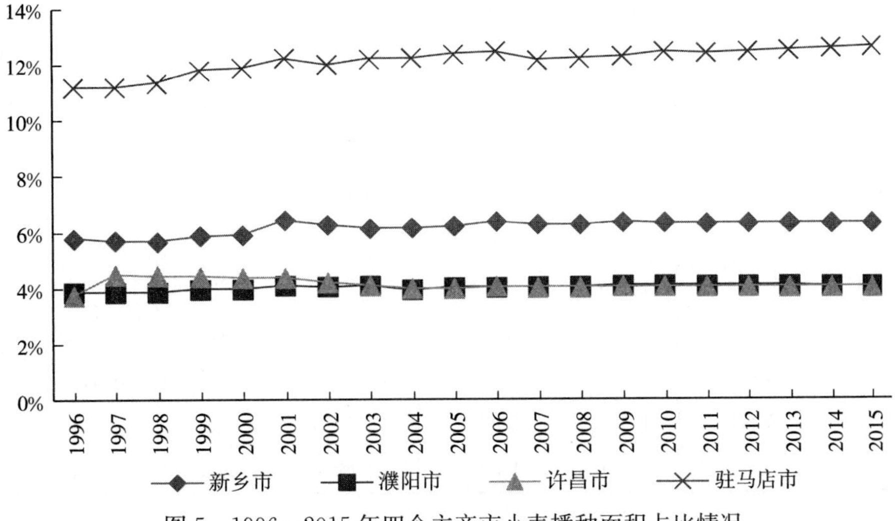

图5　1996—2015年四个主产市小麦播种面积占比情况

（4）四大主产市总产量波动上涨，占比情况增减各异。从小麦总产及占比变化情况看，四市的产量在20年内波动的规律较为一致，1997年是普遍高产的一年，濮阳、许昌、驻马店市均于1997年达到了一个阶段性的峰值。新乡市是2000年达到了一个阶段性峰值后开始下降的。2003年前后，四市陆续经历短暂低谷期后，逐渐又呈现出较强的增长势头。直到2009年其他三市开始进入稳定状态，只有驻马店仍保持较为明显的上升趋势。从各市占全省总产量的比重来看，驻马店一直保持着最高的产量占比，除1998、2003、2005及2010—2013年有明显的下降外，其余年份均保持增长趋势，占比从1996年的10.66%增长到2015年的13.50%，上升了2.84个百分点；相比之下，其他三市除新乡的比重有微弱的增长外，濮阳和许昌的占比都呈现出了下降的局面，19年间分别下降了0.37和0.19个百分点。从小麦总产量的变化趋势来看，驻马店市将仍占据小麦生产的中坚力量，而其他三个主产区的地位可能会有所动摇（见表8及图6）。

表8 1996—2015年四大主产市小麦总产量变化情况

年份	小麦总产量（万吨）							
	新乡市	占全省比重	濮阳市	占全省比重	许昌市	占全省比重	驻马店市	占全省比重
1996	140.67	6.94%	100.14	4.94%	96.11	4.74%	216.03	10.66%
1997	163.80	6.90%	109.38	4.61%	132.92	5.60%	262.90	11.08%
1998	165.14	7.96%	93.04	4.49%	116.84	5.63%	185.12	8.93%
1999	172.16	7.51%	116.91	5.10%	134.06	5.85%	235.17	10.26%
2000	172.22	7.70%	118.47	5.30%	125.30	5.60%	230.50	10.31%
2001	172.18	7.49%	118.18	5.14%	126.99	5.52%	263.97	11.48%
2002	164.05	7.30%	116.20	5.17%	115.48	5.14%	276.41	12.29%
2003	163.31	7.12%	117.39	5.12%	119.50	5.21%	246.21	10.74%
2004	173.17	6.98%	114.60	4.62%	124.51	5.02%	315.65	12.72%
2005	180.13	6.99%	118.78	4.61%	125.47	4.87%	302.06	11.72%
2006	196.41	6.96%	129.05	4.57%	134.21	4.75%	357.16	12.65%
2007	211.76	7.11%	139.75	4.69%	143.60	4.82%	378.15	12.69%
2008	218.03	7.15%	144.44	4.73%	147.57	4.84%	404.93	13.27%
2009	221.43	7.25%	146.62	4.80%	149.73	4.90%	413.41	13.53%
2010	223.47	7.25%	147.75	4.79%	150.96	4.90%	421.34	13.67%
2011	225.15	7.21%	148.92	4.77%	152.21	4.87%	422.24	13.52%
2012	228.26	7.18%	150.20	4.73%	153.77	4.84%	427.91	13.47%
2013	230.88	7.16%	151.49	4.70%	154.10	4.78%	432.92	13.42%
2014	237.85	7.14%	155.32	4.67%	156.15	4.69%	449.40	13.50%
2015	249.47	7.13%	160.18	4.58%	159.42	4.55%	472.63	13.50%

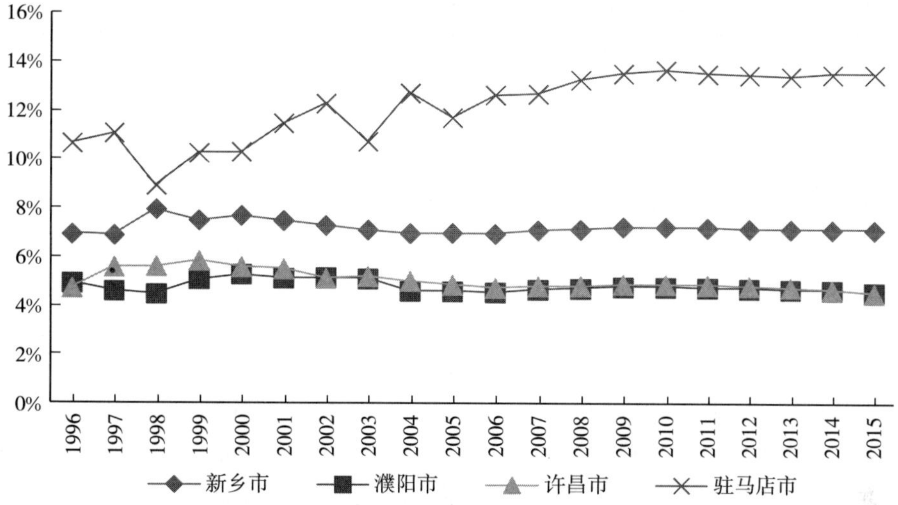

图 6　1996—2015 年四个主产市小麦产量占比情况

(5) 四大主产市单产总体保持增长，驻马店有赶超趋势。表 9 呈现了各市单产的变化规律，可以看出许昌市个别年份是其中单产最高的地区，而驻马店市一直以来都处于劣势地位。总体上，各市的单产都呈现出增长态势，但在 1998 年出现濮阳市、许昌市、驻马店市较大程度的减产，原因可能在于粮食市场价格政策的影响，生产资料涨价而粮食价格下降，农民增产不增收的状况打击了生产积极性。另外，还有学者认为此时正是农村基层技术的推广以及适应提高小麦产量水平的新品种开发研究遇到发展瓶颈的时期，加之乡镇企业发展，农村劳动力开始进城务工，麦田耕作管理放松都影响了小麦产量的快速提升。此后，各市小麦单产基本保持波动中增长的趋势，特别是驻马店的增长速度最快，年均增长率达到 2.97%，高于其他各市。照此趋势，近年内大有赶超高单产区的可能。其他年份详细数据见表 9 及图 7。

表 9　1996—2015 年四大主产市小麦单产变化情况

年份	小麦单产（千克/公顷）			
	新乡市	濮阳市	许昌市	驻马店市
1996	4 995	5 307	5 250	3 956
1997	5 808	5 741	5 993	4 749
1998	5 854	4 828	5 264	3 282
1999	5 986	6 033	6 202	4 074
2000	5 905	6 048	5 814	3 931
2001	5 564	5 984	6 036	4 484
2002	5 379	5 877	5 642	4 733
2003	5 536	5 958	6 067	4 198
2004	5 783	5 957	6 406	5 301
2005	5 823	5 933	6 337	4 915

（续）

	小麦单产（千克/公顷）			
	新乡市	濮阳市	许昌市	驻马店市
2006	6 141	6 390	6 583	5 709
2007	6 462	6 622	6 857	5 966
2008	6 599	6 760	6 977	6 298
2009	6 620	6 804	6 997	6 383
2010	6 666	6 830	7 049	6 397
2011	6 703	6 861	7 064	6 385
2012	6 757	6 888	7 115	6 424
2013	6 791	6 916	7 119	6 447
2014	6 958	7 052	7 164	6 604
2015	7 271	7 266	7 314	6 898
年均增长率	2.00%	1.67%	1.76%	2.97%

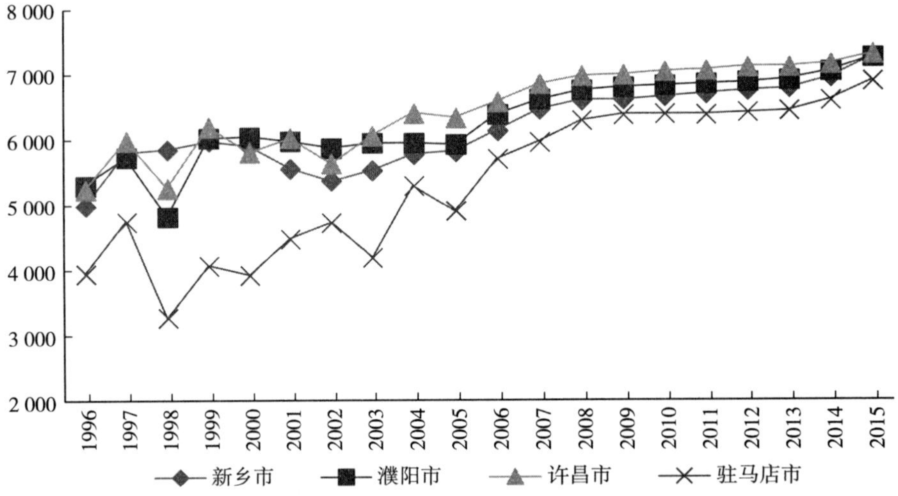

图 7　1996—2015 年四个主产市小麦单产变化情况（单位：千克/公顷）

（二）现代农业科技示范区小麦生产具有较强的竞争优势

1. 生产基础较好　河南小麦在全国一直处于重要地位。2000—2015 年，河南小麦产量占全国比重始终高于 20%，2010—2015 年该比重更是在 26%以上。从 1996 年到 2015 年，河南小麦总产量增长 1 474.24 万吨，二十年间增长幅度高达 72.74%，年均增长率为 2.92%。河南的小麦播种面积在全国小麦播种总面积中也占有相对较高的比重，2000 年至今始终保持在 18%～23%。从 1996 年到 2015 年，河南小麦播种面积增长 55.75 万公顷，增长幅度为 11.45%，年均增长率为 0.57%。河南小麦的单产量高于全国平均水平，2015 年单产达 6 453 千克/公顷，比全国水平高出 19.66%。1996—2015 年，河南单产增长 2 290 千克/公顷，增长幅度达 55.01%，年均增长率为 2%；全国小麦单产增长 1 658.51 千克/公顷，增长幅度达 44.42%，年均增长率为 1.95%，无论是增长量还是增长速度，河南省的水平均高于全国水平。

通过 1996—2015 年的数据分析可以看出，河南小麦的增长主要依赖于单产的增长而非播种面积的增加。单产水平是资源条件、基础设施、生产技术和管理水平的综合作用效果，而河南小麦的单产水平高于全国水平，单产的增长速度快于全国的增长速度，反映了河南较强的小麦生产能力，在全国范围内具有一定的产量竞争力（见表 10）。

表 10　1996—2015 年河南小麦生产与全国对比情况

年份	单产（千克/公顷）		播种面积（千公顷）		总产量（万吨）	
	河南	全国	河南	全国	河南	全国
1996	4 163.00	3 734.11	4 868.20	29 610.54	2 026.76	11 056.90
2000	4 542.46	3 738.22	4 922.33	26 653.28	2 235.95	9 963.60
2005	5 194.00	4 275.30	4 962.67	22 792.57	2 577.69	9 744.51
2010	5 838.00	4 748.44	5 280.00	24 256.53	3 082.22	11 518.08
2015	6 453.00	5 392.62	5 425.70	24 141.37	3 501.00	13 018.52

数据来源：《河南统计年鉴》《中国统计年鉴》，经作者整理。

2. 自然资源得天独厚　河南省位于中国中东部、黄河中下游地区，大部分土地上都有深厚的土层和营养元素含量丰富的土壤，地势基本上西高东低。全省以平原为主，平原的面积占到总面积的一半以上。整体上看，河南省所处地理位置优越，综合自然环境较好，农业自然资源丰富且开发条件相对便利。河南地处亚热带向暖温带过渡的地区，气候兼有南北之长，四季分明，全省年平均气温一般在 12～16℃，光照资源十分丰富。由于太阳辐射的最高值出现的季节为夏天，全年降水的 50%也集中在夏季，年平均降水量达 69.49 厘米（2015 年），此时不仅气温高而且雨量充沛，光、热、水三种资源同时出现在一个季节，对小麦的生产发育极为有利，充分利用光、热、水对于提高作物的产量和质量至关重要，三者的相互配置良好突出了河南良好的农业资源基础。河南境内有黄河、淮河、汉水、海河四大水系，水资源总量约 287.2 亿立方米，其中农业用水总量约 125.9 亿立方米。河南年降雨量以及地表径流量，在全国范围内，较西北、华北和东北广大地区而言具有一定优势；且由于河南省有大面积的平原、众多的低山丘陵和盆地，因此地下水的形成和储存相对便利，均为发展小麦种植业奠定了坚实的物质基础。

3. 生产成本略低于全国平均水平　小麦的生产成本包括物质与服务费用与人工成本两部分，其中物质与服务费用包括直接费用和间接费用两部分，人工成本包括家庭用工折价和雇工费用两部分。河南小麦生产的物质与服务费用与人工成本总体上呈增长趋势，从 2012—2015 年，在物质与服务费用方面，除了 2013 年以外，河南均低于全国平均水平，在小麦主产省中仅高于安徽省；在人工成本方面，河南省历年均低于全国平均水平，在主产省中低于河北、山东，具有较为明显的成本优势。

虽然河南省物质与服务费用与人工成本绝对值低于全国平均水平，但是其增长速度要高于全国水平（见表11）。

表11　2012—2015年主产省小麦成本费用情况

（单位：元）

年份	项目	平均	河南	河北	山东	江苏	安徽
2012	每亩物质与服务费用	396.69	383.08	481.20	448.39	390.46	362.41
	每亩人工成本	291.40	274.15	302.34	281.39	226.68	181.71
2013	每亩物质与服务费用	417.08	422.43	484.10	462.17	407.66	382.96
	每亩人工成本	343.78	324.10	359.56	359.07	243.91	207.02
2014	每亩物质与服务费用	419.03	417.05	472.90	473.68	421.61	389.83
	每亩人工成本	364.77	342.38	379.51	362.03	267.63	234.28
2015	每亩物质与服务费用	420.23	409.62	484.97	464.6	431.19	394.26
	每亩人工成本	364.39	335.25	385.01	366.68	260.53	229.87

数据来源：全国农产品成本收益资料汇编。

在河南省小麦生产物质与服务费用的构成中，占比较大的是种子费、化肥费、农药费和租赁作业费（主要为机械作业费），四种费用之和占直接费用的90%以上。2015年，河南省的种子费和租赁作业费低于全国水平，而化肥费和农药费用则是高于全国水平。2004—2015年，河南小麦生产的物质与服务费用经历了从低于全国水平到高于全国水平的转变，这种转变的原因主要是化肥费用大幅增加。十二年间，河南小麦的种子费、化肥费、农药费和租赁作业费的增长幅度分别为176.70%、275.09%、190.90%和132.79%；同期全国小麦的种子费、化肥费、农药费和租赁作业费的增长幅度分别为156.94%、113.93%、188.42%和151.91%。可以看出河南小麦生产中化肥费用的增长最为突出（见表12）。

表12　2004—2015年河南与全国主要物质与服务费用对比

（单位：元/亩）

年份	河南				全国			
	种子费	化肥费	农药费	租赁作业费	种子费	化肥费	农药费	租赁作业费
2004	23.82	44.12	8.90	64.02	25.73	66.89	6.82	64.73
2005	28.36	87.20	9.52	72.03	29.79	86.79	7.98	72.00
2006	29.27	93.14	8.61	77.74	31.16	91.00	8.25	82.63
2007	29.35	93.29	9.74	83.99	32.62	94.54	9.22	93.33
2008	32.99	107.45	10.46	99.71	36.98	110.86	9.88	104.84
2009	33.99	149.79	12.28	108.18	39.34	135.38	11.35	112.80
2010	41.99	142.64	15.35	120.25	44.72	118.49	13.07	120.76

（续）

年份	河南				全国			
	种子费	化肥费	农药费	租赁作业费	种子费	化肥费	农药费	租赁作业费
2011	41.99	142.64	15.35	120.25	51.28	131.16	13.43	139.02
2012	50.68	171.22	19.77	127.77	55.83	153.78	15.87	144.28
2013	58.29	180.78	23.79	144.25	59.51	156.98	17.13	154.95
2014	61.92	165.07	21.79	158.23	63.97	145.93	17.48	163.61
2015	65.91	165.49	25.89	149.03	66.11	143.10	19.67	163.06

数据来源：全国农产品成本收益资料汇编。

人工成本包括家庭用工折价和雇工费用两部分。由于我国的小麦种植主要是家庭自己经营，所以人工成本主要是由家庭用工折价构成，但随着农村劳动力市场的不断发展，农村雇工也不断发展，雇工费用不断增加。据统计，2004—2015 年，河南家庭用工折价占人工成本的比例由 97.51%降为 96.71%；同期家庭用工折价累计增幅达 223.15%，年均增长率为 11.25%。在小麦主产省中，河南的家庭用工折价略低于全国平均水平，低于河北和山东；雇工费用明显低于全国平均水平，在主产省中仅高于山东。具体数据见表 13。

表 13　2004—2015 年河南与全国家庭用工折价和雇工费用对比

（单位：元/亩）

年份	河南		全国	
	家庭用工折价	雇工费用	家庭用工折价	雇工费用
2004	88.64	0.00	109.05	2.79
2005	104.96	0.00	118.73	2.61
2006	91.26	2.35	115.93	3.68
2007	91.44	2.59	120.99	3.73
2008	110.81	0.67	130.03	3.16
2009	124.27	0.15	142.75	2.89
2010	212.52	0.71	172.43	6.40
2011	212.52	0.71	219.80	5.88
2012	272.27	1.88	284.20	7.20
2013	315.38	8.72	333.54	10.24
2014	334.06	8.32	353.70	11.07
2015	320.35	14.90	352.40	11.99

数据来源：全国农产品成本收益资料汇编。

4. 机械化水平高于全国平均值　省工省时是小麦种植优于其他粮食作物的关键因素

之一。我国当前的小麦生产大面积使用机器播种和机器收割，机械化率在所有粮食作物中是最高的。河南小麦机械化面积在全国中总机械化面积中占有重要比例，2014 年河南小麦机播面积为 519.28 万公顷，占全国总机播面积的 24.80%；小麦机收面积为 527.96 万公顷，占全国总机收面积的 23.51%。同时，河南省无论是机播面积还是机收面积总体呈现不断增长的趋势，从 1996 年到 2014 年，河南小麦机播面积增幅为 88.21%，机收面积增幅为 63.59%；而全国的机播面积增幅为 18.45%，机收面积增幅为 55.74%，河南小麦的机播面积和机收面积的增长大于全国水平，尤其是机播面积的增长要远远高于全国平均水平。某些地区的机收率已经接近全覆盖，如开封市按照“秸秆还田必须深耕，旋耕地块必须耙实”的要求，全市共组建 59 个跨区机收服务队，成立了 55 个跨区机收接待服务站，机收率达到 99.40%；新乡市小麦联合收割机发展到 1.24 万台，机收率达到 98.50%。通过以上分析，可以看出河南小麦的机械化程度相对较高，高于全国的一般水平，具有一定的竞争优势。具体数据详见表 14。

表 14　1996—2014 年河南和全国小麦机械使用情况

（单位：万公顷）

年份	全国机播面积	全国机收面积	河南机播面积	河南机收面积
1996	1 767.59	1 442.08	275.90	322.73
1997	1 901.35	1 646.48	307.53	359.52
1998	1 989.88	1 748.24	342.39	371.58
1999	1 981.02	1 841.25	361.71	384.37
2000	1 848.47	1 782.82	388.07	411.93
2001	1 798.04	1 719.65	417.40	412.88
2002	1 745.11	1 671.03	434.91	414.41
2003	1 629.51	1 601.20	424.83	420.83
2004	1 748.57	1 648.05	443.76	431.19
2005	1 813.00	1 735.31	458.00	445.33
2006	1 813.60	1 798.33	473.27	471.44
2007	1 856.44	1 884.11	488.77	489.97
2008	1 919.66	1 980.04	503.54	502.73
2009	2 049.53	2 090.77	528.02	520.35
2010	2 069.60	2 145.60	535.99	542.13
2011	2 086.07	2 209.83	547.02	553.11
2012	2 088.59	2 203.43	513.11	517.69
2013	2 090.70	2 209.93	521.30	528.70
2014	2 093.63	2 245.82	519.28	527.96

数据来源：《中国农业机械化年鉴》《中国农业机械工业年鉴》。

5. **小麦品质居全国中上等水平**　随着小麦产业带建设进程的发展，河南小麦品质总体上有了很大提高和改进。受地域气候环境条件影响，河南省小麦质量分布延续了北高南低的基本态势。和国内其它主产省对比来看，河南小麦总体品质处于平均水平之上，其中豫北传统优质麦产区品质处于领先位置。

据国家粮食局数据，2016 年，我国 9 省全部小麦样品品质检验结果为：容重平均值 783 克/升，较上一年下降 6 克/升，变幅 627～850 克/升。一等至五等的比例分别为 46.3%、29.1%、14.9%、5.7%、2.6%，等外品占 1.4%，中等（三等）以上的占 90.3%，较上一年下降 4.7%。千粒重平均值 42.9 克，与上一年持平，变幅 28.0～58.0 克。硬度指数平均值 62.8，较上一年下降了 1.0，变幅 35.6～78.8。不完善粒含量平均值 7.1%，较上一年增加 1.6%，其中，符合国标要求（≤10%）的比例为 81.0%，较上一年下降 7.5%，10%～20%为 13.1%，20%以上为 5.9%。降落数值平均值 311 秒，较上一年下降 37 秒，变幅 65～538 秒。

对比来看，2016 年，河南小麦品质为：容重平均值 775.0 克/升，一等至五等的比例分别为 40.3%、37.4%、15.9%、4.4%、1.3%，等外 0.7%；千粒重平均值 44.8 克，变幅 31.1～56.9。硬度指数平均值 60.3，变幅 37.7～74.1。不完善粒含量平均值 8.6%，变幅 0.4%～74.7%，明显高于正常年景，其中，不完善粒率在 10%以内的比例为 76.1%、10%～20%为 14.9%、20%以上为 9.0%。据调研，2016 年河南小麦品质下降的主要原因是小麦生长期天气不利及收获期大范围降雨导致。总体来看，近年来河南收获小麦平均质量是上升趋势。更多数据详见表 15。

表 15 2013—2016 年河南省小麦质量品质对比

年份	三等及以上比例（%）	容重均值（克/升）	水分（%）	不完善粒含量平均值（%）	硬度指数平均值	降落数平均值（秒）	粗蛋白质含量（%）	湿面筋含量（%）	稳定时间（分）
2013	91.00	773.0	12.2	8.4	59.0	246.8	15.30	32.70	5.2
2014	97.20	783.3	11.8	5.3	60.5	371	13.20	28.80	5.6
2015	95.60	789.2	11.4	5.8	60.4	338	14.50	30.30	6.7
2016	93.6	775.0	12.7	9.9	60.3	342	12.20	31.00	5.9

数据来源：《河南省收获小麦质量品质报告》。

另外，与国内其他主产省对比看，河南省小麦营养品质和加工品质的主要指标居全国中上等水平，籽粒蛋白质含量和主要营养品质指标不低于其他省份。资料显示，河南省现有小麦品种（系）中适宜加工中筋粉的小麦品种占 75%，适宜加工优质面包的强筋粉品种约占 20%，但弱筋粉品种不足 5%，主要集中在豫南部分地区。

6. 价格具有竞争优势 综合对河南农业资源优势的分析结果表明，河南在我国主要的小麦产区中具有适合小麦生产发展的区域优势。在市场竞争优势中，小麦的成本和价格是决定其市场竞争力的两个直接因素。如果不考虑库存、加工、运输、销售等中间环节费用，其价格竞争优势主要由其生产成本决定。因此，不同地区的小麦成本的高低，在很大程度上决定了其是否具有价格竞争优势。在整体品质高出全国平均水平的情况下，河南小麦产量大、成本相对较低，价格具有很强的竞争力；郑州粮食批发市场和郑州期货交易所成立时间早，在全国市场影响范围广，使得河南小麦价格成为全国小麦价格的风向标。再加上地处中原，到全国各地产销区的运输条件均相对顺利，使得河南产小麦受到其他省份的青睐，比如陕西、四川、河北、山东等。

7. 优质麦供应前景广阔 随着我国社会经济的发展，人民生活水平的不断提高，饮食习惯逐步从传统向现代化、科学化方向发展，各种优质高档、食用方便即食的精制食品如面包、蛋糕、饼干等需求量增长很快，这就使得以面粉为原料的各种精制面食和各式各样的方便食品、保健食品及营养食品的生产和消费迅速增长，国内粮食和食品加工企业对优质专用小麦原料的需求随之不断增长。基于此，从小麦品质状况和未来需求看，高品质的小麦，特别是优质专用小麦，在食品工业中的需求将呈稳步增长态势。

从当前国内小麦供需状况看，近年来国内小麦产量保持在较高水平，而随着饲料小麦用量的大幅下降，目前我国小麦市场供需整体宽松，库存继续保持在历史较高水平。但不可否认的是，市场的宽松更多表现为普通小麦市场，而优质专用小麦供应偏紧的格局近年来并没有实质性的改观。据中华粮网数据，2015—2016 年度，全国小麦供求结余量为 1 730万吨，2016—2017 年度小麦供求结余量为 1 315 万吨，结余量虽较上年度下降，但库存水平仍处于较高位置。在我国小麦库存中，普通小麦为绝大多数。据测算，当前国产优质强筋小麦总产量估计在 350 万～450 万吨，市场需求量则在 600 万～800 万吨。从近年来国产优质强筋小麦供需状况看，除了 2015 年国产优质强筋小麦新增供应量较大以外，2012 年、2013 年、2014 年均存在新增供应量不足的问题。由于国内优质专用小麦产不足需矛盾突出，随着需求的稳步增长，很容易导致其供应紧张与价格持续上涨的局面出现。这也从近年来优质强筋小麦进口量较大并成为常态得到了印证。

习近平总书记在 2015 年两会期间提出，推进农业供给侧结构性改革，提高农业质量、效益和竞争力，是当前和今后一个时期我国农业政策改革和完善的主要方向。对于小麦产业来讲，“提品质、调结构”是主要任务。在发展优质小麦方面，河南北部新乡、安阳和焦作地区已经是国内重要的优质小麦生产基地，而这三个地区都属于中原现代农业科技示范区，未来示范区有望成为河南甚至全国优质专用小麦的供应基地。

（三）现代农业科技示范区小麦产业化发展情况

1. 河南小麦生产结构调整步伐加快 近年来，河南省小麦种植在保证总面积平稳增加的背景下，以“优质化、专用化、多样化”的市场需求为导向，对小麦生产结构实施大规模调整，通过更新品种、规模种植、产销衔接等措施，在不同生态区域种植不同类型的优质专用小麦，使优质专用小麦生产快速发展，取得了显著成绩。

（1）优质小麦主导品种逐步明确，种植面积迅速扩大。根据“专家推荐、示范鉴定、市场引导、企业确认”的原则，近年来，河南省已初步评价和确定出了适应不同生态条件、不同产量水平、不同加工用途需要的强、中、弱筋配套的优质小麦品种群，一些品质好、产量高、适应性广、市场竞争力强的优质小麦品种面积增幅较大。据河南省政府发布的《关于印发河南省推进优质小麦发展工作方案（2017—2018 年）通知》要求，到 2018 年，河南将力争全省优质专用小麦生产面积发展到 1 200 万亩，其中优质强筋小麦 950 万亩，优质弱筋小麦 250 万亩。

（2）优质小麦区域化布局渐趋合理。根据各地自然资源、生态条件、土壤质地和品种品质性状表现，河南省已初步形成了豫北、豫西北地区土壤质地偏粘、肥力水平较高、小麦全生育期尤其是抽穗后降水量偏少、光照相对充足的强筋小麦种植区，豫南淮河沿岸中低产沙土地及稻茬土区的弱筋小麦种植区，豫中、豫东和豫东南、豫西南以中筋小麦为主、兼种强筋小麦的种植区。而根据《河南省推进种养业结构调整专项行动方案（2016—2018年）》要求，河南省将结合实际，将紧紧围绕优质专用小麦发展，在稳定小麦种植面积的基础上，坚持市场导向、适应性种植、比较优势的原则和布局区域化、经营规模化、生产标准化、发展产业化的基本思路，积极推进小麦品质结构调整，重点发展优质强筋和优质弱筋小麦，并形成专种、专收、专储、专用和经营规模化、产销加一体化的产业格局，进一步提高小麦供给质量和供给效率。

（3）推行单品种集中连片种植8个县（市）试点。2016年以来，河南省农业部门按照布局区域化、经营规模化、生产标准化、发展产业化的总体思路和专种、专收、专储、专用的实现路径，采取试点先行、以点带面、稳步推进的方式，在稳定小麦面积的前提下，积极发展优质强筋、弱筋小麦，取得了初步成效。从3个麦区，筛选滑县、永城市、内黄县、浚县、延津县、濮阳县、淮滨县、息县8个县（市），开展优质专用小麦发展试点示范，提高产业集中度。8个试点县（市）以统一供种为抓手，依靠基层政府和组织，发动规模化经营主体，整村、整乡开展单品种规模化种植，形成千亩以上单品种片区140个，万亩以上的单品种片区62个，落实种植优质专用小麦230万亩。后期河南省将进一步推动优质专用小麦的规模化种植力度，提升河南小麦产业发展水平。

2. 河南小麦加工业发展迅速

（1）小麦粉加工能力居全国首位。河南小麦加工业年加工转化能力、年产量均居全国同行业首位。据国家粮食和物资储备局（原国家粮食局）数据显示，2015年，河南小麦加工企业610个，占全国小麦加工企业总数的15.52%；河南小麦加工企业处理小麦4 809万吨，占全国处理小麦总量的24.79%；河南小麦粉产量2 039万吨，占全国小麦粉产量的27.02%。近年来，河南省小麦产业化经营取得了较快发展，培育和发展了一批加工型、流通型、专业市场型龙头企业。河南小麦加工能力的提升，制粉产业的快速成长成为国内小麦加工转化和食品工业发展的重要推动力量（见表16）。

表16 2011—2015年河南及全国小麦加工情况

年份	全国			河南		
	加工企业数量（个）	处理小麦（万吨）	小麦粉（万吨）	加工企业量（个）	处理小麦（万吨）	小麦粉（万吨）
2011	3 224	17 786	8 509	756	5 136	2 536
2012	3 292	20 303	9 613	728	5 644	2 701
2013	3 248	21 701	9 702	712	5 936	2 769
2014	3 241	21 655	9 676	691	5 889	2 640
2015	3 930	19 400	7 546	610	4 809	2 039

数据来源：《中国粮食年鉴》。由于统计口径调整，部分数据与2015年鉴数据存在一定差异。

在现代农业科技示范区各市中，开封市整体小麦加工能力较强，凭借开封小麦的原料质量优势，小麦加工能力发展迅速，为小麦销售转化、就地增值奠定了一定的基础。目前，开封市拥有各类粮食交易市场 21 个，粮食加工企业 25 个，粮食加工能力达 100 多万吨。一些民营、股份制加工企业，通过扩大规模、加快技术改进等方式发展迅速，涌现出开封天丰面业有限责任公司等一批设备精良、工艺先进、生产规模较大的面粉加工龙头企业，形成了以龙头企业带动贸易、加工业发展，以良种繁育基地带动农户进行商品粮生产的贸、工、农一体化的产业化格局。此外，郑州的金苑面业拥有当时全国居前列的生产线，日加工小麦 260 万千克左右，年加工小麦 9 亿千克左右，精细加工所涉及产品有面包专用粉、馒头粉、强筋粉、饼干专用粉、方便面专用粉、饺子粉、自发粉等；新乡市新良粮油加工有限责任公司拥有国际先进的专用粉生产线 4 条，日处理小麦能力达到 1 350 吨，是国内首批使用小麦剥皮、重复清粉工艺的企业，是河南省产销量最大、品种最齐全的专用粉生产企业。

（2）食品生产、深加工优势明显。近年来，河南省作为农业大省，农产品资源丰富，大力发展农副产品精深加工和综合利用，实现了由“卖原粮”到“卖产品”，由“国人粮仓”到“国人厨房”的转变，特别是面及面制品加工业，有了很大的发展。河南食品产业 2015 年首次突破 1 万亿元大关，居全国第二位。全省粮油加工转化率从 70%提高到目前的 82%，主食产业化率从不足 15%提高到目前的 35%，其中小麦粉及工业化馒头、挂面、方便面等年产量均占全国 1/3 以上。随着河南食品产业规模的不断做大做强，食品产业已在河南产业格局中占有举足轻重的地位。一是食品生产经营主体众多，全省食品生产和经营者近 50 万家，其中获证食品生产企业近 9 000 家，有各类食品经营单位 36.8 万户，餐饮服务单位 12.2 万户；二是食品经营业态多样，既有批发农贸市场等传统业态，也有现代物流配送、网络销售等新兴模式；三是农产品生产关联度高，全省农副产品加工业已占食品工业总产值的六成。据统计，河南省粮食及肉类加工能力位居全国第一，其中面粉加工能力居全国之首，火腿肠、味精、面粉、方便面、挂面、米面速冻制品等产量均居全国第一。

现代农业科技示范区中的很多城市均具备良好的食品工业基础。例如，漯河市已成为“中国食品城”，2016 年，漯河市食品产业主营业务收入超过 1 600 亿元，占全省食品产业约六分之一，成为全省万亿食品产业集群的重要支撑。在国家统计局统计的 22 类食品行业中，漯河拥有 18 大类 50 多个系列上千个品种，实现了食品工业的原料基地化、产品系列化、销售网络化、企业集团化、产业国际化，形成了完整的产业链。年产销肉制品 680 万吨；日产休闲食品 3 500 吨；年加工转化粮食 1 200 万吨，全省第一；年加工饮料 330 万吨，全省第一；火腿肠、冷鲜肉、麻辣面制品等产销量全国前列；名企名牌荟萃，全市食品行业拥有中国驰名商标 4 个、中国名牌产品 4 个、河南省著名商标 49 个、河南省名牌产品 27 个。

二、现代农业科技示范区小麦产业发展存在的问题

受经济水平发展影响，截至目前，河南小麦产业发展基本上仍局限于原料与初级产品的生产加工，劳动生产效率、单位投入比较收益率等相对较低，并导致了产业各主体市场

竞争中难以分享应有的市场交易利益，河南从“小麦大省”向“小麦强省”的转变仍面临一些因素制约。

（一）小麦生产存在的主要问题

1. 小麦生产的土地成本增长迅速　虽然河南小麦的生产成本低于全国水平，但由于近年来土地成本增长较快，使得小麦种植收益相对较低。土地成本由流转地租金和自营地折租构成。在全国六个小麦主产省中，河南省土地成本增幅最快且占比最大，由2004年的40.41元/亩增至2015年的298.36元/亩，累计增长6.4倍，年均增幅18.1%，占总成本的比重由13.7%增至28.6%，成为六个主产省中土地成本最高的省份。从成本构成看，流转地租金在2004年时基本没有，2015年占总生产成本的5%；自营地租金占比从17%增长到24%，增加7个百分点。从2004年到2015年，河南省土地成本的增加有17.97%是来自于流转地租金的增加，而82.03%是来源于自营地折租的增加。与全国平均水平相比，河南省小麦生产在流转地租金上比全国高2个百分点，自营地折租高7个百分点，说明在土地成本方面，河南省小麦生产在全国范围内并不具有竞争优势。在新乡调研中我们也发现，当地土地租金一般为1 000～1 200元/年，基本上抵了一季小麦的收益，规模大户主要靠秋季作物赚取利润。在这两年玉米价格大幅下滑的背景下，租地农户生计越发艰难，在一些地方甚至出现了退租或毁约的现象。其余年份数据详见表17。

表17　2004—2015年河南与全国流转地租金和自营地折租对比

（单位：元/亩）

年份	河南		全国	
	流转地租金	自营地折租	流转地租金	自营地折租
2004	4.96	35.45	3.47	40.33
2005	0.00	61.52	2.27	49.65
2006	0.47	59.19	2.35	52.25
2007	2.96	84.50	3.67	65.21
2008	4.08	90.97	4.52	82.15
2009	0.45	131.45	4.70	99.18
2010	1.63	141.32	6.76	114.69
2011	1.63	141.32	7.04	122.23
2012	16.11	141.19	10.71	131.64
2013	16.07	153.64	13.97	139.88
2014	34.15	219.07	21.10	160.23
2015	51.32	247.04	26.60	173.08

数据来源：《全国农产品成本收益资料汇编》。

注：自营地折租指生产者自己拥有经营权的土地投入生产后所耗费的土地资源按一定方法和标准折算的成本，反映了自营地投入生产时的机会成本。

从历史数据看，自 2004 年以来，河南省小麦生产成本利润率总体呈下降趋势，其中 2012 年、2013 年的成本利润率水平为负，且低于全国平均水平，说明小麦生产收益逐年减少，甚至入不敷出。近两年有所回升，略高于全国平均水平，但绝对数值仍然偏低。在六个主产省中，河南省小麦生产成本利润率处于中等偏上水平（2015 年数据）（见图 8）。

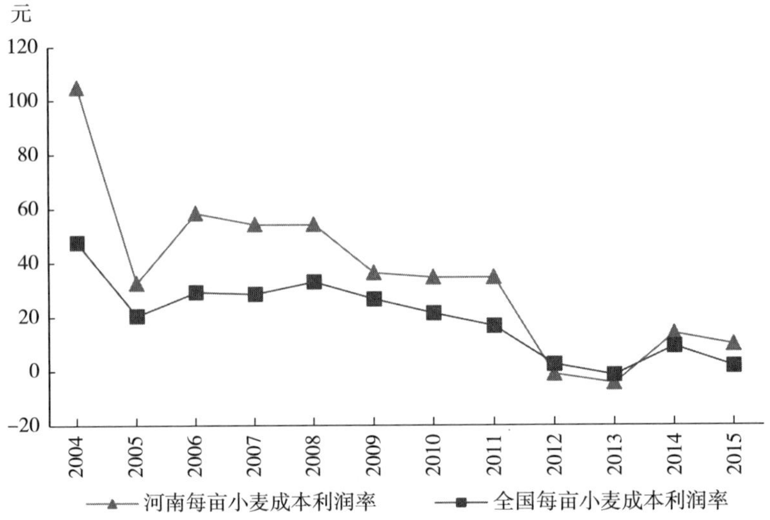

图 8　2004—2015 年河南省及全国小麦每亩成本利润率变化

2. **优质麦种植品种多、乱、杂**　优质小麦实现优质优价的前提在于能够满足下游加工环节的要求，即满足品种好（同一品种无掺混）、品质好（种植品质接近）、成规模。这需要农户统一购销决策，在农资使用与种植过程中推行标准化的管理，实现农业适度规模化经营。一家一户的小农经营方式无法保证优质小麦的品质标准化与产量规模化，难以满足优质小麦商品化发展需要。在河南小麦种植中，优质小麦多、乱、杂现象明显。据调查，个别县种植的小麦品种就多达几十种，类型涵盖强筋、中筋、弱筋等类型，而且形不成规模化生产，企业也无法实现规模化、单一化收购、加工。

3. **农村家庭种植专业化程度不高**　虽然目前河南省小麦产量、面积都居于全国第一位，但仍主要是以家庭农户为单位，大多种植户处于自发自流、无计划的状态中，很难形成一村、一乡、一县一个优良品种连片规模化种植，不能做到统一品种、统一管理、统一收贮，优质小麦的数量和质量得不到有效保证。目前推广的优质麦品种仍需要进一步完善，例如华北地区的主要优麦品种中，新麦 26 易遭病害，郑麦 336 抗倒春寒能力差，藁优 2018 容易倒伏，西农 979 品质不稳定等，这些技术缺陷除了需要在育种上进一步提升外，还需要通过田间管理的精细化来弥补，但较高的管理要求是兼业化农户难以完成的。

河南是劳务输出大省，农村以种地为生的以老弱妇孺为主，这部分群体接受信息相对闭塞，缺乏商品和市场意识，再加上又是分散管理和经营，实用技术得不到及时推广应用，使得河南小麦生产科技水平总体仍偏低，农民的投入和产出比也比较低。长期以来，这种较低生产技术水平下实现的高产稳产，是以水资源的严重浪费和土地的掠夺式开发为代价的。在观念上农民生产过程中只求产量，不求质量，使得产品商品质量较差，优质率和商品率低下，优质小麦品质不稳定，长期以来小麦生产的目标主要主攻产量上，忽视了对小麦品质的改良和优质高效配套栽培技术研究，致使目前的商品小麦品质，特别是加工品质普遍较差。造成河南省优质小麦品质不稳、波动大，商品价值低，阻碍了河南小麦产业化的发展。

4. 新型农业经营主体种麦困难重重　通过在河南调研中与新乡等地的种植大户、家庭农场等新型经营主体的交流，目前规模化经营主要面临三个方面的问题：**一是农业设施用地不足。**主要原因在于农业配套设施用地的相关政策落实不到位，基层政府没有配套落实好国资发〔2010〕155号、国资发〔2014〕127号文件中提出对于规模生产者农业配套用地的管理办法。优质小麦集中连片种植后，由于缺乏晒场、烘干及储粮设施，难以做到分收分储，可能影响“优质优价”目标的实现。**二是农业生产信贷难。**规模种植户缺乏优质资产与土地产权进行抵押担保，从银行贷款存在困难，只能转而寻求不正规的民间借贷甚至高利贷“过桥”垫资，加剧了融资风险。**三是租地成本高。**地租成本存在刚性，只能升不能降。目前，新乡县每亩土地年流转费用在1 000元左右，相当于一个生产季的经营收入，若形成规模经营不划算。

5. 政府对优质小麦的引导存在偏误　调研中发现，基层各级政府对于优质小麦概念的理解不尽一致。有的将优质小麦理解为少数几个强筋和弱筋小麦品种，有的则理解为，凡是纯度高，非混种混收的强筋、中筋、弱筋小麦都是优质小麦，其实这些理解都不全面。**优质小麦是指品质优良具有专门加工用途的小麦，且经过规模化、区域化种植，种性纯正、品质稳定，达到国家优质小麦品种品质标准，能够加工成具有优良品质的专用食品的小麦。**换句话说，优质小麦应是质优且有专业用途的小麦，既要品质优良，符合加工业生产质量标准，又要满足特定加工业生产的专业技术需求。强筋、中筋与低筋的划分，只是一种专业性状维度的分类方法，不能简单等同于优质小麦的概念。讨论优质小麦问题时，应将概念分解，并落到优质专用小麦品种的研发推广中，如在推广时根据地方种植条件和加工企业需求确定具体的优质麦推广品种，既可以是强筋类小麦品种，如新麦26、郑麦366、藁优2018、师栾02-1等，也可以是优质的中强筋小麦品种，如济麦17，并根据不同的种植品种规范相应的种植技术和方法，即农种和农艺相互配合，这将更有利于指导基层工作。

（二）小麦市场化存在的问题

1. 小麦市场体系尚不健全，产销存在一定脱节现象　尽管随着土地流转的增多，种粮大户或合作社发展较快，但华北主产区小麦总体上看生产和销售仍未达到有效衔接状态，缺乏相应的生产组织和管理措施。由于农民种粮收益大部分用于维持一家人正常的生活，所以造成农民一般只根据上年小麦的收成来决定种什么、种多少，根据当年收成情况和贸易商（大多是经纪人）的开价决定是否销售。从这一方面来看，生产盲目性较大，再加上在很大程度上生产者的利益往往被经营者控制，也使得种植户大多缺乏必要的市场竞争意识，不注重商品质量，不信守订单合同，也影响着小麦产业的发展。

2. 小麦产业链各环节存在一定的不衔接现象　从广义上讲，小麦产业链包括“小麦选育—繁种—推广—生产—收购—贮存—面粉加工—食品加工—销售”等各个环节。但从当前河南小麦产业发展情况看，也包括整个国内小麦产业，都存在着各环节之间和各环节内部不够协调的问题。其中，小麦从生产到被消费的有机整体被人为地分隔成农业生产、粮食收购、储备、面粉和食品加工等，特别是在有托市收购以来，政策在市场购销中发挥着主导作用，使得政策调控和市场化进程存在一定的不协调状况；面粉企业为适应广大消费者需求，生产专用食品的面粉，需要大量优质小麦原料，而与之相关的农业生产和粮食收储企业还处于转型期，对市场的反应迟钝，如从种植环节看仍以生产高产但品质较低的小麦为主，粮食收储企业收购小麦大多仍然采用红麦、混合麦和白麦的分级标准，已经不适合面粉加工企业对小麦原料的要求。

3. 优质麦收购环节问题制约种植结构调整 优质专用小麦收购环节存在的问题主要包括三个方面。一是可用于粮食收购的贷款不足。优质麦购销市场化程度高，种粮大户储粮售粮周期长，增加了按时偿还地租压力。加工企业集中收购、常年消费对资金周转要求更高。若银行紧缩贷款，流通领域主体转而寻求民间借贷，滋生了高利贷过桥的盛行，形成了巨大的金融隐患。二是优质麦品质检测时间长。优质麦收获后进入企业或收购点收储前，需要进行稳定时间、面筋值等标准的检测，目前采用国内设备进行检测一般需要一天的时间才能出结果，而采用进口设备检测四十分钟就可以出结果，但设备购买成本较高。三是订单农户违约现象较严重。农户在与签订订单的企业打交道时，违约现象比较严重。若市价高于订单价格，农户多选择违反合同私下销售，合同的执行率仅在20%左右。

（三）小麦加工业存在的问题

1. 小麦资源有效利用较低 河南小麦资源虽然丰富，但有效利用还存在一些问题：一是小麦转化增值能力低，资源优势没有变为应有的经济优势。如多数小麦制品只是经过简单的初加工就投入市场，而进一步深层次的加工数量所占比重较少，多层次开发更多的产品则更少。二是因部分加工原料品质欠优，影响了加工业发展和资源的有效利用。当前河南省小麦品种虽多，但并非所有品种都完全适合加工和市场需求，比如缺乏加工成高档饼干、糕点等需要的优质弱筋专用小麦品种。三是加工产品科技含量低，副产品综合利用较差。河南省大部分小麦加工企业以粗加工为主，精深加工比重低，产品科技含量低。多数中小加工企业只是经过简单的初加工就投入市场，多层次深度开发的产品较少。

2. 小麦产业化水平较低，产品结构不合理 从内部原因看，河南小麦产业化存在的主要问题包括：一是企业经营规模大多较小，没有真正摆脱“小、散、低、弱”状态，大部分企业经济实力弱，辐射面狭窄，不能在当地形成大的产业体系，严重限制了小麦加工区域经济规模。二是产业化水平较低，除了部分龙头企业外，大多数企业与当地农户的关系基本上处于一种松散的买卖关系，尚未结成固定的协作关系和利益共同体，产业链条上游企业和下游企业之间合作共赢及技术共享难以实现。三是小麦精深加工能力低。大多数面及面制品企业处于初级加工，只能生产普通面粉，不能生产专用、高档面粉，产品档次低、利润空间小，市场竞争能力差，经济效益低。国家级、省级的技术研发中心不多，面制品的系列开发综合利用不够。

3. 产能过剩、竞争激烈，制粉企业平均利润较低　近年来，河南省小麦产量稳定在3 500万吨，产能利用率是57%左右，全省日加工100吨以下的面粉厂80%处于停产半停产状态，多数时间设备闲置，造成很大的浪费。在当前国内小麦市场形势下，原粮价格多由政策性定价支撑，而成品粮的价格则多由市场形成。受托市收购和拍卖政策影响，小麦价格连年上涨，且涨幅高于面粉，对制粉企业的成本压力较大，“麦强面弱”现象长期存在。据监测，自2006年河南省启动小麦最低收购价政策以来，小麦最低收购价格从0.68元/斤涨到1.18元/斤，涨幅达73.5%；而同期面粉平均价格涨幅仅为40.0%，企业的利润空间受到严重挤压。

应当看到，小麦的生产、收购、加工以及面粉的销售是一个完整的产业链，如今“麦强面弱”的市场格局不仅在河南省存在，在全国范围内同样存在，这说明产业链上的一些环节出现了问题，也说明面粉企业当前的经营困难并不仅仅是原料价格上涨造成的。从根本上说，面粉加工能力严重过剩是行业弱势发展的主要原因，企业间同质化竞争严重，产品结构单一、附加值低，缺少市场认可的拳头产品，从而造成市场竞争力也相对较弱。

三、现代农业科技示范区小麦产业发展支持政策建议

推进河南小麦市场化、产业化发展，对提高河南省小麦产品质量档次、提高产品竞争力非常有利，具有良好的经济和社会效益。目前，河南省小麦市场及其产业化发展正面临着机遇和挑战，河南省政府2016年制定了“十三五”农业发展规划，其中很多涉及小麦生产及市场方面的措施与建议，对河南省小麦市场及产业化发展提出了新的要求。如小麦产业化经营应以优质化、专用化、多样化的市场需求为导向，以增加农民收入为目的，实施区域化种植、规模化生产、产业化经营，达到优质与高产并重、质量与效益并举、生产与加工结合，以加工带动种植业结构调整，逐步形成不同区域、各具特色的优质小麦生产和加工格局，使河南省的小麦资源优势真正转化为加工优势、市场优势、产业优势，最终促进河南小麦市场及产业化的全面发展。

为更好地促进现代农业科技示范区小麦产业健康发展，需要国家层面、地方层面、产业层面同时发力，打好组合拳。**国家层面：**一要依据小麦属性，正确处理政府与市场关系，统筹协调好国内和国际市场的关系，强化小麦生产核心区的利益补偿，加大中央财政对小麦主产区的倾斜力度，逐渐破除制约小麦产业发展的体制机制障碍，为小麦产业发展创造良好的环境。二要按照财权与事权相匹配原则，合理确定各级政府用于支持小麦生产的财政资金负担比例，按照资金整合自上而下、项目规划自下而上的方式，扩大地方政府对项目的自主权；三要加大对粮食产业金融、保险支持力度。**地方层面：**一要实施好藏粮于地、藏粮于技战略，落实好粮食生产功能区建设，强化小麦产业发展的长效机制；二要营造粮食产业发展的宽松环境，着力打造优质小麦产业集聚区，加快发展适度规模经营，不断完善农村基本经营制度；最后，在完善小麦生产性服务业的同时，优化农业机械装备结构和布局，壮大农业机械化新型农业经营主体，加快农业机械新技术推广步伐。**产业层**

面：一是要建立优质小麦生产基地，发展小麦产业规模效益；二是要着力打造特色小麦产业集聚区；三是加快发展适度规模经营和订单农业；四是发展壮大小麦生产性服务业；五是要着力提升小麦产业机械化质量和效益；六是优化产品结构，大力发展小麦精深加工。

（一）国家层面：加强顶层设计，破除体制机制障碍

1. 依据小麦属性，正确处理政府与市场的关系 政府与市场的关系是经济体制改革的核心问题，也是全世界市场经济国家共同面临的重要议题。小麦生产具有双重属性，从粮食安全的角度看，其属于公共物品的范畴，具有效用不可分割性、消费非竞争性以及受益非排他性；同时小麦也具有商品的属性，具有价值和使用价值。这两种属性意味着小麦生产具有正的外部性，需要政府介入，避免市场失灵；商品属性又意味着小麦生产要遵循市场规律。因此，政府要充分认识到自身在小麦生产中的责任，在保住国家粮食安全底线、保障农产品质量安全不出问题、及时补齐政府缺位领域短板的基础上，选择适当的时机、采取合适的方式从对小麦产业不合理的干预中退出来，让市场在资源要素配置中起到决定性作用。要着力完善小麦等重要农产品价格形成机制，建立和完善市场定价、价补分离长效机制；加强小麦市场体系建设，发展小麦大市场大流通；同时，政府要有序引导，充分利用国内国际两个市场、两种资源，为我国农业市场稳住国内、走向国际提供必要的支撑条件。而基于小麦的商品属性，小麦生产者应在提高产量与质量，降低生产成本，提高小麦产品竞争力方面承担责任。

2. 优化发展环境，破除制约小麦产业发展体制机制障碍 有效的制度，有助于降低交易成本，有助于发挥市场配置资源的决定性作用。当前我国农业进入需求与供给出现结构性矛盾阶段，如何从供给侧着手，解除制约我国农业市场化发展的体制机制束缚，为实现农业现代化提供坚实的制度保障，将是农业供给侧结构性改革的重要任务，也是进一步深化农业市场化改革的重要手段。现实中，仍存在不同制度之间，制度政策和法律之间的规定不衔接、不配套，农业行政管理体制条条、条块分割，事权不清、脱离实际，农业产业政策边界不清晰、支持方式偏差，“挤出效应”明显等体制机制障碍。为此，必须健全和创新相关制度体系。一是完善农村土地管理制度。坚持农村土地集体所有、家庭承包的基础地位不能变，抓紧研究土地承包关系“长久不变”的具体实现形式，推动完善相关法律制度，稳步推进确权登记颁证工作，放活土地经营权，强化土地流转市场决定性作用，引导发展适度规模经营。二是完善与创新农业行政管理体制。规范中央有关部门涉农职能，增强地方尤其是县乡政府及农业部门财权事权责任，提升涉农资金使用效率。强化涉农部门公共服务职能，创新涉农部门绩效考核办法。三是优化与完善农业公共政策机制。改革财政支农投入机制，着力优化投入结构，创新使用方式，提升支农效能。按照公共利益导向，确定农业政策目标，强化公共参与过程，优化政策制定程序，利用财政撬动金融，服务现代农业发展。四是健全农业资源要素市场制度。深化农业资源要素价格体制改革，建立和完善能够发挥价格导向和支配作用的价格机制。推进农业资源要素市场流通体制改革，建立和完善能够促使资源要素市场供求关系趋于更加合理的供求机制。逐步完善农业市场的公平竞争机制和利益分配机制，形成一个不同

市场主体合理共享市场利益的利益共同体，激发市场主体积极性。

3. 按照财权与事权相匹配原则，合理确定各级政府用于支持小麦生产的财政资金负担比例　根据中央政府确保国家粮食安全主体责任、省级政府对保障本地粮食供应主体责任和粮食主产区县级政府对保持本地粮食生产能力主体责任，确定各级政府的事权，并匹配以相应的财权。建议由中央财政承担保障提升粮食产能的建设项目资金，取消县级财政的项目资金配套责任，支持鼓励地方政府追加投资或吸引社会资金。在各类项目资金中，建议专门设立用于后期维护的配套资金。按照资金整合自上而下、项目规划自下而上的方式，扩大地方政府对项目的自主权。建议将中央各部门的高标准农田建设、农田水利建设、耕地整理和土壤改良等项目整合为单一的“农业基础设施建设项目”，由某一部门作为项目主管部门，统一规划建设，将项目资金统一打包给县级政府用于支持农业发展，不再设立各部门单独的资金项目。将项目建设的具体内容安排权限下放到县，由县级政府根据当地现实情况和实际需求，确定建设内容、制定项目规划、编制项目预算，经过第三方评估和上级部门审核后提交项目主管部门，申请项目资金支持。促进粮食生产核心区建设的关键在于打破粮食和农业生产比较利益持续下滑的怪圈，必须强化利益补偿，切实加强对粮食主产省的种粮补偿，建立健全粮食主产区与主销区之间的种粮补偿机制，推动城乡要素平等交换和公共资源均衡配置。

4. 锐意创新，持续加大金融支农力度　**一是强化政策工具运用。**建议人民银行综合运用差别化存款准备金率、支农再贷款等政策工具，有效壮大地方法人金融机构的资金实力，同时强化工作考核评估，提升“三农”信贷政策实施成效。各金融机构要强化服务“三农”的责任意识，积极调整信贷结构，将信贷资金安排向“三农”和新型农业经营主体倾斜，适度提高涉农信贷业务风险容忍度，实现对农村地区和涉农主体的信贷投入持续较快增长，促进农民增收致富和现代农业发展。**二是大力推进与农业发展特点相适应的金融创新。**针对农业融资的特点，金融机构应加大创新力度，提高金融服务的集约化和个性化水平。创新“三农”的担保抵押方式和融资方式。各金融机构要积极探索可复制、可推广的经验，探索农房抵押、集体资产抵押等农村产权抵押融资方式，拓宽各类农业经营主体的融资渠道。金融机构对符合贷款条件的抵押贷款利率应低于信用贷款利率，切实降低融资成本。**三是进一步完善工作机制，提高金融支持“三农”和脱贫的服务效率。**金融机构要进一步加强与农业相关部门的协作配合，强化工作协调和信息共享，形成金融服务“三农”工作合力；要加强与财政部门的合作，促进金融政策和财政政策的融合，通过财政担保和奖补撬动金融资源；要加强与地方政府部门的配合，持续推进农村信用体系建设，优化农村金融生态环境，切实防范信用风险。

5. 完善农业政策性保险政策，加大对新型经营主体扶持力度　加大农业保险支持力度，总结“保险＋期货”经验和教训，加快建立财政支持的农业保险大灾风险分散机制。完善政策性农业保险法律制度，基于农业发展远景对农险补贴政策支持的方向、重点和规模进行科学规划，制定并完善农险补贴政策的长效机制，确保政策的连续性和激励的有效性。继续完善农险补贴政策考核监督制度，建立补贴绩效评价机制。将补贴重点从现有的保费直接补贴转向新技术和新产品的创新应用补贴，从而在确保农险市场稳定发展的同时，保持市场发展的活力。考虑新型经营主体对农业保险的强烈需求，鼓励保险公司开发商业性农业保险产品，在增强保险公司业务新增长点的同时，满足农户多层次需求，针对专业大户、家庭农场、农民合作社不同经营主体的农险产品。创新“保险＋金融”模式，加快推进农业保险贷，利用现有的农业保险资源，增加融资的新渠道。

（二）省级层面：完善制度体系，落实小麦产业发展顶层设计

1. 以粮食生产功能区建设契机，提升小麦生产综合能力 贯彻落实国家关于粮食产业发展的各项政策，实施藏粮于地、藏粮于技相结合的粮食安全战略措施，以落实粮食生产功能区建设为抓手，强化粮食产业发展长效机制，营造粮食产业发展的宽松环境，以着力打造特色粮食产业集聚区为载体，加快发展适度规模经营，壮大粮食生产性服务业服务能力，提升农业机械化水平，确保新常态下的粮食安全。建议河南省委省政府把示范区的小麦生产纳入地方政府考核体系，涉农政策适当向示范区倾斜。**一是精准划定粮食生产功能区。**明确粮食生产功能区划定标准，逐级分解任务，以县为基础精准落地，依托国土资源遥感监测和综合监管平台，建立电子地图和数据库，建档立卡、登记造册。**二是大力推进粮食生产功能区建设。**强化综合生产能力建设，完善省级高标准农田建设标准，加强耕地保护，编制小麦生产核心功能区规划，集中力量在生产功能区范围内大规模建设集中连片、旱涝保收、稳产高产、生态友好的高标准农田。加强粮食生产功能区范围内骨干水利工程建设，积极推进以大中型灌区改造末级渠系、五小水利工程和旱田节水灌溉为主的小型农田水利工程建设，大力发展节水灌溉，提高节水灌溉工程建设标准，打通农田水利“最后一公里”。**三是切实强化粮食生产功能区监管。**加快制定河南省粮食生产功能区管理办法及相关法规规章，严格粮食生产功能区范围内永久基本农田管理，确保其数量不减少、质量不降低。按照“谁使用、谁受益、谁管护”的原则，以县政府为总负责，将粮食生产功能区地块上的农业基础设施管护责任精准落实到村集体经济组织或经营主体。建立健全粮食生产功能区数据安全保障机制，落实各相关主体责任，强化监督考核，对粮食生产功能区划定、建设和管护工作进行评价考核，考核结果与上级扶持政策相挂钩，并建立绩效考核和责任追究制度，将相关工作纳入地方政府绩效考核的重要内容。

2. 强化小麦产业发展的长效机制 **一是要强化小麦产业发展的监控机制。**建立小麦产品数量与质量双安全的监控机制，形成小麦产业整体安全的监控机制。用联合国世界粮食计划署确定的小麦安全风险指数等指标精准测算，供政府部门监控和调控参考，最大限度地减少紧急状态时期的粮食安全风险，形成小麦产品数量安全的监控机制。同时要逐步形成河南省小麦产品质量安全的监控机制。一方面要严格落实已经颁布实施的《河南省耕地质量管理办法》，使全省耕地质量建设和管理走上法制化轨道，另一方面加快“污染者付费原则”的实践运用，严格约束农、工、商生产者的清洁生产行为。**二是要强化小麦产业发展的投入机制。**小麦产业的发展离不开政策、科学技术和资金投入，要加快改革制约其发展的体制机制障碍，激活发展活力，提高生产能力。调整和优化粮食产业发展的投入机制，在政策对路、改革适宜的大背景下，使土地投入的比例下降，科技和资金的投入上升，以科技进步作为推动小麦产业发展的主动力。在小麦产业发展实施创新驱动发展战略时，除了抓住小麦技创新和科技进步之外，也要加支持政策创新及农村经济体制和产权制

度的改革创新。**三是强化小麦产业发展的关键环节建设机制。**在小麦生产环节，要注重小麦生产效率和生产安全的建设，加强农业科技推广，要生产符合国家安全标准的小麦，杜绝生产过程的污染和浪费；在加工环节，要注意粮食加工质量和利用效率的建设，在杜绝浪费的同时也要保证小麦生产的质量，建立健全小麦生产环节的质量监控体系，强力迎合粮食加工业的发展趋势；在小麦流通环节，不仅要完善基础设施，建立高效流通网络，促进小麦产业良好健康发展，而且要高度关注国有粮库体制改革、外资进入小麦流通领域、转基因食品大举登陆市场等粮食流通领域改革的焦点问题，提前研究，早做应对。

3. 营造小麦产业发展的宽松环境　**一是要拓宽小麦产业发展的环境平台。**积极利用传统媒体和新媒体加强宣传，使全社会都感受到种植业是一份能保障全省和国家粮食安全的重要产业。通过强化农业基础设施建设及粮食营销方面牵线搭桥，力保种粮能够增效增收。**二是固定小麦产业发展的投入手段。**实行投入党政领导负责制和一票否决制，成立各级粮食产业发展工作领导小组，把小麦产业发展工作作为各级党政实施国家粮食生产核心区的一项重要考核指标，对工作严重滞后、未完成粮食产业发展任务的实行“一票否决”；实行强粮惠粮联席工作制度，由粮食产业发展工作领导小组牵头，研究部署强粮惠粮工作，明确各相关部门各司其职，确保各项措施落到实处；实现基础设施投入支持制度。以县为单位整合发改、国土、水利、农机、农业综合开发、科技等部门的涉农资金，连片开发，重点支持粮食生产核心区的粮食基础设施建设，建设旱涝保收的高标准良田，为小麦产业的持续健康稳定发展奠定更加坚实的基础。**三是完善粮食产业发展的金融环境。**明确小麦产业贷款“双优”政策，在同等条件下优先考虑给予小麦生产经营主体贷款并给予贷款利率的优惠；明确小麦产业享受普惠金融政策，使其能够有效地、全方位地为所有粮食生产经营者提供金融服务；通过加快新农村建设提高农村经济实力，通过建设征信体系净化农村金融生态信用环境，通过健全金融法制创造有利于农村金融发展的良好法律环境。落实小麦产业发展的基金支持，建立小麦产业发展基金、小麦增产建设基金和小麦参保扶持基金，保持小麦产业发展活力和后劲。**四是加快粮食质量标准和检验监测体系建设。**根据小麦质量升级、发展产业化和进出口贸易的需要，制定适应市场需要、利于市场竞争、既符合省情又与国内国际接轨的生产及加工制成品的质量标准体系、检测体系和绿色食品、卫生标准及定期预报体系，建立小麦品质评价和测报网络，为小麦育种者、种植者、加工者和消费者提供品质评价和动态监测服务，以增加小麦生产的可预见性，降低市场风险。**五是建立健全小麦市场信息服务平台。**河南省政府制定的“十三五”农业发展规划提出，建设农业综合信息服务平台，采集、分析、发布小麦重点农产品全产业链数据，初步形成农业大数据基础资源池。基于此，整合信息资源，开展对全省、全国乃至全球小麦育种、生产、加工、贸易等有关基础数据和信息的收集，建设小麦资料库、数据库，建立小麦鉴定、评价、测报网络，动态检测小麦品质，了解国内外小麦市场动态，畅通育种、生产、加工、贸易信息渠道，从而搭建全省小麦咨询决策系统，为小麦品种选育、示范推广、收购贮运及加工转化和领导决策提供参考，为全省小麦资源的开发和转化服务，切实变小麦产业发展中的盲目性、无序性为科学性、有序性。

（三）产业层面：多措并举，提升小麦全产业链竞争力

1. 建立优质小麦生产基地，发展规模效益 为实现河南小麦生产快速发展、提高市场竞争力，提高小麦的内在品质、降低生产成本是必由之路。而要实现上述目标，最切实可行的途径就是逐步实现优质小麦生产的规模化、区域化和专业化，建立优质小麦生产基地，实现品种、栽培技术的规范统一化和商品粮生产的规模化。河南“十三五”农业规划中提出，“小麦生产及行业发展以提高质量效益和竞争力为中心，粮食综合生产能力达到650亿千克左右，符合企业加工标准的优质专用强筋、弱筋小麦发展到1 200万亩以上”，“以粮食生产核心区95个县（市、区）为重点，巩固和提升粮食产能，重点抓好小麦、水稻口粮作物生产，稳定面积，优化结构，集中打造6 369万亩平均亩产超吨粮的高标准粮田，重点建设豫北优质强筋、沿淮优质弱筋小麦基地。”

根据农业区划成果，建议各地市根据优质小麦的分布状况，按照适当集中、规模发展的原则，把千家万户无序的小生产转变为有规划、有组织的规模生产，从而提高小麦的产量和品质，降低成本，发展规模效益。加大优质小麦生产基地建设政策支持力度。优质小麦生产基地建设首先必须做好优质小麦品种选育工作，政府应对科研单位进行补贴，建立优质小麦品质测试中心，建立优质小麦育种、测试专项基金。加大优质小麦加工基地建设政策支持力度。新产品开发、科技进步等专项资金要向其倾斜，要继续发挥银行信贷资金渠道作用，支持河南小麦就地加工与转化。

2. 着力打造特色小麦产业集聚区 **一是优化整合优势资源。**着力打造小麦科技创新产业集群、小麦精深加工产业集群和小麦物流产业集群，走产业集群发展之路。**二是明确工作任务分工及责任。**既要抓好水利骨干工程、基本农田、良种繁育和技术推广体系、农业机械化体系等多项建设，又要抓好防灾减灾体系、粮食科研创新能力、农业生态环境保护体系、仓储物流等多项建设，这需要省水利厅、农业厅、科技厅、农机局、林业厅、气象局、粮食局、环保厅、教育厅、农业综合开发办公室、国土资源厅、住房城乡建设厅、交通厅等省直部门和省发展改革委、省财政厅、农科院、中储粮河南分公司、省电力公司等部门的通力合作。**三是要明确运行机制和保障措施。**既要健全特色小麦产业集聚区建设的投入机制、奖励补贴机制、科技创新机制、现代粮食经营机制、农地流转机制和农村人力资源开发机制，又要健全特色小麦产业集聚区建设的流通机制、金融支持机制、以工补农以城带乡长效机制、农村社会适合发展保障机制和环境保护长效机制；保障措施方面既要强化组织保障、考核奖惩和资金保障，又要强化政府引导、资源环境保障和社会舆论保障。**四是要按照工业化、信息化、城镇化和农业现代化同步发展的要求，发展壮大小麦加工业。**通过外引内联、资金政策扶持等措施，大力提升大数据、云计算、物联网等对粮食产业的催化作用；大力培育小麦产业化龙头企业和农业专业协会，为小麦生产提供产前、产中、产后服务，实现产业化、全链化发展，推动小麦生产由规模优势向产业优势转变、由生产优势向经济优势转变。

3. 加快发展适度规模经营和订单农业 **一是坚持和完善农村基本经营制度。**贯彻落实《关于引导农村土地经营权有序流转发展农业适度规模经营的意见》，稳妥推进“三权并行分置”试点和农村土地确权颁证，引导土地经营权规范有序流转，创新土地流转和规

模经营方式，加快发展多种形式适度规模经营。加快推进农村集体建设用地和宅基地确权登记颁证工作。推进农村土地征收、集体经营性建设用地入市、宅基地制度改革试点。开展“三权分置并行”试点，推进承包土地的经营权向金融机构抵押融资。研究制定承包土地经营权抵押担保贷款办法。有条件的地方，可以根据农民意愿统一连片整理耕地，坚持农地农用，坚决防止“非农化”。**二是培育壮大新型农业经营主体。**制订适合不同区域实际的示范性家庭农场标准，启动示范性家庭农场培育计划。围绕产前、产中、产后重点环节，加大农民专业合作组织创建力度。在粮食核心功能区、粮食高产创建区率先实现农机专业合作社生产服务全覆盖。推行示范社与农产品经销商合作、联营。引导农民以土地经营权入股合作社和龙头企业。落实好新型农业经营主体生产用地政策。新增生产补贴向种粮大户和新型经营主体倾斜。支持粮食生产规模经营主体开展营销贷款试点。**三是推进集体经营及产权改革创新。**率先推进集体经济改革试点，探索建立集体经济组织成员登记备案等制度，以集体产权改革为基础，采取股份合作、信托经营等方式，量化并盘活农村集体资产，增强农村集体经济发展活力。在集体资产雄厚的村成立村集体股份合作组织，探索完善农民对集体资产股份占有、收益、有偿退出及抵押、担保、继承等有关制度。支持资信良好运营规范的农垦企业引入信托机构，稳妥开展农村资产信托经营试点。**四是大力发展订单农业。**利用市场手段和利益纽带，通过签订种植、收购合同，提高订单农业履约率，真正实现优质专用小麦的规模化、产业化经营。一方面，要鼓励和支持国有粮食购销企业、龙头企业和农民联合经营，形成生产、加工、销售一体化共同体。另一方面，应支持符合条件的粮食生产、加工、饲料和产业化的龙头企业参与期货市场，利用期货市场套期保值，一定程度上规避市场风险，可以有效降低成本、提高效益，促进企业向规模经济发展。

4. **发展壮大小麦生产性服务业**　**一是加强经营性服务和公益性服务的发展融合。**探索创新农业技术推广服务新机制。健全政府向经营性服务组织购买农业公益性服务的机制，以政府定购、定向委托、奖励补助等方式，扩大政府购买服务范围，引导市场化服务主体以多种形式参与公益性服务供给，以公益性服务带动经营性服务，实现二者互动、互补、互促发展。对于薄弱环节且在初期具有显著公益性的服务业务，如技术推广、人才培训、保险担保等，更应发挥政府购买服务的引导作用。**二是加快培育多元化服务组织。**大力发展家庭农场、种养大户、农民合作社、龙头企业、专业服务公司等新型经营主体，支持开展多形式、多类型的农业生产性服务。鼓励农业产业化龙头企业、农资农机具企业向农业生产性服务领域拓展业务，发挥其产业链资源整合、集成创新和示范带动能力。鼓励引导高校毕业生和务工经商返乡人员、新型职业农民等在农业生产性服务领域创业，支持服务型农民合作社、农业服务专业大户等向规模化、专业化、品牌化方向升级发展。**三是创新农业生产性服务市场化供给方式。**总结各地探索的土地托管、代耕代种、统防统治等新型服务方式，采取政策扶持、典型引领、项目推动等措施，加大支持推广力度。鼓励新型农业服务主体与农户通过订单农业、股份合作等形式，将利益联结关系得更加密切。鼓励发展区域性的农业综合服务平台、为农服务中心等，支持利用电子商务等信息化手段创新发展业态。对于农业废弃物资源化利用、农业污染治理、质量安全认证、专业化技术培训、农产品营销运营等薄弱环节，探索引进第三方服务机构或体系的可行办法。**四是加快**

推进小麦生产性服务市场化。成立河南小麦协会，重点支持发展小麦营销、农产品流通、信息传递和农产品增值等市场化服务。要大力发展现代种业服务、粮食生产全程综合服务、土地流转服务、农产品流通和信息服务、农业生产融资服务、质量检测认证服务、资源环保和利用服务等，以及产后加工、增值环节高端服务，鼓励市场化农业服务主体拓展业务、创新业态，补足农业生产性服务市场化短板。**五是加大对农业生产性服务市场化的政策支持力度。**通过对重要领域、关键环节农业生产性服务进行财政补贴、税费减免，设立产业引导基金等，引导新型农业服务主体拓展业务、提高服务能力。

5. 提升小麦产业机械化质量和效益　一是优化农业机械装备结构和布局。发展节能、环保、高效型农业机械，提升农机具与动力机械配套比，优化机械和机具配置效益，努力提高农业机械作业水平，形成与生态区域、产业类型、产业发展结构相适应的农业机械布局。开展“小麦生产作业全程机械化推进”行动，重点推进小麦机收、植保机械化、深松整地机械化、秸秆综合利用机械化。探索完善农机报废更新补贴实施办法。**二是壮大农业机械化新型农业经营主体。**成建制地推进农业机械化新型经营主体率先实现农业现代化，示范引领周边乡村加快现代农业建设。增强农机大户自身实力，拓宽服务领域。积极创新金融支持农业机械化发展的模式，发挥新增农机购置补贴和财政补助资金的撬动作用，试行开展农机融资租赁，拓宽投融资渠道。**三是加快农业机械新技术推广步伐。**大力发展机械化保护性耕作技术，大力推进绿色环保、保护耕地、抗旱节水、可持续发展的机械化耕作模式，推广一批适应全省农业现代化发展的农业机械，突破关键环节机械装备开发技术。加快推进园艺作物、畜禽水产等生产设施化。推广精量播种、播种后镇压、化肥深施、高效植保、秸秆还田、保护性耕作等清洁环保生产方式，全面挖掘农业机械化节种、节肥、节药、节水、节能潜力。扩大农机深松整地作业补助试点。推进农机生产管理信息化，加强农机导航与位置服务应用及标准体系研究，探索支持北斗卫星导航技术在全省农机化行业的示范应用。

6. 优化产品结构，大力发展小麦精深加工　优化产品结构，打造河南专用面粉品牌。目前，河南省内小麦加工产品大多为普通民用面粉，尚不能有效满足食品行业发展的要求。结合河南省优质小麦产业化发展形势需要，应积极扶持有专用面粉生产基础的大中型加工企业，根据省内外市场开发生产适销对路的专用面粉，争创名牌产品，提高产品附加值，从而也带动优质小麦发展。**巩固发展面制食品加工业，扩大产品影响力。**利用现有河南省面制食品加工业优势，大力发展方便面、面条、速冻食品等，提高小麦产品转化能力；扶持河南省内较大的食品加工企业，对面包、馒头、挂面、方便面、速冻食品及其他面食制品花色品种进行开发，改进生产加工工艺，形成规模化加工。**拓宽小麦应用范围，形成小麦产业开发群体。**全方位开发小麦的多种应用价值。一方面，在继续发展小麦淀粉和谷朊粉生产技术、味精生产技术、汽油醇生产技术、小麦啤酒生产技术等的基础上，进一步开发小麦其他用途；另一方面，积极探索小麦加工产品和副产品的利用途径。**培育龙头企业，进一步强化品牌战略。**根据河南省小麦加工高档产品少、名牌产品少、带动能力弱的客观事实，应全力实施龙头企业振兴工程，培育壮大一批龙头企业。其中，以粮食购销企业为龙头，建立商品粮生产基地模式；以粮食加工企业为龙头，建立加工原料生产基地模式，培育、扶持一批规模较大、经济效益较好、带动能力较强和产品具有市场竞争优势的龙头企业。河南省政府制定的“十三五”农业发展规划提出，围绕河南农业这个品牌，立足区域特色和优势产业，积极推进标准化生产和农产品品牌认证，培育延津小麦等区域特色品牌。支持龙头企业申报和推介驰名商标、名牌产品，积极引导企业创建自有品牌，支持双汇、思念、好想你、白象、雏鹰、牧原、大用、永达、华英、花花牛、科迪、伊赛等知名品牌建设，增强企业品牌影响力。因此，加快实施品牌战略，靠名牌和精深加工产品开拓市场，靠市场拉动加工企业发展，靠加工带动优质小麦规模化、集约化生产，实现优质小麦的产业化经营水平，才能吸引市场、占有市场、稳固市场。

第四章

乡村振兴中产业兴旺的实现路径研究[①]

摘　要

乡村振兴，产业兴旺是重点，它直接关系到农业发展、农民增收，关系到农村劳动力就业创业，是实现乡村振兴的着力点和主抓手。乡村产业振兴指的是与乡村发展有关的所有产业的共同振兴，既包括农业产业的振兴，也包括乡村二三产业的振兴，还包括农村新业态的快速发展，以及农村一二三产业融合的有序推进。乡村产业振兴强调以农业供给侧结构性改革和培育农村发展新动能为主线，推动农业农村发展提质增效，更好地实现农业增产、农村增值、农民增收，实现城乡融合均等发展。

近年来，我国农业生产能力稳步提升，农产品加工业快速发展，休闲农业与乡村旅游方兴未艾，乡村新产业、新业态蓬勃兴起，为实施乡村振兴战略奠定了良好基础。但农业生产效率不高、劳动生产率、资源利用率较低、乡村二三产业发展不足、产业融合程度低层次浅、资源环境压力大等问题仍很突出，严重制约乡村产业可持续发展。实现乡村产业振兴，既要发挥市场的导向作用，促进资源有效配置，引导先进生产要素进入农村；也要发挥政府的支撑作用，做好顶层设计和规划，完善制度和政策体系，扫清城乡资源要素自由流通的障碍，激发市场主体的活力。建议从盘活农业农村资源要素、促进城乡资源要素合理流动、强化农业农村基础设施建设、打造农业农村优势特色产业、培育壮大新产业新业态、激活农业农村市场主体、完善农业农村支持政策体系几个方面入手大力推进乡村产业振兴。

实施乡村振兴战略，是党的十九大做出的重大决策部署，是新时代“三农”工作的总抓手。乡村振兴，产业兴旺是重点。2018 年 3 月 8 日，习近平总书记在参加十三届全国人大一次会议山东代表团审议时提出了“五个振兴”，强调要推动乡村产业振兴，紧紧围绕发展现代农业，围绕农村一二三产业融合发展，构建乡村产业体系，实现产业兴旺。本研究在深入理解和剖析乡村产业振兴理论内涵的基础上，分析了当前我国乡村产业发展的

---

① 本文为 2018 年农村经济研究中心前瞻性重大研究课题部分成果。

收稿时间：2018 年 12 月；课题主持人：王忠海；课题组成员：曹慧、刘景景、谭智心、孙昊、徐雪高、彭超、高鸣。

现状及其存在的问题，总结了各地推进乡村产业振兴的典型模式与经验，研究提出了乡村产业振兴的目标、思路和政策建议。

一、乡村产业振兴的理论内涵

认识和理念是改革发展方向的指引。如何认识和理解乡村产业振兴的地位和作用，将直接影响工作推进的方向和路径，进而决定能否实现预期目标。所以，我们首先要廓清乡村产业振兴的理论内涵。

（一）产业振兴在乡村振兴战略中的地位和作用

推动乡村振兴离不开“五个振兴”，以“五个振兴”扎实推进乡村振兴战略，是习近平总书记在参加山东代表团审议时作出的科学论断。在“五个振兴”中，产业振兴是重点，它是乡村振兴最重要的经济基础，直接关系到农业发展、农民增收，关系到农村劳动力就地就业，是实现乡村振兴的着力点和主抓手。

实施乡村振兴的最终目标，就是为了彻底解决城乡发展中的不平衡不充分，解决农村产业和农民就业问题，确保当地群众长期稳定增收、安居乐业。而无论是解决农民就业还是确保群众增收，都需要以产业发展为前提。只有发展好产业，才能发展好经济、创造更多的就业机会和岗位，只有经济发展了，才能富裕农民、繁荣乡村，才有实现“生态宜居、乡风文明、治理有效、生活富裕”的可能。所以说，产业振兴是源头、是基础，有了产业的振兴，乡村振兴才有底气，离开产业的支撑，实施乡村振兴战略就无从谈起。

（二）产业振兴的理论内涵

乡村产业振兴指的是与乡村发展有关的所有产业的共同振兴，既包括农业产业的振兴，也包括乡村二三产业的振兴，还包括农村新业态的快速发展，以及农村一二三产业融合的有序推进。乡村产业振兴强调以农业供给侧结构性改革和培育农村发展新动能为主线，推动农业农村发展提质增效，更好地实现农业增产、农村增值、农民增收，实现城乡融合均等发展。

1. 农业高质量发展，创新力、竞争力、生产力不断提高　当前我国经济已由高速增长阶段转为高质量发展阶段，农业农村经济发展也开始转型升级，农业生产正在由主要满足“量的需求”向更加注重满足“质的需求”转变，质量兴农成为实现中国特色社会主义乡村振兴的“七条道路”之一。遵循这一原则，乡村产业振兴要求农业生产从过去单纯追求产量向追求质量转变、从粗放型经营向精细型经营转变、从低端供给向高端供给转变。同时，可持续发展和市场竞争力也是检验产业振兴的重要标尺。因此，乡村产业振兴需要产业体系、生产体系和经营体系全面健全。必须做到农业结构布局合理、农业基础设施完备、农业科技和装备水平持续提升；农业投入减量化、生产过程清洁化、废弃物利用资源化基本实现；土地产出率、资源利用率和劳动生产率不断提高。

2. 农村一二三产业融合更加紧密，产业链、价值链、利益链不断提升　农村一二三产业融合是以农业为基本依托，以产业化经营组织为引领，以利益联结机制为纽带，通过产业联动、要素集聚、技术渗透、体制创新，促进农业产前、产中、产后以及休闲服务各环节的机结合，实现产业之间紧密相连、协同发展。在一定意义上也可以说，我国农村一二三产业融合发展是农业产业化经营的高级形态和升级版。因此，农村一二三产业融合发展是乡村产业振兴的重要内容，是推进农业供给侧结构性改革的重要抓手，是拓宽农民增收渠道的重要途径，是推进城乡统筹发展的必然趋势。农村一二三产业融合的评判标准在于是否能够实现产供销、种养加的紧密结合，是否能够实现产业链的延长、价值链的跃迁和利益链的完善。

乡村产业振兴是为了补齐农业农村产业发展短板，构建结构合理、协调发展、辐射带动能力强、与市场需求相适应的现代农业产业体系。其意义不仅在于增效，还在于促进农民增收，推动乡村发展，所以，只有成熟的融合发展模式和紧密结合的全产业链条，才能充分发挥产业融合的规模优势，才符合乡村产业振兴的基本要求。

3. 新产业新型业态不断涌现 近年来，我国农村新产业新业态蓬勃发展，许多工商企业到农村投资兴业，大批农民、退役军人、大学生返乡下乡创业创新，为农业增效、农民增收、农村繁荣发展注入了前所未有的新动能。这意味着，新产业新业态已经成为农业农村经济新的增长点，已成为当前我国深入推进农业供给侧结构性改革的重要内容。

乡村产业振兴离不开新产业新业态的健康快速发展。需要休闲农业、乡村旅游、农村电商等新兴产业的快速增长；需要终端型、体验型、循环型、智慧型新产业新业态的不断涌现。这既是当前农业农村发展的需要，也是传统产业向现代产业跨越的必经阶段。

二、乡村产业发展的现状及问题

（一）发展现状

近年来，党中央、国务院坚持把解决好“三农”问题作为全党工作重中之重，持续加大强农惠农富农政策力度，扎实推进农业现代化和新农村建设，农村产业发展取得显著成就。1984—2017 年，我国农村一二三产业总产值年均分别增长 9.7％、24.0％、30.0％，尤其是农产品加工业快速发展，休闲农业大为兴盛，为实施乡村振兴战略奠定了良好基础。

1. 农业稳步发展，为经济社会发展提供重要支撑 目前我国农业经济形势基本保持了持续向好的局面，2017 年我国农业增加值达到 65 468 亿元，同比增长 3.9％，农业增加值占国内生产总值的 7.9％，为国民经济发展奠定良好基础。**一是主要农产品产量稳步增长。**2017 年我国粮食总产量 61 791 万吨，单产 367 千克/亩，分别比 2013 年增长 2.7％和 2.4％；棉花产量 549 万吨，同比增产 3.5％；油料产量 3 732 万吨，增产 2.8％；糖料产量 12 556 万吨，增产 1.7％；猪牛羊禽肉产量 8 431 万吨，增长 0.8％；水产品产量 6 938 万吨，增长 0.5％。**二是结构调整成效显著。**2016 年，非优势区玉米面积调减 200 万公顷，大豆面积增加 70 万公顷，杂粮杂豆增加 47 万公顷，优质饲草和青贮玉米面积增加 40 万公顷；“生猪养殖北上”和“蛋鸡养殖南下”的畜牧业生产区域布局优化调整持续推进。**三是农业科技和物质装备明显提升。**目前主要农作物良种基本实现全覆盖，自主选育品种占比达95%；农业科技进步贡献率、主要农作物耕种收综合机械化率分别达到57.5%和66.0%。**四是农业绿色发展取得新进展。**目前主要农作物绿色防控覆盖率达到25.2%，三大粮食作物专业化统防统治率达到35.5%；畜禽粪污综合利用率、秸秆综合利用率和农膜回收率均达到60%以上；草原综合植被盖度达55.3%。**五是现代农业建设不断涌现新典型。**围绕国家现代农业示范区建设，涌现了黑龙江垦区现代化大农业、江浙发达地区精品高效农业等一批先进典型案例，成为引领区域现代农业的发展极。

2. 农产品加工业快速发展，成为农村产业发展的引领力量　近年来，我国农产品加工业增速稳步提升、质量效益持续改善，加快结构调整、产业集聚、技术创新和专用原料基地建设，取得很大成效。**一是总量持续增长。**2017年，规模以上农产品加工业增加值增速为6.5%（扣除价格因素），较上年同期提高0.7个百分点；实现主营业务收入19.4万亿元，同比增长6.5%，增速较2016年上升1.2个百分点。**二是农产品加工业供给结构继续优化。**食用类农产品加工业各子行业主营业务收入增速呈现高、中、低不同档位，其中蛋品加工、中药制造和精制茶加工继续较快增长，增速均超过10%；饲料加工、植物油加工、乳品加工、粮食加工与制造、肉类加工、水产品加工、果蔬加工等保持中高速增长；主食加工业进一步发展，2017年全国规模以上米面食品、速冻食品、方便面及其他方便食品完成主营业务收入3 921亿元，同比增长10.3%。**三是产业加速集聚。**初步形成了东北和长江流域水稻加工、黄淮海优质专用小麦加工、东北玉米和大豆加工、长江流域优质油菜籽加工、中原地区牛羊肉加工、西北和环渤海苹果加工、沿海和长江流域水产品加工等产业聚集区。**四是创新步伐加快。**以农业部认定的200多家技术研发中心为依托，初步构建起国家农产品加工技术研发体系框架，突破了一批共性关键技术，示范推广了一批成熟适用技术。**五是专用原料基地扩大。**以公司加农户、龙头带基地等多种形式，建设了一大批规模化、标准化、专业化的农产品生产基地，辐射带动1亿多农户。

3. 休闲农业与乡村旅游方兴未艾，为农民增收、农村环境改善做出积极贡献　休闲农业和乡村旅游是生产生活生态同步改善、农村一二三产深度融合的新模式，在发展现代农业、增加农民收入、建设社会主义新农村和全面建成小康社会中发挥着越来越重要的作用。2016年，乡村观光旅游休闲产业创造农业增加值5 700亿元，占农业增加值的8.7%，吸纳672万人就业；农业生产性服务业增加值2 050亿元，占农业增加值的3.0%。目前，我国休闲农业已呈现出乡村景观化、业态多样化、项目创意化、布局集群化、投资多元化、营销信息化、产业融合化等特点。通过发展休闲农业、创意农业、乡村旅游等产业融合新领域，更好地保存乡村传统文化和历史底蕴，完善了农村公共服务体系，促进农业“接二连三”或“隔二连三”，这为促进产业融合、推动城乡一体化奠定了良好基础。

4. 新技术日新月异，不断孕育乡村新产业、新业态　随着互联网技术的引入，涉农电商、物联网、大数据、云计算、众筹等亮点频出，农产品市场流通、物流配送等服务体系日趋完善，农业生产租赁业务、农商直供、产地直销、社区支农、会员配送、个性化定制等新型经营模式不断涌现。**一是农产品电商飞跃发展。**2016 年，我国各类涉农电商 3.1 万家，农村电商实现营业额 8 945 亿元，吸纳 2 100 万人就业。**二是价值链提升。**农产品电商与农业物联网在农业资源、农业生态环境、农业生产管理、农产品质量溯源、农产品物流等环节应用明显，通过质量品牌提升一次增值、加工包装二次增值和物流销售三次增值，实现价值链提升。**三是农村积极探索"互联网+"农业的运作模式。**蓬勃发展的淘宝村以淘宝为主要交易平台，为农民提供了低成本的网络创业途径，大大增强了农村地区网商的群体竞争力和一二三产业融合发展水平。**四是形成产业集群。**通过休闲旅游、产销直供、消费体验和个人定制等，实现供应链相通，形成前后相连、上下衔接的庞大产业集群。新型技术的注入延长了农业产业链，提高农业增值收益，推动农业产业化向纵深发展，促进农业农村经济平稳增长。

（二）存在的主要问题

近年来，我国乡村产业蓬勃发展，不断迈上新台阶，但农业生产效率不高、劳动生产率、资源利用率较低、乡村二三产业发展不足、产业融合程度低层次浅、资源环境压力大等问题仍很突出，严重制约乡村产业可持续发展。

1. 农产品质量不高，农业效率效益低下　第一，农产品质量水平相对偏低，绿色、品牌农产品较少，不能很好满足个性化、多样化、高品质的消费需求；第二，农业产业效益相对较低，农业增值空间有限；第三，农业生产效率偏低，绿色农业生产率、劳动生产率、土地产出率、资源利用率有待于进一步提高；第四，农业经营者素质相对较低，以新型职业农民为主力军的农业生产经营模式、多种形式适度规模经营的现代农业还需要进一步的培育与发展；第五，农业产业国际竞争力较弱，我国现有的农业生产能力与农产品在国际市场上的地位，与我国的农业大国与农业贸易强国的定位存在一定差距；第六，农民的收益仍相对较低，我国乡村振兴中有句话"小康不小康，关键看老乡"，尽管农业生产中的新型经营主体收入已有较明显的提高，但小农户收入依然偏低。

2. 农村第二产业带动能力不足，第三产业发展缓慢　**一是农村第二产业农产品加工能力较弱，对产业融合发展的带动能力不足。**首先，农产品产地初加工能力有限。粮食、果蔬、茶叶等主要及特色农产品的干燥、储藏保鲜等初加工设施建设及相关配套不足，综合利用水平相对较低；初加工全链条水平较弱，农产品生产、加工、流通和消费环节有效衔接性较差。其次，农产品精深加工整体水平有待提升。粮食主产区的粮食深加工能力有限，也在一定程度上对消费环节产生了负向影响，导致了存货问题的加剧。再次，农产品及加工副产物综合利用程度较低。秸秆、畜禽粪便等种养殖业副产品梯次加工与全值利用水平较低，种植业、养殖业生产在资源化、减量化与可循环发展方向仍有待于进一步提高。**二是农村第三产业发展缓慢，制约了产业融合的发展途径。**首先，各类专业流通服务不健全。农产品产地营销体系不完善，产销对接、鲜活农产品直销网点建设相对滞后，农产品加工、仓储物流、产地批发市场等辅助设施建设仍需继续加强。其次，电子商务等新业态新模式仍处于发展起步阶段。大数据、物联网和云计算等新一代信息技术与农业产业的结合与应用仍处于初始阶段；农村物流、金融、仓储体系建设还不够完善，这也在一定程度上制约了电子商务等新业态模式在农业领域的应用。再次，休闲农业和乡村旅游的开发还不够深入。当前我国农业产业还未能与休闲旅游、教育文化、健康养生等深度融合，农业的多功能性未获得充分开发，休闲农业与乡村旅游在结构布局、设施建设与规范管理方面还存有较大的不足。

3. 农村一二三产业融合度较低，新业态发展滞后　**一是农业产业体系不完善，产销发展不够协调。**产业间互联互通性差，融合程度还比较低；土地、水等资源约束加剧，劳动力成本、生态环境问题日益突出；农业市场化发育程度还处于初级阶段。**二是产品加工业转型升级滞后，带动能力不够突出。**农产品加工业与农业总产值比 2.2：1，明显低于发达国家；技术装备水平不高，精深加工及综合利用不足；加工专用品种选育和原料生产滞后；融资难、融资贵、生产和流通成本高等外部环境制约依然突出。**三是股份合作数量较少，利益联结关系不够紧密。**农业集约化和农民组织化程度偏低，农民与企业之间订单交易普遍缺乏法律约束力，履约率不高，双方利益都得不到有效保障，合作、股份合作等紧密型利益联结方式数量不多。**四是国际竞争不断加剧，国内产业融合不够充分导致缺乏竞争力。**国内大宗农产品普遍缺乏国际竞争力，同类产品的国内外价格差不断扩大，进口压力不断加大；国内企业发展粗放、产业链条短、融合度低，销售渠道和品牌效应与外资竞争面临更大压力。

4. 资源约束产业长效增长，生态与环境恶化不利于可持续发展　**一是资源硬约束日益加剧，保障粮食等主要农产品供给的任务更加艰巨。**我国被占用耕地的土壤耕作层资源浪费严重，用于占补平衡的补充耕地质量不高，守住 18 亿亩耕地红线的压力增大；耕地质量下降，黑土层变薄、土壤酸化、耕作层变浅等问题凸显；农田灌溉水有效利用率偏低，地下水超采严重。**二是环境污染问题突出，确保农产品质量安全的任务更加艰巨。**工业和城市生活等外源污染向农业农村扩散，且农业内源性污染严重，海洋富营养化问题突出，农村垃圾、污水处理严重不足，农业农村环境污染加重的态势直接影响了农产品质量安全。**三是生态系统退化明显，建设生态保育型农业的任务更加艰巨。**高强度、粗放式生产方式导致农田生态系统结构失衡、功能退化，草原超载过牧问题依然突出，湖泊、湿地面积萎缩，生态服务功能弱化，生物多样性受到严重威胁，濒危物种增多。

三、乡村产业振兴的目标和思路

（一）产业振兴的目标

生产力是基础，产业振兴是提升乡村发展物质基础的根本途径。产业振兴的最终目标就是要以产业发展为基础，引导资本、技术、劳动力等要素流向农业农村，形成现代农业产业体系和农村一二三产业融合发展的良好局面，保持农业农村经济发展的旺盛活力。具体来说，产业振兴要从提升和优化乡村产业发展的稳定性、质量、动力、可持续性、效益等几个细化目标来努力。

1. 农业综合生产能力稳步提升　实施"藏粮于地、藏粮于技"战略，严守耕地红线，稳步提升耕地质量和抗旱防洪除涝能力，确保谷物基本自给、口粮绝对安全，把饭碗牢牢端在自己手中。提高农业补贴效能，健全粮食主产区利益补偿机制，建立多层次农业保险体系。

2. 乡村产业发展质量和效率明显提高 迎合我国经济向高质量发展阶段转变的新形势，乡村产业发展要由增产导向转向提质导向。构建标准化生产、特色化经营、品牌化销售的现代乡村产业体系，形成产品质量高、多样性强、生产效率高、竞争力强的乡村产业形态。

3. 农村一二三产业融合发展水平进一步提升 调整优化乡村产业布局，探索乡村新型产业模式，形成一二三产业融合发展的格局。培育乡村新产业、新业态和新动能，延长乡村产业链、提升价值链、完善利益链，形成新的乡村经济增长点，实现乡村各产业融合发展、有机衔接、互利共赢。

4. 乡村产业可持续发展能力不断增强 强化乡村产业发展的绿色生态导向，加强水、土壤、农业面源污染防治和管控，形成乡村各产业绿色发展方式，实现投入品减量化、生产清洁化、废弃物资源化、产业模式生态化。增加乡村生态产品和服务供给，将乡村生态优势转化为生态经济发展优势。

5. 凸显产业发展对农民增收的带动作用 在乡村经济多元化背景下，为农民就业提供更多岗位，让农民合理分享全产业链增值收益。拓宽农民劳动增收和财产性增收渠道。在全面建设现代化强国阶段缩小城乡差距，始终坚持在乡村产业振兴中保障和改善农民福祉。

（二）产业振兴的思路

以习近平新时代中国特色社会主义思想为指导，践行新发展理念，坚持质量兴农、效益优先、绿色导向，以农业供给侧结构性改革为主线，以提升农业产业质量效益和增加农民收入为核心目标，以保护粮食生产能力为底线，以体制改革和科技创新为动力，全力打造现代农业产业体系、生产体系、经营体系，大力发展新主体、新产业、新业态，提高农业创新力、竞争力和全要素生产率，加快农业农村现代化步伐，为乡村的全面振兴奠定物质基础。

1. 坚持市场导向与更好发挥政府作用相结合 建设充分发挥市场作用、更好地发挥政府作用的经济体制，实现市场机制有效、微观主体有活力、宏观调控有度。要进一步完善农产品价格形成机制和收储制度改革，发挥市场在资源配置中的决定性作用，利用市场机制吸引工商企业和社会资本进入农业，带动新技术、新理念和优秀人才进入农业。同时强化政府引导作用，加大农产品生产过程中投入、产出、服务环节的监督管理力度，提高常态化监管与维护水平，创造公平公正透明的市场竞争环境。

2. 构建农村一二三产业融合发展体系 坚持以农业为基本依托，将资本、技术以及资源要素进行跨界集约化配置，推动农村一二三产业紧密相连、协同发展，做大做强高效绿色种养业、农产品加工流通业，不断延伸农业产业链，重塑价值链，完善利益联结机制；树立大农业融合发展理念，推进农业与信息、旅游、教育、文化、康养等现代产业元素深度融合，大力发展乡村信息产业、休闲农业和乡村旅游业、乡村服务业、乡村特色产业，培育农业农村发展新动能。

3. 强化科技创新对现代农业产业的支撑作用 加快推进面向产业的农业技术创新与运用，提高农业产业各环节的技术贡献率和技术支持水平，促进农业产业由资源驱动型向资源和技术双轮驱动型转变。加快调整科技创新方向与重点，围绕推进农业供给侧结构性改革，重点研发节本增效、优质安全、绿色环保技术，优化现代农业产业技术体系结构与布局，加强科技创新和农业产业发展深度融合，推动农业发展质量变革、效率变革、动力变革，提高农业全要素生产率、农业综合效益和产业竞争力。

4. 培育和造就引领现代农业产业发展的企业家　要紧紧抓住人才这个“第一资源”，围绕农村新产业、新业态、新模式的发展需求，大力培育乡村生产经营管理人才，努力造就一支思想新、观念新、知识新的企业家队伍。要大力支持返乡下乡人员创业创新，鼓励利用新理念、新技术、新模式、新渠道开发农业农村资源，发展优势特色产业，开展生产生活服务，不断拓展农村创业空间。

5. 促进小农户和现代农业发展有机衔接　在相当长的时期内，小农户仍是农业生产的基本面，要积极推动小农户融入现代农业发展进程。要把对新型经营主体的政策扶持力度与其带动小农户的数量挂钩，大力发展直接面向小农户的农业生产性服务业，鼓励和引导小农户开展多种形式的联合与合作。同时引导和推动龙头企业与合作社、小农户建立紧密的利益联结机制，带动小农户分享农业产业链的增值收益。

四、乡村产业振兴的实践探索

产业振兴是乡村振兴的基础条件。振兴乡村产业，最重要的是因地制宜、尊重市场。要在农民能够接受的范围内，注重建设好农业生产体系、产业体系和经营体系，注重农村一二三产业融合发展，注重实现小农户与现代农业的有效衔接。从当前我国乡村产业发展的实践看，出现了一些典型模式与振兴道路的经验值得总结和思考。

（一）传统产业升级型

我国农业生产经营方式以小规模分散农户家庭经营为主，粮食种植业与生猪养殖业是主要的生产经营内容。小农户家庭经营受制于耕地规模小，地块破碎，粮食作物单位价值较低，市场风险较大，经营效益不高。农业产业振兴重要方面在于推动传统种养业转型升级，根本在于改变传统的农业经营方式，通过因地因时制宜的农业规模经营形式，打破小农户分散且相互割裂的经营格局，激活土地的要素属性，实现土地、资本、技术、人工等要素的集约化、组织化投入，推动提高传统种植养殖业的经营效益。农业规模经营的形式因地因时制宜，或是以土地要素规模集中（地块整理、经营权流转）为主，或以服务规模集中经营为主，或是以产业集聚规模经营为主。例如，江苏省盐城市射阳县从土地平整入手，推广联耕联种的经营模式，促进小麦规模生产经营与提质增效；四川省崇州县以土地股份合作制为基础推进地块整合，并在此基础上大力发展农业社会化服务，促进水稻产业优质化发展。尽管形式不同，但农业规模经营的本质都在于实现主体的分工合作、促进要素的有效利用、推动技术创新与管理水平提升。农业规模经营多种不同实践形式均自觉或不自觉地将社会化服务嵌入到农业规模经营活动中，有力地促进了小农户与大农业的有机衔接，已成了推动传统种养殖业经营方式的转变与效益提高的重要途径。

（二）特色产业带动型

特色产业以“特”制胜，具体来说是指在特定区域（村庄或者乡镇等）范围内，利用当地所特有的资源、要素、环境、人文或生态等有利条件，形成具有市场竞争力的优势产业。我国幅员辽阔，农业资源条件丰富且差异明显，因地制宜地发展特色产业具有非常优越的基础条件。从实践探索看，目前发展特色优势产业已经成为各地规划农业产业、发展农村经济、提高农民收入、助力脱贫攻坚的重要抓手，很多地方形成了“一村一品”“一乡一业”蓬勃发展的良好局面，为实现乡村产业振兴提供了重要的产业基础。例如，湖南省益阳市原有297个贫困村，这些贫困村虽然地理位置偏僻，但大多资源丰富、生态环境较好，益阳市政府从各贫困村的实际情况出发，发展了安化黑茶、南县小龙虾、沅江芦笋、大通湖大闸蟹、桃江竹制品、赫山有机大米、资阳槟榔等一批区域性特色产业，成为县域经济发展的新名片。贫困村集体收入增加，村集体组织运行有资金保障，又能更好地带领村民发展本地特色产业，帮助更多贫困户脱贫。需要注意的是，选择和推广特色产业一定要尊重农民意愿，坚决防止强行上项目；要尊重市场经济规律，防止出现“一窝蜂齐发展”，最后出现“菜贱伤农”的悲剧；此外，优势产业的配套问题也需引起重视。

（三）功能拓展优化型

随着居民收入水平的提高，消费者需求不断升级，人们对自然观光、休闲旅游、体验式消费的需求日益增多。在供应农产品这一基本作用之外，乡村良好的生态、古朴的风貌、慢节奏的生活，成了城里人减压放松的好去处。各地涌现出农家乐、城郊游、农业公园、田园综合体等农旅结合、一二三产业融合发展的产业形态，形成了庄园式休闲农业、园林式景观农业、体验式休闲农业等产业模式。例如，陕西省咸阳市袁家村依托极具关中传统特色的老建筑、老作坊、老物件，大力发展关中风情农家乐、小吃街，成了享誉全国的关中印象体验地。农旅结合的产业模式一方面带动乡村地区农产品实现了地产地销、产销直接，提升了农业本身的经济效益；另一方面帮助农民获得了服务性与经营性收入，促进了收入来源的多元化。在乡村产业融合发展的背景下，提高农业经营效益的思路已逐渐摆脱了依靠发展农产品加工业提升农产品附加值的单一途径，转向充分拓展农业农村多功能性外延，发掘农业农村在满足消费者个性化、体验化主观需要时所产生的价值。充分发挥农业农村多功能性，促使农业跳出了产品的范畴，促使农村跳出了产地范畴，从而大大丰富了乡村农业的价值内涵，为乡村产业振兴打开了新的空间。

（四）品牌创建引领型

农业品牌创建是发展现代农业的内在要求，也是实现乡村产业振兴的重要手段。习近平总书记多次对加强农产品品牌建设提出明确要求，指出要加强品牌建设，积极争创名牌，用品牌保证人民对产品质量的信心，推动中国产品向中国名牌转变。创建农业品牌，要以市场为导向，以培育农业产业化龙头企业、农民专业合作社（联合社）、家庭农场、新型职业农民等新型农业经营主体为核心，实施标准化生产、精细化运作、产业化经营，才能最大限度实现农产品的经济效益和社会效益最大化，为乡村产业振兴提供持久的优质保障。例如，山东省淄博市沂源县为打造“沂源苹果”区域品牌，坚持以龙头企业、合作社为依托，完善利益联结机制，积极推进“公司＋合作社＋基地＋农户”的经营模式，目前共培育发展规模以上农业龙头企业 108 家、农民专业合作社 614 家（国家级示范社 9 家）、家庭农场 145 家，全县近 50％的农业龙头企业、30％的专业合作社拥有自己的基地和品牌，近 1/3 的农户进入了产业化经营体系。鼓励和引导新型农业经营主体开展质量认证、商标注册和名牌产品创建，认证面积占到食用农产品总面积的 65％以上。随着全县品牌农产品的影响力、市场占有率不断扩大，品牌惠农效应明显。数据显示，近 5 年来，沂源县农村居民人均可支配收入增速连续 4 年超过全省平均水平，以“沂源苹果”为主导的县域品牌林果收入已占到农村居民人均可支配收入的 70％以上，支撑起全县农业农村经济的很大一部分，为乡村产业振兴注入了持久动力。

（五）新产业新业态辐射型

发展农村新产业新业态、推进农村一二三产业融合发展，是培育农业农村发展新动能的重要方式，也是实现乡村产业振兴的重要路径。目前我国乡村发展过程中出现的新产业新业态主要得益于信息技术与要素的创新组合，内容主要包括农村电商、休闲农业、乡村旅游、创意文化、共享农庄、康养生态等多种类型。这些新产业新业态的出现，与先进生产力相结合，与市场需求相匹配，不仅繁荣了当地农村经济，而且为返乡创业的农民和大学生提供了留在农村的重要舞台和发展空间，并促进了资金、技术、人才等先进生产要素从城市向农村的回流。例如，浙江省温州市西岙村原是当地的贫困村，现在是远近闻名的富裕村。该村富裕的缘起就是返乡大学生的探索与带动，由于抓住了互联网经济的浪潮，不少农民变成了创业农民和产业农民，走上了致富的道路。为促进乡村新型产业发育，西岙村还成立了电商行业特色党小组，为村民举办各类电商知识培训等，化解行业矛盾，努力做到“群里能解决的问题就在群里解决”。2017 年，全村网络累计交易额超 2 亿元，户均收入超 20 万元。

这里要强调的是，乡村产业振兴不仅仅是农业振兴，而是各种产业各种行业全面振兴、百花齐放。随着要素市场化程度不断提升，城镇化发展水平不断提高，城乡互融互促发展已成为势不可挡的潮流。从经济部门来看，乡村产业类型已非单一的农业产业，而是“互联网＋”的三产融合化与六次产业化振兴。从社会发展来看，乡村产业振兴不仅仅是经济振兴，而是科教文卫等社会事业的全面振兴。实现中国人民对于全方位美好生活的不懈追求，是乡村产业发展的根本目标。

五、推动乡村产业振兴的措施建议

基于农业产业振兴的理论与内涵，围绕当前产业振兴的发展现状与存在的问题，实现乡村产业振兴可从以下七个方面大力推进。

（一）盘活农业农村资源要素

深化农村产权制度改革，是盘活农业农村资源要素、激发农村发展活力的根本措施。

一是巩固和完善农村基本经营制度。完善农村承包地“三权分置”制度，在依法保护集体土地所有权和农户承包权前提下，平等保护土地经营权。创新、探索经营主体利用农村承包土地经营权向金融机构融资担保、入股的做法。**二是深化农村土地制度改革。**推进房地一体的农村集体建设用地和宅基地使用权确权登记颁证。完善农民闲置宅基地和闲置农房政策，探索宅基地所有权、资格权、使用权“三权分置”，落实宅基地集体所有权，保障宅基地农户资格权和农民房屋财产权。**三是推进农村集体产权制度改革，探索农村集体所有制有效实现形式，创新农村集体经济运行机制。**通过“资源变资产、资金变股金、农民变股东”模式的改革探索，促进农业适度规模经营，增强农村集体经济实力，拓宽农民增收致富渠道。

（二）促进城乡资源要素自由流动

要实现产业振兴，必须构建工农互促、城乡互补、全面融合、共同繁荣的新型工农城乡关系。**一是健全农业农村资金投入保障制度。**建立农业农村财政投入持续增长机制，确保财政资金优先向农业农村重点地区、重点产业倾斜；不断拓宽农业农村发展资金筹集渠道，加快形成财政优先保障、金融重点倾斜、社会积极参与的多元投入格局；创新完善农村金融抵押担保机制，加快农村各类资源资产的权属认定，扩大农村有效抵押物的范围。**二是探索建立土地要素城乡平等交换机制。**对农村土地征收、集体经营性建设用地入市和宅基地制度要探索公平合理的交换机制，释放农村土地制度改革红利。**三是创新乡村人才培育引进使用机制。**包括大力培育新型职业农民，加强农村专业人才队伍建设；充分发挥科技人才支撑作用，通过返聘、财政补贴、人才引进等机制，吸引农民工、高校毕业生、企业主、留学归国人员等各类人才返乡下乡创业创新。

（三）强化农业农村基础设施建设

强化农业农村基础设施建设是补齐乡村产业振兴基础短板的重要措施。**一是强化农业基础设施建设。**继续推进农村土地整治和高标准农田建设，稳步提升耕地质量。加强农田水利建设，提高抗旱防洪除涝能力。加快灌区续建配套与现代化改造，推进小型农田水利设施达标提质，建设一批重大高效节水灌溉工程。**二是加大农村基础设施建设力度。**加快农村公路、供水、供气、环保、电网、物流、信息、广播电视等基础设施建设，推动城乡基础设施互联互通。推进节水供水重大水利工程，确保农村饮水安全。加快农村电网改造升级，实现农村地区宽带网络和移动通信网络全覆盖。**三是改善农村生产生活环境。**加强农村垃圾、污水治理，改善村容村貌；继续推进农村“厕所革命”，同步实施粪污治理，加快实现农村无害化卫生厕所全覆盖；实施乡村绿化行动等加快推进宜居宜业的美丽乡村建设。

（四）打造农业农村优势特色产业

打造农业农村优势特色产业是实现产业兴旺的重要载体。**一是因地制宜发展特色产业。**基于地区资源禀赋、区位优势、产业发展基础等，建设区域优势特色明显、示范带动作用强的种植养殖基地、农产品加工、流通服务设施等产业，促进现代农业建设。**二是加**

快优势特色产业竞争力提升。大力推进农业生产的标准化、组织化和适度规模化经营水平，切实提高农业生产土地产出率、劳动生产率、资源利用率，实现节本增效；积极发展无公害农产品、绿色农产品、有机食品和地理标志农产品，提升农产品品质、优化产品结构。**三是全面提升优势特色产业综合效益。**大力建设现代农业“产业园”“科技园”“创业园”，提升产业发展层次，延伸产业链条；大力实施品牌化经营战略，提高产品附加值；积极拓展开发和利用农业多功能性，实现农业生产、农耕文化、农产品加工、休闲旅游、农业体验等环节有效衔接，加速一二三产融合互促，推动产业有序良性发展。

（五）培育壮大新产业新业态

培育壮大新产业新业态是实现产业振兴和促进农民增收的新动能。**一是开辟农业产业发展的新领域新空间。**重点鼓励和支持建设农业深加工产业，在加工技术、加工设备、产业模式上不断探索创新，形成产业经济新的增长点；鼓励发展休闲农业服务产业。依托绿水青山、田园风光、乡土文化等资源，大力发展乡村旅游、休闲农业、森林康养等，推进一二三产业深度融合。**二是积极利用“互联网＋”农业培育产业新业态。**鼓励支持龙头企业、合作社等新型经营主体利用互联网构建农业大数据，探索新型营销渠道，构建农业产业新型业态，拓展产业发展空间。**三是进一步拓展农业多功能性。**基于产业特色，深度挖掘和开发相关副产品产业以及附属功能产业，提升产业综合价值；结合休闲农业和乡村旅游产业发展，建设一批设施完备、功能多样的休闲观光园区、乡村民宿、特色小镇；发展乡村共享经济、创意农业、特色文化产业。

（六）激活农业农村市场主体

农业生产经营主体是产业振兴的重要主体。**一是充分发挥农业龙头企业、合作社的引领示范作用。**为农业企业家营造健康成长环境，通过财政、税收等优惠政策措施推动各类龙头企业、合作社成为乡村振兴的带动者和提升农业国际竞争力的领航者。**二是培育和壮大新型农业经营主体，培养造就新型职业农民。**建立稳定持续的新型经营主体教育培训体系，重点提供生产加工技术、管理理念、经营方式、市场信息等服务。**三是促进小农户和现代农业发展有机衔接。**通过经营权流转、股份合作、代耕代种、土地托管等多种方式，建立科学有效的利益联结机制，优化经营结构，将小农生产纳入现代农业发展体系。

（七）完善农业农村支持政策体系

完善支持政策体系是加快实现产业振兴的重要举措。要切实坚持把农业农村作为财政支出的优先保障领域，在持续增加投入总量的基础上，着力优化投入结构，创新使用方式和提升支农效能。**一是确保财政投入持续增长。**建立健全实施乡村振兴战略财政投入保障制度，公共财政更大力度向“三农”倾斜，确保财政投入与乡村振兴目标任务相适应。**二是完善农业支持保护制度。**以提升农业质量效益和竞争力为目标，强化绿色生态导向，在总结完善已有农业支持政策体系成效基础上，创新完善政策工具和手段，加快建立新型农业支持保护政策体系。**三是创新金融保险支农方式，有效发挥财政撬动金融和社会资本的**

杠杆作用。开展金融支农模式创新试点，加快健全农业农村金融服务体系，创新金融服务的体制机制，提高农村金融信贷以及保险需求的满足程度。

调研报告

关于乡村振兴中产业兴旺有关问题的调研报告

——基于浙江省及衢州区的观察与思考

为落实农业部领导关于“深入研究乡村振兴战略的产业兴旺问题”的批示，课题组近日赴浙江省开展专题调研。围绕实施乡村振兴战略中的产业兴旺问题，调研组走访衢江区高家镇湖仁村的部分农户，考察了绿丰食用菌专业合作社等新型农业经营主体，分别与衢江区涉农单位和省里的涉农部门进行了座谈。考察调研活动使我们对乡村振兴中产业兴旺问题有了新的思考与认识，现将体会与收获汇报如下。

一、衢江区社会与经济发展的基本情况

衢江区地处浙江省西部，位于浙闽赣皖四省交界地带，素有“衢通四省”之称。衢江农村区域较大，农业人口众多。区域面积 1 728 平方公里，耕地面积 26 万亩，下辖 10 镇、8 乡、2 街道和 1 个办事处，共 3 个社区和 271 个行政村。全区总人口 40.4 万人，其中农业人口 34.2 万人，占比达到 80%以上。衢江是典型的农业大区，农业产值在国民经济总产值中比重高。2016 年全区农业总产值 36.44 亿元，农民人均纯收入 1.6 万元，三产比重为 14.8∶43.5∶41.7，一产比重高于全省该数据 10.6 个百分点。衢江先后被评为全国粮食生产先进县、全国商品粮生产基地、全国生猪调出大县、中国椪柑之乡、中国柑橘二十强县、国家级生态示范区。2016 年末，全区经工商登记的农民专业合作社 800 余家，农产品加工企业 1 090 家（其中省级农业产业化龙头企业 3 家、市级 35 家、区级 28 家），13 个乡镇建立了“三位一体”农技工作站。

二、对乡村振兴战略中产业兴旺的理解与认识

在调研过程中，我们体会到产业兴旺的内涵与要求可以从不同角度来认识和把握。从农业现代化角度看，产业兴旺是核心；从农村现代化角度看，产业兴旺是基础；从建设现代化经济体系的要求看，产业兴旺是首要任务；从实施乡村振兴战略的要求看，产业兴旺是关键。关于产业兴旺的现实意义，浙江省委书记车俊在全省美丽乡村和农村精神文明建设现场会上给出了比较清晰和明确的阐述：只有把农村产业搞火了、搞强了、兴旺了，农村才有活力，农民才有奔头，美丽乡村建设才有源头活水，才能从根本上解决乡村“空巢化”“空心化”问题，形成“产、村、人”共享共融、共荣共进的新局面。

在衢江区的座谈会上，不少同志认为，乡村产业兴旺为农村集体经济注入了活力，是农村实现长久稳定与发展的基础。区农办主任金士建在发言中讲道：如果农村没有产业发展作为支撑、农村集体经济没有稳定的收入来源，即使那些贫困户今天实现了精准脱贫，明天也会返贫。如果村集体没有产业发展带来的收入、不能保证给保洁员开出工资，美丽乡村就无法长久，也谈不上乡村的生态宜居。有了产业支撑，农户才有可能以土地入股、资金入股等形式参与到集体经济中来，进而才有可能获得稳定的财产性收入。可以说，产业兴旺在乡村振兴战略中是处于核心地位的。

在杭州市的座谈会上，浙江省农委副主任蒋伟峰在发言中将乡村产业兴旺的内涵概括为“四旺”。一是旺在品质。立足对传统农业的改造升级，促进农业品牌化经营，加大科技支撑力度，加快农业生产方式转向绿色生态和清洁可持续，实现农业提质增效。二是旺在主体。大力培育新型农业经营主体，通过引导新农人、农创客等人才流向农业农村创业兴业，让懂技术、懂市场和有企业家精神的人才，成为乡村产业兴旺的主力军。三是旺在融合。立足于乡村区位优势与特点，充分挖掘农业农村的多种功能性，发展农村新产业新业态，实现农村产业融合发展，拓宽农村居民增收渠道。四是旺在服务。探索完善农村多种经营主体之间的合作与利益联结机制，通过深化农村资源要素市场化改革，加快推进资源要素在城乡之间与农村内部的流动整合，在强化农业农村社会化服务的基础上培育壮大产业。

三、浙江促进产业兴旺的做法与实践

近年来，浙江省壮大乡村产业上大胆实践，探索出不少有借鉴意义的好做法。如衢江区的做法就可归纳为以下三个方面：

（一）选择好产业类型

1. 积极促进农业传统产业转型升级　衢江区以深化农业供给侧结构性改革为主线，紧紧抓住传统农业产业转型升级。一方面，力促传统生猪养殖业转型。以规模养殖基地为重点，全力打造“美丽牧场”养殖产业精准扶持示范基地，推进美丽生态牧场创建。通过“农户＋企业”模式，与低收入农户开展“合作”“认养”共同养殖，实现低收入农户固定分红。今年1—9月，省市区三级着手创建共35家美丽生态牧场，其中12家已经完成创建。另一方面，力促传统柑橘种植业转型。推广“湖仁模式”，通过支持培育新型农业经营主体，依托本地农业资源，大力发展本地优新柑橘品种，实现柑橘产业提质增效。以湖仁村为核心带动周边村镇，今年新建柑橘精品园和特色园项目7个，直接投资1 500万元，新建柑橘大棚面积35亩，发展优新品种210亩。

2. 积极发展农业特色新产业　紧盯市场有效需求，通过技能培训、政策贴息、扶贫资金支持等方式，结合废弃园地改造、低丘缓坡开发等项目建设，加大对农林产业的扶持力度，促进猪农转产转业，引导农民大力发展食用菌、中药材、茶叶、迷你番薯、蔬菜等适销对路的产业项目。后溪镇探索“财政扶贫资金＋农业龙头企业”股份合作模式，与衢江区锐轩家庭农场合作，发动周边农户特别是生猪禁养户和柑橘冻害受灾农户种植食用菌，推进食用菌产业做大做强，带动农户增收。依托农业龙头企业、合作社、大户带动，引导毛竹板栗种植户、生猪禁养户等发展林下中药材复合经营3 000亩。莲花镇外黄村通过土地流转，推广迷你番薯种植，目前种植面积达2 500亩，年收益1 200多万元，人均收入近6 000元，成功实现产业转型。金扬村结合本地土壤条件优势，引进安吉白茶产业种植，已建成1 500余亩白茶种植基地，年产值1 200余万元。云溪乡车塘村农户利用石角山交通便利、土壤肥沃、灌溉水源充足等优势，流转土地尝试发展以大棚栽培为主、露天种植为辅的蔬菜种植。蔬菜基地初具规模，种植面积达100多亩，年增加农民收入100万元以上。

3. 加快发展乡村休闲旅游业　衢江区按照“十村联创，万张床位”的民宿提升发展要求，整村推进，集聚发展。重点抓好10个民宿（农家乐）提升村、10个美丽乡村民宿（农家乐）产业发展村和10家民宿（农家乐）特色点创建。2017年全区共新增农家乐床位4 006张，农家乐床位总量达到10 086张。农家乐接待游客量433万人次，直接营业收入2.5亿元，同比分别增长22%和25%。衢江区围绕打造“五养归谷”品牌，开展乡村休闲旅游大营销。力求做到月月有主题、季季有活动，吸引众多游客来衢江休闲度假和养老养生，使得衢江的乡村休闲游持续火爆。充分发挥农家乐经营户的带动能力，通过农家乐经营户，带动周边从事种菜、养鸡、农产品加工等产业的其他农户，形成相互促进的利益共同体，既解决了周边农户就业，又拉长上下游产业链，使更多的农民群众共享农家乐发展成果，实现增收致富。

（二）设计好产业政策

衢江区着重从发展战略、地域布局、管理体系、人才队伍、营销渠道、要素保障等六个方面强化产业融合发展的政策引导与扶持。

1. “四个一”融合发展战略 “四个一”是指“一城、一村、一区、一心”。“一城”是指以针灸康养为内核、田园城市为形态，争创针灸康养城市特色区。“一区”是指以循环经济的理念指导生产生活，争创循环经济发展示范区。“一村”是指以乡愁为特色标志，争创省级美丽乡村示范区。“一心”是指以G20农产品标准为标杆，争创放心农业发展引领区。衢江区明确要以G20农产品标准为标杆，争创放心农业发展引领区，把放心农业作为康养之城的重要产业，积极推动休闲度假、旅游观光、养生养老、农耕体验与放心农业融合发展，将农业产业链从生产向农产品加工、仓储、流通及休闲观光服务业延伸，形成一二三产业大融合。目前，全区已建成休闲观光农业区（点）186个，面积3.8万亩。

2. “四大板块”发展区域布局 四大板块是指莲花镇的传统农业、全旺镇的现代农业、富里镇的智慧农业和浮石镇的康养产业。围绕四大板块建设，衢江区有序推进重大项目建设。总投资约30亿元的富里农村综合改革试验区项目启动建设，规划打造省级乃至国家级水田垦造示范区、大型区域土地流转提升区、现代化粮食生产功能区、放心农业发展先行区、新农村建设样板区、农村综合改革试验区“六位一体”的综合项目。投资约50亿元的中环田园康养综合体项目建设。该项目2017年进行土地综合整治、2018年完成综合整合和规划，为衢江农业夯实平台打下发展的靓丽雏形。围绕四大板块建设，衢江区农业“两区”建设取得了明显成效。累计投入农业“两区”建设资金近10亿元，其中各级财政投入4.1亿元，建成粮食功能区115个，面积10.26万亩。其中，省级粮食生产功能区2个合计面积3 370亩，市级粮食功能区25个合计面积3.92万亩。莲花镇东湖粮食生产功能区被评为浙江省示范性粮食生产功能区。创建省级现代农业园区27个（现代农业综合区3个、主导产业示范区7个、特色农业精品园17个），其中莲花、全旺现代农业综合区先后通过省级验收，莲花现代农业园区还相继被评为浙江省标杆性现代农业园区。

3. “八大渠道”发展管理体系 一是抓好顶层设计。构建以“产地环境保护、农资市场监管、农业标准生产、产品检验检测、质量安全溯源、生产经营诚信、技术服务支撑、多元营销市场”八个渠道的放心农业发展管理体系。二是抓好标准化生产。针对中草药、优质稻、食用菌、葡萄、柑橘等特色主导产业，制定涵盖产地环境、质量控制等统一的标准化生产技术模式图，使生产经营主体有章可循、有标可依。农业“两区”和全区家庭农场都进行取土采样送检，根据产地土壤环境质量，科学规划生产布局，做到产地环境不达标不种果种菜。三是抓好品质管理。为确保农产品质量安全，在全市率先推广二维码追溯管理，让消费者通过手机扫描二维码掌握农场、农药、肥料、采收以及农残检测结果等情况。开展“三品一标”认证，全区现有1 700家各类农业企业中有142家通过了认证（其中无公害农产品认证54家、绿色食品认证19家、有机食品认证59家），衢江区有6家家庭农场直供G20杭州峰会食材，向世界呈献衢江的放心食品。

4.“千名主体”发展人才队伍　实现产业兴旺，需要培养造就一支“一懂两爱”的人才队伍。在这方面，衢江区主要有三种做法：一是培育新型农业经营主体。出台人才奖励措施，发展壮大新型农业经营主体，加快创业创新步伐。全区涌现出了一批“农二代”和“农创客”，共建立家庭农场1 400家、农民专业合作社1 450家、农业龙头企业89家，带动农户5.1万户。二是强化招才引智。继续与浙苏沪三地农科院开展农业科技战略协作对接，成立浙江省农科院衢江区专家工作站，已有15位专家对20多户家庭农场进行新品种和新技术的指导。出台人才激励政策，先后吸引博士生、海外归国人员、农业专家等高科技人才20余人，大中专毕业生100多人投身农业，示范带动当地5 000多农户实现增效增收。三是构建新型职业农民培育体系。到2016年末，330名新型农民获得农业职业资格证书，农广校培养农民中专生85名，新增科技示范户2 100户，先后组织6批次165名农场主到台湾等地学习。

5.“多元营销”农产品销售渠道　“政府搭台，市场唱戏”，是衢江区推进农业产销对接的主要做法。一是开通免费直通车。创新开通全省首列免费家庭农场周末直通车，开展“社区—农场—餐桌”活动，打通生产者与消费者“最后一公里”，打造“开放型田园超市”。二是推进品牌经营。对全区农产品进行研究分析，明确构建以供给G20峰会食材的淘果园农场等6家家庭农场为塔尖，以按G20标准生产的若干家庭农场为塔身，以按八大渠道标准生产的众多家庭农场为塔基的金字塔型标准化生产体系。每个层次的农产品都有严格的生产技术标准，农场主须“按标生产、按标上市”，一旦违规将取消其家庭农场相应的授牌。积极组织参加各类农博会和推介会，扩大衢江农业品牌知名度。推进放心农产品进社区入超市，与社区居民、超市建立长期稳定订单关系。三是加强电商合作。建成全国首家农村电子商务综合服务站“乡村淘”，以及百特汇、老农民商城等一批电商平台，采取电商和实体店双线联动的方式，同步推广衢江放心农产品品牌。目前，全区“乡村淘宝”网点已达200多家，已经辐射全区3/4的行政村。

6.“要素保障”有序健康发展　实现产业兴旺，需要加大财政支农扶持力度，统筹城乡要素流动，盘活农村资源。在这方面，衢江区主要有三种做法：一是集聚整合优势政策。通过调整财政资金补助方向，重点支持放心农业、柑橘精品园、美丽牧场创建、五水共治等重点工作，每年安排1 000万元专项资金，用于发展放心农业，重点向农业“两区”倾斜。二是整合金融服务。探索大棚和机械等农业设施、粮食订单、项目资金、农村土地流转经营权证等抵押贷款方式，为现代农业发展提供资金保障。区农信联社扩大家庭农场小额保证保险贷款范围和幅度，提高农业抗风险能力。三是服务农企上市。对经营条件较好、影响力较强、上市意愿较强的涉农企业，安排专人做好跟踪服务。

（三）建立好产业规范

近年来，浙江省各级政府都高度重视制度建设在促进产业兴旺中的作用，注重维护竞争性的市场营销环境，对产业发展进行间接引导。通过出台产业支持政策意见、完善地方性法律法规、修订行业标准等，从制度层面维护乡村产业良好运行秩序与发展环境，将发展的项目选择交由市场决定。以促进乡村休闲旅游业发展为例，浙江在建立产业规范方面有三种主要做法。

1. 出台地方性指导意见，加强对旅游富民的支持 2014 年以来，浙江省政府相继出台了《关于加快培育旅游业成为万亿产业的实施意见》《关于进一步促进旅游投资和消费的若干意见》《关于全面推进农家乐规范提升发展的若干意见》等政策文件。2012 年，衢州市出台《关于促进旅游业大发展的意见》，明确要打好旅游业大发展战役，要按照“生态、生产、生活”融合的要求，以加快景区建设、培育市场主体和加强营销推广为重点，努力打造全国知名的生态休闲度假旅游目的地。2012 年衢江区出台《关于促进旅游业大发展的意见》文件，明确把旅游业培育成经济支柱产业和现代服务业龙头产业，把衢江区打造成四省交界休闲旅游目的地。2016 年衢州市全面启动国家全域旅游示范区创建工作，制定《衢江区国家全域旅游示范区创建工作方案》和出台《衢江区 2016 年度创建全域旅游示范区考核办法》。

2. 制定乡村旅游服务评价体系，推动乡村旅游有序发展 为把浙江省乡村 A 级景区从目前的 120 家通过三年时间拓展到 10 000 家，省政府组织召开了全省全域旅游发展暨万村景区化工作推进会，旅游部门专门制定了《浙江省 A 级景区村庄服务与管理指南》《浙江省 A 级景区村庄服务质量等级评价细则及说明》《浙江省 A 级景区村庄等级评定管理办法》等一系列规范，就创建指标向各地市县进行层层分解说明，作为市场主体进行景区建设发展的标准依据。

3. 制定行业标准体系，促进民宿经济规范化与标准化经营 2016 年颁布实施的《浙江省旅游条例》第三十一条明确赋予了民宿合法身份，解除了“民宿一直行走在法律边缘”的尴尬。在深入调研的基础上，结合民俗业发展现状，省公安厅出台了《关于确定民宿范围和条件的指导意见》，下发了《浙江省民宿（农家乐）治安消防管理暂行规定》，为民宿业的执法管理与规范发展提供了政策依据。省旅游局制订了《民宿基本要求和评价》，开发了全省民宿网络管理信息系统，已有 5 500 余家民宿录入信息系统。目前，浙江的民宿经济已经有了明确的概念、标准、治安消防管理办法与细则，已经从广义的旅游经济业态中独立出来，成为一种具有法律地位的乡村休闲旅游新业态。

四、浙江促进产业兴旺的经验与启示

浙江省在促进产业兴旺方面涌现出的好做法和积累的成功经验，对各地促进产业发展具有参考价值与借鉴意义。浙江省推动乡村产业发展的经验主要有三：一是经济发展水平高，城乡收入差距小，区域一体化程度高，为实现城乡联动发展与区域统筹奠定了好的基础和条件。2016 年浙江省人均 GDP 为 8.3 万元，城乡收入比为 2.07∶1，衢州市人均 GDP 为 5.8 万元，城乡收入比为 1.96∶1，经济发展总体水平与城乡一体化程度均明显好于全国平均水平。二是各地在促进产业兴旺过程中，注重从当地实际出发，注重发挥市场在产业发展过程中的决定作用。浙江各地政府紧抓任务落实，注重抓县域经济发展，发挥好县域经济距离市场较近的优势；注重抓村域经济发展，发挥好村域经济距离农村资源要素较近的优势。三是改革创新在浙江各个领域已成为一种风潮。浙江今天的经济发展不是“等靠要”出来的，不是政府推着走出来的，而是全省上下积极主动创新创业的结果。这种创新改革的风气为产业兴旺提供了动力，增添了活力。

从浙江的实践看，在促进产业兴旺过程中，要把握处理好以下几方面关系。

一是处理好政府与市场的关系，防止“一哄而上”扭曲市场机制发挥作用。长期以来在一些地方，政府对于经济发展工作有“主导”干预的冲动，往往缺乏间接“引导”的意识。借鉴浙江的经验，政府应立足于出台战略规划，完善制定地方性法律法规与行业标准，通过建立起良好的制度环境，将产业发展的任务交给市场良性竞争机制完成，实现产业兴旺、藏富于民。

二是处理好传统业态与新业态的关系，防止“厚此薄彼”忽视旧产业转型。实现乡村振兴战略，促进产业兴旺，发展新业态新产业固然重要，但不应忽视传统农业产业的改造升级。应将新技术、新工艺、新装备、新品种、新主体、新模式引入到传统产业中，通过农业产业化经营和产业融合发展，带动传统种养产业转型升级，使传统农户享受到融合发展的好处。

三是处理好小农户与现代农业的关系，防止“扶强除弱”造成小农户被边缘化。必须看到，农业经营主体的自身规模是由他们根据市场情况自我选择的结果，是市场经济的内生产物。应坚持从当地经济发展实际出发，因地制宜发展多种形式的农业适度规模经营。绝不能将现代农业发展简单归结在农户土地经营规模的大小，防止片面追求土地流转集中损害小农户利益。

四是处理好农业与工商业发展之间的关系，防止“以偏概全”损害农业农村利益。从当前情况看，财政资金对农业支持严重不足，应加大财政支农力度。同时，也应看到仅靠财政投入支持农业，相比于农业发展需求是远远不够的，应以财政资金为杠杆，撬动工商业资本进入农业，拓展农业产业发展空间和创新新产业新业态。加强工商资本进入农业领域的政策引导，在做大做强农业产业的基础上实现农户与工商资本的合作双赢与互利共赢。

五是处理好产业兴旺与其他四条要求之间的关系，防止“挂一漏万”对其他四条要求重视不够。乡村振兴战略五句话二十个字总要求是一个有机整体，每一句话既是目标又是任务，相互之间又存在紧密联系。产业兴旺是乡村振兴的一个重要目标任务，又是生活富裕、乡风文明、生态宜居、治理有效的重要基础前提。我们要深刻理解全面把握乡村振兴战略五句话二十个字的内涵要求与内在相互关系，切实实施好乡村振兴战略，使亿万人民受益。

六是处理好激发要素活力与体制机制改革的关系，防止“制度瓶颈”制约要素活力有效释放。产业兴旺离不开城乡要素激活，促进产业兴旺势必要将土地、人才、资本等多种资源要素统合注入产业发展的过程当中。但受制于一些制度性约束，很多农村地区促进产业发展仍面临着用地不便、用电紧张、人才难留、金融产品供应不足等方面困难。应绷紧深化改革这根弦，重视基层创造，强化顶层设计，通过体制机制不断创新，化解政策性矛盾，打破制度性障碍，将城乡资源要素盘活调动起来，促进产业兴旺、实现乡村振兴。

【案例分析】

山联村产业发展的经验与启示

山联村位于江苏省锡山区东港镇，近年来在发展壮大村集体经济、寻求乡村产业振兴方面先行先试，积累了一定的经验。为深入了解、借鉴山联村的经验和做法，11 月上旬，我们赴该村进行实地调研，与山联村委成员座谈，并参观了山联村的村级产业发展基地，对近年来山联村的产业发展模式有了初步了解，现将详细情况汇报如下。

一、山联村产业发展情况

（一）山联村概况

山联村位于无锡市东北部，全村总面积 6.8 平方公里，有 40 个自然村，常住居民 6 300 多人。近年来发展迅速：2009 年实现贫困村摘帽；2013 年获得“中国最美村镇宜居奖”；2014 年被评为“中国美丽乡村”；2017 年被评为“全国文明村”。山联村集体经济收入增长迅速，2017 年村集体收入超过 1 500 万元（是 2006 年的 15 倍多），2018 年村集体收入预计 1 800 万元，村民人均年收入超过 3 万元。

（二）山联村发展的三个关键时间节点

根据村委成员介绍的内容进行整理，发现山联村最近十几年的产业发展很快，可以概括为三个阶段。第一个阶段开始于 2006 年，标志性事件是现任村支书上任，村里有了合适的带头人。2006 年之前，村集体经济收入远低于 200 万（按照当地标准被划为经济薄弱村），而且有 1 400 万元负债。2006 年，民营企业家吴岳平回村担任山联村党总支书记，上任后在结清村办企业拖欠工资的同时重点做两件事，一是强化基础设施建设，二是调整土地性质（将基本农田调整为一般农田）。这些做法起到了凝聚人心、激发内生动力、改善发展基础等作用。第二个阶段开始于 2011 年，标志性事件是做了绿色山联规划，初步找到了产业的发展方向。最初是借助新农村建设，准备将山联村打造成旅游村，后来又围绕 2012 年江苏省提出的最美乡村项目重点打造生态和人文，在 2014 年被评为“中国美丽乡村”。第三个阶段开始于 2015 年，标志性事件是将菊花产业确定为发展的主线，有了核心竞争产业。围绕菊花做起了生产、加工、早茶、旅游等一系列产业项目，发展定位明确，而且实现了一二三产互补融合发展。总结起来，山联村的发展主要经历了打基础、定规划、找产业三个标志性阶段。

（三）山联村的产业构成

现在山联村的产业有四方面支撑。**一是菊花种植和销售。**山联村菊花资源丰富，现有菊花 4 000 多个品种，形成菊花茶、菊花饮料、菊花米酒、菊花糕点等 40 多种菊花加工产品，其中有 10 种加工产品由村集体成立的山联农业发展有限公司集中收购销售，公司赚取购销差价。其中，山联村与江南大学食品系合作研发的“菊花伴”饮料的年销售额超过 300 万元。**二是餐饮和住宿。**山联村以旅游兴村，依靠旅游发展早茶、农家乐、客栈等项目，目前已拥有 13 家茶室、30 余家农家乐、10 家客栈、26 家民宿，有客房 400 多间，一次性可接待用餐超过 5 000 人。**三是土地和房产出租。**从 2006 年开始，山联村利用农村土地每年小调整、5年大调整的机会，有计划地将基本农田逐步转变为一般农田。同时，将所有土地流转到村委会，流转费用从最开始的每年540元/年，增加到现在的860元/年。流转到村集体的土地再出租，每年可获得500万元收入。除了土地资源外，山联村还盘活了村集体的房产资源，将原来闲置的房屋出租，每年可获得700万元左右的收入。**四是旅游配套服务。**主要是依托旅游资源经营观光游览车，每年可获得200多万元收入。山联村通过这四个产业的发展，激发了内生动力，盘活了沉睡资产，促进了增收，带动了就业，带动的固定就业人员已经超过500人。

（四）山联村的产业管理模式

山联村采用"放管服"的产业管理模式。村委会负责村级事业管理和服务，不参与产业的具体运营。村委会下面设立协会，协会下面成立分会，由分会负责经营。2016年山联村成立了无锡山联村休闲乡村旅游协会，这是无锡首家村级旅游协会。分会共有5个，分别是：早茶分会，负责管理早茶产业；种养者分会，负责管理种养业和农产品购销；农家乐分会，围绕吃住行、游购娱，规范农家乐的运行，形成产业体系；民宿分会，主要负责民宿产业的管理；文化培育产业分会，主要负责组织活动、建设舞台等文化产业。分会采用会员制，协会会员根据入会金额获得一定比例的分红，而且还可以享受地租优惠（见图1）。

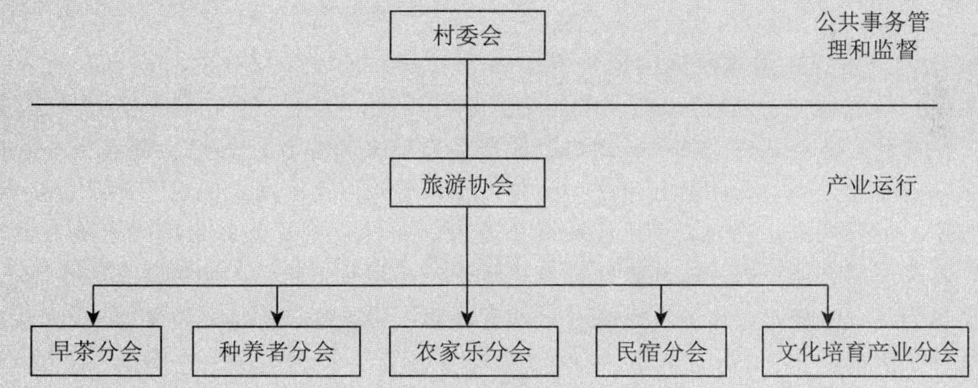

图1　山联村产业管理运营示意图

二、山联村产业发展带来的经验和启示

1. 乡村产业振兴需要人才支撑　乡村振兴需要人才驱动，尤其是要有好的带头人。山联村的发展与带头人密不可分。村支书记曾经是民营企业家，副支书是十二届全国人大代表。这二人的组合，对内具有威望，能整合资源，团结"两委"，形成凝聚力；对外能协调运作，把握机遇。从村里土地性质的逐步转变，到乡村产业规划的制定，再到"金色三联"品牌的运作，都离不开人才的因素。由此可见，乡村产业振兴需要抓住人才这个关键因素，农村需要的不仅是新型职业农民，更需要有资源、有思想的高级管理人才。

2. 乡村产业振兴需要合理的规划　中央要求各省、市、县都要做乡村振兴规划。规划先行的做法符合科学发展理念，有利于产业的顺利发展。近年来山联村的第二次明显提升就是因为在2011年的时候，根据自身优势和周边环境，制定了绿色山联规划，有了指导性的方向。但在具体规划过程中一定要加强市、县之间的交流，根据地区间特点进行合理的互补规划，否则容易导致相互之间主导产业冲突、发展同质化等问题。

3. 乡村产业振兴需要有明确的主导产业 在产业发展过程中，一定要找到优势核心产业，该优势产业需要因规模、门槛、区位等原因不宜复制。这是产业发展的核心竞争力，其他产业围绕核心组成延伸。山联村之所以能够在短时间内实现快速发展，正是因为围绕菊花这个优势主导产业做文章，无论是一产生产，还是二产加工，又或是三产旅游，都紧紧围绕菊花这个主题开展，形成了规模优势和品牌效应，具有先发优势，后来者不宜简单复制，从而保持了自身发展的竞争性。

4. 乡村发展需要一二三产融合 山联村以菊花产业为核心，大力发展种植业、加工业和旅游业，是典型的一二三产业融合发展。菊花种植是加工和旅游的基础，旅游是种植和加工的动力，加工是种植的出口和旅游的补充，三者互相促进、融合发展，实现了综合经济效益的有效提高。目前我国农业生产经营面临的一个突出问题是效益不高，尤其是生产环节所得太少，严重影响农民的利益和生产积极性，其原因有周期性因素，但更多的是结构性因素。解决农业效益不高的问题，需要结合二产和三产，建立一个链条完整、功能多样、业态丰富的现代农业产业体系，提高农业的质量效益和市场竞争力。

5. 乡村产业振兴需要做到因地制宜 在乡村产业振兴的过程中，各地区的基础、条件不同，不能搞“一刀切”，要因地制宜、分层规划，这样才更有利于整体推进。山联村是城郊村，地处无锡、衢州、江阴三地交界处，又具备顾山优越的自然生态条件，所以做旅游是大方向。山联村利用这个优势，把旅游作为主方向，实现了产业的综合发展。但是，同样的做法放到其他地区却未必适用，乡村旅游创办失败的例子并不少见。所以，推进乡村产业振兴，必须做到精准施策，不搞形象工程。各地区要立足各地农村资源禀赋和区位优势，突出“人无我有，人有我优”的差异化特征，因地制宜、因时制宜发展特色农业。

锡山区鹅湖镇鹅湖玫瑰文化园案例

2018年11月8日，课题组一行四人来到江苏省无锡市锡山区鹅湖玫瑰文化园，就乡村产业振兴过程中产业兴旺问题进行走访调研。

鹅湖玫瑰文化园位于无锡市锡山区鹅湖镇鹅湖村。村内湖泊有白鹅栖息，村庄因湖得名，玫瑰文化园坐落于鹅湖北岸。该园的总经理程亚娟是无锡本地人，今年55岁，早年曾在留学英国学习园艺，回国后长期从事园艺设计与园林建筑方面的工作。为了使上了岁数的父母安度晚年，她选择举家搬到环境优美的鹅湖湖畔生活居住。长期园艺工作经验使她发现，鹅湖湖水体质量好，非常利于种植花卉；鹅湖周边风景宜人，具有乡村休闲观光旅游业发展潜力。于是，她发动家族社会关系，前后筹措资金9 000万元，成立无锡市鹅湖玫瑰园艺文化有限公司，通过回填废弃池塘并流转湖边荒山坡地共计350亩，修建起花卉苗圃，投资鹅湖发展围绕玫瑰花产业的多种经营。

鹅湖玫瑰文化产业园成立之初主要从事玫瑰、月季等蔷薇科园艺植物种植、销售、加工业务。后经过几年经营，企业将业务扩展到依托玫瑰花园开展餐饮、住宿、花卉观赏、采摘体验、商业演出等活动。目前玫瑰园共培育玫瑰500多个品种，研发生产花卉植物精油20多种，所种植销售的种苗、盆栽、洗沐用品、精油产品等多个产品，深受无锡市场欢迎，在省内国内多地均有销售。2017年企业年销售收入1 300万元，2018年预计可达到1 700万元。鹅湖玫瑰文化园立足于将玫瑰花产业做深做精，不仅从事研发种植到加工销售实现全产业链经营，还发展文旅休闲经营地产地销。鹅湖玫瑰文化园已成为锡山区远近周边尽人皆知的休闲去处，节假日前来观光的游客络绎不绝。

通过对玫瑰文化园的座谈调研，我们对乡村产业发展形成了以下几个方面的认识：

第一，乡村产业发展要抓好“天、地、人”。玫瑰文化园能够快速发展，一是得益于天时，发展正赶上国家推出乡村振兴战略的好时候。当地政府注重乡村发展规划的制定，积极为企业与村庄牵线搭桥，并下大力气完善基础设施，多管齐下推动农业产业项目快速顺利落地，为社会资本下乡创业带来了方便。二是得益于地利，锡山区乡村营商环境好。鹅湖村村集体年收益1 200万元，村民日子比较好过，对企业发展没有硬性指标要求。当地民风诚实朴实，勇于任事，很多村民本身经营企业，普遍对创业活动理解支持，因此下乡创业没有水土不服。三是得益于人才，即企业家自身才能与所掌握的资源。程亚娟的家族世代从事园林设计与建设行业，积累了大量的人脉关系、社会资源与经营经验，这为创业提供了渠道、资金、技术、人才等方面的准备。加上，程亚娟个人经历丰富，吃苦耐劳，敢于承担风险，创业玫瑰园不是“两眼一抹黑”，而是按部就班的发展，因此成功自然有迹可循。

第二，乡村产业发展的重要诀窍是要把农产品吃透。鹅湖玫瑰文化园通过花卉制品加工业把有形的价值开发出来，又要通过文化休闲旅游服务业把无形价值充分发掘，实现了当地花卉价值的充分利用。2014年之前，玫瑰园主销种子种苗，随着近年来研发逐步跟上，目前各类玫瑰花产品已经成为销售主打。玫瑰花一身都是宝，鲜花本身就是观赏植物，象征着爱情的美好；花瓣枝叶可以做洗沐产品、精油、以及化妆品，还可以用来晒干做花茶、制作玫瑰饼等食品。程亚娟认为，玫瑰文化园的研发目标是要把玫瑰花卉相关，并受顾客欢迎的产品都开发出来加以销售，实现玫瑰花价值的最大化。此外，玫瑰文化旅游活动是企业做大做强的新渠道。鹅湖村远离交通干线，区位优势并不突出，为吸引游客，企业依托玫瑰文化园举办玫瑰花节，并积极与大企业、地方政府合作举办大型演出活动，带动园区玫瑰、以及当地农产品的地产地销。目前，玫瑰园已经成了鹅湖村当地一个重要的农产品促销平台。

第三，乡村产业发展要处理好企业与政府、村庄的关系。程亚娟认为，企业与政府、社会、居民的关系，并不简单是经济利益关系，而是全方位的交往互动。玫瑰园在建设发展过程中，客观上将过去村里的废弃鱼塘等闲置资源重新利用起来，并通过修房铺路改善了村庄的基础设施，美化老百姓生活居住环境，起到了良好的社会公益效应。在日常生活中，玫瑰园积极支持鹅湖村委会各项工作，诸如为基层党建与技术培训活动免费提供场地，每逢节日组织员工走访村庄老人，对鹅湖村村民开放免费参观游览。相应地，很多村民礼尚往来，主动给园区职工送来自家种的蔬菜瓜果。鹅湖村与玫瑰园关系融洽，遇在到纠纷困难时，大家可以心平气和协商解决；在产业经营上，鹅湖村更是玫瑰园一损俱损一荣俱荣的鉴定盟友。良好的民企关系，大大节约了市场交易费用，对乡村产业发展形成了积极促进。

第四，乡村产业发展不能"等靠要"，要靠诚信经营，自己造血。玫瑰园的重要成功经验在于通过把产品做精做细，打造家喻户晓的商业品牌，顺应经济发展的一般规律，从而获取商业回报的同时将产业立了起来。程亚娟认为，发展乡村产业不能依赖国家补贴，不能骗补套补，不能圈地占地进行政策投机。她不无骄傲地说道："园区里的一草一木一砖一瓦都是民营企业自行投入，这样我们发展产业心里踏实，这才是做企业搞经营的正途"。

企业发展目前面临的困难主要是土地承包期延长的政策尚未落地，企业在土地上追加投资有顾虑。目前玫瑰园350亩地的流转合同，签到2028年，虽然村民土地承包经营权在第二轮结束后再延长30年，但现实中很多村民不愿续签长期土地租约，倾向于签订短合同，如每3～5年一签。政府也鼓励村民与企业签订短约，一方面若未来调整规划涉及征地时处置方便，另一方面避免经营不善的产业项目长期占据土地不还，闲置浪费。企业因无法获得稳定长期的土地租用合同，缺乏进一步追加投资的积极性，制约了产业下一步的发展。接下来，如何对地面附着物进行合理确权，稳定好土地经营权长期流转租赁关系，是进一步推进乡村产业有序健康发展的关键因素。

江苏农业产业兴旺的实现路径研究

农业产业兴旺，是乡村振兴的前提条件和内源性动力支撑，是实现"生活富裕"奋斗目标的重要途径。江苏通过内提外引生产要素、不断调整优化生产布局、保护资源环境、推动农业一二三产业融合等措施，有力地推进了江苏农业产业兴旺发展。同时，江苏农业产业兴旺还存在主要农产品产业主体活力不强、农业产业发展空间不大、农业全新对外开放格局尚未形成、产业体系仍需构建等问题，需要走好质量兴农、绿色兴农、品牌强农、产业深度整合和开放农业之路。

一、引言

改革开放以来，我国社会的主要矛盾已经发生了根本性变化，已转变为人民日益增长的美好生活需要和不平衡不充分的发展之间的矛盾。当前，我国最大的发展不平衡，是城乡发展不平衡；最大的发展不充分，是农村发展不充分。主要体现在：农业供给质量不高、新型职业农民队伍不强、农村基础设施欠账较多、农村环境和生态问题突出、城乡之间要素合理流动机制不健全等。在这一背景下，党的十九大报告明确提出了"乡村振兴"战略，并将其作为新时代中国特色社会主义建设的七大战略之一。乡村振兴战略的总要求是5句话20个字，即"产业兴旺、生态宜居、乡风文明、治理有效、生活富裕"，其中"产业兴旺"摆在首位。在产业里面最关键是农业。农业产业兴旺，是乡村振兴的前提条件和内源性动力支撑，是实现"生活富裕"奋斗目标的重要途径。江苏是经济大省也是农业大省，农业现代化依然是"四化同步"短板，农业仍然是农民特别是苏北地区农民脱贫增收的重要依托产业。因此，从产业兴旺角度研究江苏乡村振兴之路，对于加快实现"在全国率先实现农业现代化"和"高水平全面建成小康社会"的目标，具有重要性和紧迫性。

二、江苏促进农业产业兴旺具有重要意义

农业产业兴旺是实现农业强、农村美、农民富的前提基础，是精准扶贫、精准脱贫的重要路径，对江苏加快实现乡村振兴具有重要意义。

（一）保持粮食稳定生产，继续为国家粮食安全作贡献

粮食安全是关系国计民生、经济发展、社会稳定和国家自立的头等大事。我国作为人口大国，必须保证"口粮绝对安全，谷物基本自给"，饭碗要牢牢端在自己手中。江苏省是粮食主产区之一，主要种植稻麦两种作物，在保证口粮安全中贡献了较大力量。2016 年，江苏稻谷产量 1 931.4 万吨，占全国的 9.3%，小麦产量 1 119.6 万吨，占全国的 8.7%，稻麦总产量居全国 13 个粮食主产区中第 5 位。江苏以占全国 3.8%的耕地，生产了占全国 5.6%的粮食，养活了占全国 5.8%的人口，创造了"人口密度最大省份粮食总量平衡、口粮自给"的不凡业绩。但 2017—2018 年，国家连续两年下调水稻、小麦最低收购价，农民种粮积极性有所下降，部分农民转种其他作物或转为粗放经营。特别是随着一些重要农产品价格改革的深入推进，市场参与主体普遍担心稻麦最低收购价政策未来执行情况，给产业发展带来诸多不确定性，粮食产销两不旺现象明显。促进农业产业兴旺，有助于加快粮食行业的转型升级，更多依靠市场调节资源配置，促进产业健康发展，继续为国家粮食安全作贡献。

（二）提高发展质量效益，力争率先实现农业现代化

"质量兴农、效益优先、绿色导向"是农业产业兴旺必须坚持的三原则。质量兴农要求加快推进农业由增产导向转向提质导向，能够提供更优质、安全、健康的高品质农产品，不断满足人们对美好生活的需要；效益优先要求创新效益产出模式，向适度规模经营、拓展农业功能要效益；绿色导向要求打好农业面源污染防治攻坚战，加快形成农业绿色生产方式和生活方式。江苏是高收入水平省份，2016 年城乡居民人均可支配收入达到 32 070 元，高于全国水平 34.6 个百分点。城乡居民对农产品质量要求更高，要求必须走一条农业结构布局合理、供给体系高质高效、产业发展又强又好的农业高质量发展道路。江苏也是农业人均资源匮乏省份，人均耕地不足 0.9 亩，只有全国平均水平的 2/3，苏南地区水质性缺水、苏北地区水源性缺水以及全省季节性缺水仍然存在。资源环境承载力相对脆弱，要求必须走一条空间优化、资源节约、环境友好、生态稳定的农业绿色发展道路。通过走农业高质量、绿色化发展之路，才能实现在全国率先实现农业现代化。

三、江苏现代农业建设的做法与成效

近年来，江苏大力推进农业供给侧结构性改革，不断深化农村改革创新，现代农业产业发展取得了较为显著成效。

（一）先进生产要素外引内提，产业支撑体系初步构建

现代农业建设是一项复杂的系统工程，必须有土地、资本、劳动力等生产要素作支

撑。江苏从两方面来集聚现代农业生产要素。一方面，从农业外部导入稀缺生产要素。从资金要素看，江苏较快进入“工业反哺农业、城市支持农村”的阶段，工商资本进入农业的探索也较早，初步形成了“泗洪模式”和“盱眙模式”两种比较有代表性模式。2013 年，全省 5 645 家县级以上农业龙头企业中，有工商资本投入的占到 40%，资金投入总量约 1 133 亿元。从人才要素看，江苏全面落实创新创业扶持政策，积极打造创业载体、不断优化创业服务，鼓励引导退伍军人、村官、返乡农民工创新创业。2016—2017 年，江苏共支持 8.93 万名返乡农民工创业。另一方面，从农业内部提升传统生产要素。以培育农业新型经营主体为例，近年来江苏大力实施“智能”家庭农场主培训、农民合作社规范化建设和新型职业农民培育。2017 年，江苏拥有家庭农场 3.75 万家，合作社总数达 8.42 万家，新型职业农民培育度达 35.5%。江苏还大力推进农业社会化服务，实施农业全程社会化服务试点和家庭农场集群服务中心建设试点。2017 年全省水稻集中育供秧、小麦病虫害统防统治覆盖面分别达到 47.5%和 62.4%。通过外部先进要素的引入和内部要素的提升，对现代农业建设形成了有力的支撑体系。

（二）产业结构和布局不断调整，产品供给体系不断优化

改革开放以来，江苏农业结构调整大致经历了五个阶段，其中包括一个准备阶段和四个渐进提高阶段。特别是最近的转型升级阶段，江苏按照“优质、高产、高效、生态、安全”的要求，以实施农业现代化工程为总抓手，在稳定粮食生产面积、积极提高单产的基础上，扩大蔬菜等“菜篮子”产品的生产规模，保证主要农产品市场供应，大力发展种子种苗业、设施园艺业、规模畜禽业、特色水产业和休闲观光农业。农业结构调整促进了农业产业结构由种植业单一发展向农牧渔业协调发展转变，要素投入结构由主要靠劳动力向更多依靠物质装备、科技进步、信息技术转变。近年来，江苏进一步加大农业结构调整力度，全面梳理农业产业，列举出具有比较优势的 16 个重点产业，组织制定了农业结构调整产业清单、专家团队清单、技术推广清单“三清单”，大力推进粮食等主要农作物优质化、规模化，优势特色产业集群集聚，探索多种形式的高效复合经营模式，有力推进农业供给体系进一步优化。2017 年，江苏稻麦优良品种覆盖率达 96.0%，生猪大中型规模养殖比重超过 66.0%，高效设施农业比例占比 18.5%，年产值 10 亿元以上县域特色产业达到 162 个。

（三）资源与生态环境得到保护，产业绿色化特征愈发鲜明

江苏以工程和专项行动为抓手，大力发展资源节约型、环境友好型农业，切实加强农业生态环境建设。“十二五”期间，江苏启动实施生态文明建设工程，其中的重点任务之一就是积极发展生态农业。生态文明建设工程对生态农业建设目标提出了明确要求并指标化具体化，且将其纳入市县党政主要领导干部实绩考核体系，并在“十三五”期间继续实施。2016 年，江苏启动“263”专项行动，农业系统重点开展畜禽养殖污染及农业面源污染治理专项行动。在具体措施上，**一是推进农业“减肥减药”。**开展测土配方施肥、有机肥推广补贴、绿肥种植补贴，提高土壤有机质含量，提高化肥农药利用率，减少化肥农药流失。**二是推进农业废弃物资源化利用。**强化秸秆综合利用，在全国率先建立完善的秸秆收集贮运体系，大力推广稻麦秸秆机械化还田。加强规模化畜禽粪

便综合治理，大力提升畜禽粪便等废弃物资源化利用。**三是推广种养相结合、循环利用的种养生产方式。**采取推广生态健康养殖、发酵床生态养殖、农村户用沼气等一系列措施，探索适度规模经营条件下农牧结合、种养结合等新型模式。通过工程和专项行动等的实施，资源和生态环境得到保护。2017年，江苏秸秆和规模养殖场畜禽粪便综合利用率均达91.0%，化肥农药投入量分别较2012年减少5.56%和8.95%。

（四）农村一二三产业渐趋融合，新产业新业态蓬勃发展

近年来，江苏通过财政扶持、政策优惠、金融支撑等措施引导各类经营主体以农业为基本依托，积极开展产业间相互渗透、交叉重组、前后联动和跨界配置，有力推进农村一二三产业融合。**一是产业融合主体实力有所增强。**龙头企业是农村一二三产业融合主体中最有实力、最具活力、最有创新能力的新型经营主体。2017年，江苏拥有县级以上龙头企业7 465家，其中省级以上龙头企业675家，国家级农业产业化龙头企业61家，国家级企业数量居全国第二。此外，江苏国家级农民合作社示范社539家，居全国第一。**二是产业融合形式不断创新。**目前，江苏初步形成产业链延伸型、社会化服务型、农业新业态型、产业集聚型和“农业＋互联网”型五种主要融合模式。**三是产业融合模式呈现多样。**目前，江苏形成了“公司＋合作社＋农户”“公司＋种养小区＋农户”“公司＋专业村＋农户”“公司＋订单＋农户”等多种联农带农模式以及“联合社（综合社）＋社会化服务组织＋专业合作社＋家庭农场＋农户”的一体多元的综合服务模式。**四是利益联结机制日益完善。**江苏省鼓励和支持企业与农户建立利益分配机制、风险保障机制、持续增收机制等，形成稳定购销关系。省级以上龙头企业采取合同订单、利润返还、股份合作三种较为稳定的利益联结方式的占比95%以上。江苏通过推进农业与二三产业联动与融合，有效实现农业产业链延伸和产业功能拓展，有力推进农业与文化、旅游、信息等产业的融合，创意休闲、“互联网＋”等新产业每年保持20%以上的高速增长。

四、当前江苏促进产业兴旺存在的主要问题

虽然江苏现代农业建设取得显著成效，但是在促进产业兴旺中仍然存在一些突出问题。

（一）主要农产品执行国家政策，产业主体活力不够

当前，我国大力推进农产品价格改革，水稻和小麦是我国仅有的仍有保护价收购的农产品。2004年和2006年，我国分别出台水稻和小麦最低收购价政策，并在此后每年逐步提高最低收购价格，但从2016年起，水稻和小麦最低收购价格开始持平并逐年降低。江苏是我国稻麦主产区之一，属于国家最低收购价政策执行区域。虽然最低收购价政策有效保护了江苏农民种粮积极性，但同时也带来一些问题。受国家最低收购价政策的支撑，我国稻麦价格持续高位平稳运行，最近3年更是出现国内外价格严重倒挂，省内稻麦加工企业入市经营意愿较低，企业开机率普遍不足，开机率基本在30%～40%。受“稻强米弱”“麦强面弱”格局的影响，行业的利润率较低，企业长期处于亏损边缘，大部分企业均处于半开半停的状态，部分中小企业甚至长年处于停产状态。

（二）自然资源环境约束趋强，产业发展空间不大

消耗资源和利用环境是农业生产的必要条件。随着江苏现代化进程的加速推进，自然资源环境对农业的约束越来越明显。一是耕地面积逐年减少。随着工业化、城镇化的快速推进，企业用地、居民小区、城市建设等均需要占用大量耕地。以2016年为例，国家下达江苏新增建设用地计划为26.18万亩，其中新增建设占用耕地计划17万亩。虽然江苏严格落实增减挂钩、占补平衡等政策，大力推进盘活存量建设用地等措施，但是耕地减少的趋势仍难逆转。2016年，全省耕地面积为6 893万亩，比2010年减少37万亩。二是农村青壮年劳动力单向流出。江苏已进入工业化中后期，制造业和服务业较为发达，吸引了大量农村青壮年劳动力进城务工，农业从业人员老龄化现象突出。2016年，江苏农业生产经营人员中，年龄55岁及以上的占到48.7%，年龄35岁以下的仅占10.0%。三是生态环境压力大。江苏农业资源开发利用强度高，生态环境问题较为严峻。江苏省小麦和稻谷的化肥施用强度为481.6千克/公顷和360.1千克/公顷，已远远超过国际公认的225千克/公顷的安全施肥上限。

（三）农产品国际竞争力不强，全新对外开放格局尚未形成

江苏农产品贸易长期处于逆差，且有扩大趋势。2011—2016年，江苏农产品贸易逆差由79.1亿美元逐年扩大到96.4亿美元。从出口的农产品看，除园艺、林产品等有少量的贸易顺差外，其余各类别均为贸易逆差。江苏农产品出口贸易金额不高。2011—2016年，江苏农产品出口金额由28.1亿美元增加到35.9亿美元，年均增长5%，低于全省经济增长速度。与相邻省份相比，2016年，山东和浙江两省农产品出口总额分别为162.9亿美元和94.0亿美元，江苏仅相当于山东的五分之一，不及浙江的五分之二，这与江苏的农业大省地位严重不符。江苏出口的农产品加工程度不高，大多是农户的自产产品。据统计，2016年江苏初级农产品出口额占全省总额的50.0%以上。从出口的农产品看，江苏优势出口农产品单一。2016年，江苏蔬菜及水果类出口额占初级农产品出口总额的半壁江山，比重达到51%，占农产品出口总额的34.7%。从出口目的国看，产品主要出口日韩、东盟等国家和地区，与其他国家贸易往来比较少。出口企业实力总体不强，缺乏超大型企业。2016年，江苏有出口企业1 468家，其中出口超千万美元以上的企业仅75家，超亿美元以上的企业仅2家。总体而言，江苏全方位、多层次、宽领域的农业对外开放格局尚未形成。

（四）农村产业融合度不高，产业体系仍需进一步构建

当前江苏农村产业融合发展总体上还处于初级阶段，农村各产业之间融合度不高、融合水平低。**一是产业融合主体带动能力不强。**以农业龙头企业为例，江苏年销售过10亿元的企业仅占总数的1.7%，50家省级农产品加工集中区，营业总收入突破百亿的也仅少数几家。大部分龙头企业成长性一般，创新能力不强，不具备开发新业态、新产品、新模式和新产业的能力。**二是农业与其他产业的融合度不高。**农业衍生产业开发不够，与其他产业之间互联互通性不强，产业价值链实现不充分，农业生产效益未能充分体现。如休闲农业、旅游农业以观光为主，文化传承、人物历史、风土乡俗等触及不多，高品位、多样性、特色化不足。**三是产业融合链条较短，附加值偏低。**2016年，江

苏农产品加工业产值与农业总产值的比例为2.99∶1，而发达国家较高的能达到3.7∶1；农业生产性服务业增加值仅占第一产业产值的3.4%，低于美国2013年12.7%的水平。四是利益联结机制有待进一步完善。目前，产业链各主体利益联结机制仍以订单农业为主，股份制和股份合作制等紧密型利益联结方式比例很低，农民分享产业链延伸、产业功能拓展的收益空间仍然比较大。

五、江苏促进农业产业兴旺的建议

江苏促进农业产业兴旺发展基础较好，具有独特的经济优势、产业优势和科技优势，要加快构建现代农业发展新优势，全面推进现代农业建设迈上新台阶，将农业培育成有奔头的产业。

（一）产管调强相结合，走质量兴农之路

农业高质量发展是有效解决“人民日益增长的美好生活需要和不平衡不充分的发展之间的矛盾”的必然要求。全面推进农业高质量发展，既要强化产出来和管出来，又要强化调出来和强起来。**一是推进农业标准化，把优质农产品产出来。**要加快标准制定和修订，使每种产品有标可循、按标生产；要加强标准宣传推广和使用指导，帮助农民规范使用农兽药、抗生素等；要大力推进种养大户、家庭农场等新型经营主体建立生产记录台账、按标生产，示范带动周边小农户。**二是加强执法监管，把优质农产品管出来。**加快推进农产品质量安全法、农作物病虫害防治条例等法律法规的制定修订，为强化执法监管提供法律依据。加快农产品质量安全追溯体系建设，实现农产品源头可追溯、流向可跟踪、信息可查询、责任可追究。建立农业生产信用档案，将新型经营主体全部纳入监管名录，并实行“黑名单”制度。**三是加快农业结构调整，把优质农产品调出来。**围绕农业供给侧结构性改革目标，以提高农业供给体系的质量效益为主攻方向，着力调整优化农业结构，重点优化产业布局，减少低端无效供给，增加销路好、品质高、市场缺的优质农产品生产。**四是集成运用现代要素，做强农业产业。**围绕产业转型升级和提质增效重大需求，选择推广应用一批先进适用新型技术，推进农业智能装备示范运用。加快建立重大关键共性技术的联合攻关研发机制和农业科技成果的转移转化机制，推动技术集成创新、优良品种推广、设施装备升级，加速农业科技成果的应用。

（二）推动农业绿色发展，走绿色兴农之路

着力构建人与自然和谐共生的农业发展新格局，推动形成绿色生产方式和生活方式。**一是优化农业主体功能和生产空间布局。**落实农业功能区和生产力布局制度，加快划定粮食生产功能区、重要农产品生产保护区，巩固提升蔬菜、特色果茶以及花卉苗木等特色板块，按照“种养结合、畜地平衡”的原则，合理制定土地载畜量。**二是强化农业资源保护与节约利用。**建立耕地养护制度，在部分地区积极推广轮作休耕技术和模式，因地制宜采取保护性耕作措施。强化农田节水基础设施建设，积极探索水果蔬菜喷灌滴灌、粮食管道灌溉为主的高效节水灌溉模式。健全农业投入品减量使用制度，完善农田废弃物资源化利用制度，开展畜禽粪污资源化利用，推行绿色低碳循环生产方式。**三是健全创新农业绿色发展体制机制。**健全农业生态补贴制度，完善高效低毒低残留农药、商品有机肥、有机无机复混肥以及高效植保、施肥机械的推广补贴机制。建立农业

资源环境生态监测预警体系，实时监控农业资源环境变化情况。建立完善农业绿色发展评价指标，对各地农业绿色发展情况进行评价和考核。

（三）推进农业品牌建设，走品牌强农之路

品牌不仅仅是一个产品的标志，更是农产品质量的集中体现。要大力实施农产品品牌战略，聚力打造一批“品质优、叫得响”的“苏”字号农产品著名品牌和区域公用品牌。**一是精心创建农产品品牌。**统筹谋划品牌建设，精心制定品牌培育推广方案，推行差异化、针对性的品牌创建。整合地域资源和产业资源，挖掘提升品牌资源，以国家地理标志集体商标和证明商标、地理标志保护产品、“三品一标”为重点，聚力打造优势农产品品牌。**二是加大农产品品牌推介力度。**积极研究市场消费需求，实行产品和品牌的差异化发展策略，瞄准市场定位，找准细分市场，突出区域品牌宣传推广，拓展品牌农产品营销渠道。创新品牌运营传播手段，统筹设计宣传口号、产品包装、品牌形象，依托节假日活动制造网红热点，组织品牌推介活动，扩大宣传声势，提升品牌知名度。**三是增强农产品品牌建设合力。**建立完善农产品品牌创建扶持政策，充分发挥政策引导作用和市场资源配置作用，鼓励支持重点区域公用品牌、企业品牌和产品品牌的创建主体实现跨越赶超发展。完善工作机制，建立农产品品牌创建联席会议制度，专题研究、协调解决品牌创建工作中的矛盾问题。加强业务指导和工作督查，协同推进落实农产品品牌建设行动计划，严格组织实施专项考评，强化责任落实。

（四）促进农村产业协调发展，走产业深度融合之路

产业融合是产业兴旺的最根本表现。**一是要培育壮大产业融合主体。**加强示范家庭农场建设，引导家庭农场集群集聚发展，强化家庭农场的基础作用。积极开展合作社规范化建设，大力推进专业合作社联合合作，支持农民合作社发展农产品加工、销售，拓展合作领域和服务内容。引导农业龙头企业通过资本运营，有序开展跨区域、跨行业、跨所有制兼并、联合和重组，不断扩大规模、增强实力。**二是要创新产业融合模式。**坚持产城融合、产村融合发展方向，将农村产业融合发展与新型城镇化建设、新农村建设有机结合，依托新型城镇化推进农村产业融合。延伸农业产业链，上游要加快农业结构调整和规模化、标准化生产，下游要大力发展农产品精深加工，加快农产品冷链物流体系建设，健全农产品产地营销体系，推广农超、农企等形式的产销对接。加强统筹规划，推进农业（渔业）与旅游、教育、文化、健康养老等产业深度融合，大力发展创意休闲农业。加快发展智能农业，大力发展农产品电子商务，着力发展农业新型业态。**三是要完善产业融合利益联结机制。**联合国粮农组织（2001）的一份报告指出：管理良好的订单农业既可以提高农民的收入，也可以给农业龙头企业带来高额利润，并可减少双方的风险和不可靠因素。要创新发展订单农业、股份合作、利润返还等多种紧密利益联结形式，总结推广“公司＋合作社＋农户”“公司＋基地＋农民”“农民入股＋保底分红”等利益联结方式，积极探索农民以土地承包经营权入股农业龙头企业、农民合作社等新型经营主体。**四是要强化农村产业融合发展服务体系。**大力改善农业基础设施条件，加快农村水电路气房讯建设，完善农村物流网络体系。鼓励知名电商建设地方特色馆，加快农村产权交易市场建设，搭建一批公共服务平台。

（五）深化农业对外开放，走开放农业之路

统筹利用国内外两个市场两种资源，是缓解资源环境压力、拓展农业发展空间、提升农产品国际竞争力的重要举措。**一是要加强国际农产品市场形势研判。**要加强对重点国家、重点市场、重点品种的农产品供需和贸易情况监测，强化对国际市场价格、供需动态、贸易形势以及贸易政策等信息的收集分析、加工处理、与信息发布，确保信息具有前瞻性、准确性、权威性，指导帮助出口企业生产适销对路的农产品。**二是优化农产品出口结构。**巩固现有的农产品出口优势产业，扶持市场前景广阔的新兴出口产业，重点推进园艺、特粮制品、畜禽、水海产品等出口支柱产业和大蒜、河蟹、小龙虾、淡水鱼、现代种业等优势出口农产品基地建设，大力发展远洋渔业与加工贸易、粮油贸易与加工产业。**三是培育壮大一批出口龙头企业。**培育一批农产品出口龙头企业，形成规模大、效益好的农产品出口龙头企业群。制定农产品出口示范企业标准，着力培育以技术、品牌、质量、服务为核心的农产品出口竞争新优势。引导有跨国经营需求的企业到海外投资农业，提高其市场拓展能力、资源配置能力、技术创新能力品牌运营能力。**四是建立健全重要农产品贸易预警机制。**充分发挥行业协会信息获取优势，及时掌握贸易对象国的行业标准、产品质量标准、检验检疫标准等信息，避免贸易争端。制定多环节安全质量标准包括农产品进出口检验和认证制度，在发生贸易壁垒争端时，能够第一时间启动各有关机制和有效利用各种贸易救济措施，确保江苏农产品出口稳定、可持续发展。

江苏宜兴市杨巷镇促进稻米产业兴旺的实践

乡村振兴，产业兴旺是重点。而农业的弱质性，一直制约着产业兴旺发展。为推动农业产业兴旺发展，近年来各地纷纷作出了各种探索与尝试，也取得了阶段性成效，但能够保持长盛不衰的只在少数。究其原因，主要是农业从生产到加工、销售难以形成真正意义上的利益共同体，要素资源难以得到最优配置，小散农户难以较好分享现代农业发展成果的“蛋糕”。2016年以来，宜兴市杨巷镇开展了稻米产业一二三产融合试点，积极培育发展可复制、可推广的农业产业化联合体，成功探索出一条要素合理配置、资源充分利用、利益各方共享的农业产业高质量发展道路，奏响了推动乡村振兴的时代强音。

一、杨巷镇稻米产业一二三产融合发展的探索实践

宜兴市杨巷镇自古即为“米市”繁荣的商埠，以出产优质大米而享誉苏南。近年来，为促进稻米产业高质量发展，杨巷镇借助“中央农村一二三产业融合发展试点项目”之力，大力发展农业产业化联合体，积极探索以稻米全产业链为轴心、多类主体联合、多个环节联动、多种利益联结的发展模式，通过统一供种、统一植保、统一收购、统一加工、统一品牌、统一销售“六统一”的方式，全面增强稻米产业从生产种植到加工储运以及市场营销全过程增值能力，推动联合体内部各主体之间互助互利、融合度紧密高效、产加销利益共赢，实现了种植农户、村级集体、加工企业、镇级财政、农村社会多方得益的产业联合。

1. 建立了多类主体联合的生产机制 联合体依托年加工能力20万吨稻米加工企业集群，通过股份合作、利益分配、输出标准，把种植农户、农服组织、营销企业紧密联合起来，建立现代企业制度，组成技术先进、调度有序、保障安全的生产机制。加工企业根据市场需求确定种植品种，种植农户按照无公害、绿色、有机等高品质稻米技术标准组织生产，农服组织利用现代机械装备提供高效率生产服务，营销企业依托现代信息技术在巩固传统营销网络的基础上开发电商平台，实现了从育秧到收获、再到营销的全程机械化生产作业和网络化销售，劳动生产率显著提高。

2. 建立了多项资源配置的优化机制 联合体坚持高质量发展，全面落实现代企业管理制度，建立健全多项资源要素配置优化机制。推动土地集约经营，由联合体内部相关成员单位合股，组建宜兴市金裕穗农业产业发展有限公司，流转10个村的8 230亩土地进行统一经营，并通过整田平地增溢940多亩土地，提高了土地利用率。推动新技术新模式应用，加强与农业科研院所的对接合作，引进研发了秸秆深翻还田、农业生产尾水净化、“零天化除”等实用新技术、新模式，促进绿色生态农业建设，提高经济效益。2017年联合体经营的土地实际化肥、农药用量较周边普通农户种植田块每亩少用化肥6千克、农药2次，节约成本51.6元。提供全方位综合服务，整合形成2条育秧流水线，20台（套）大型机翻、机种、机收、植保等机械装备，16组烘干机，依托金裕穗农业公司开展育秧、机种、植保、机收、烘干全程服务，并为周边农户提供代耕代种、统防统治、代收代烘的托管服务，2017年实现服务收入35万元。

3. 建立了多个环节联动的经营机制 联合体坚持推动产业融合发展，建立稻米产业生产、加工、销售和生产、经营、管理等多个环节联动的经营机制。实行标准化生产，研究高品质稻米生产技术标准和管理要点，由各稻米加工龙头企业为主导，统一联合体的技术标准，杨巷镇全域内现有无公害大米生产基地2.3万亩、绿色食品生产基地0.67万亩、有机大米生产基地820亩。推动稻米深加工，严格按照清洁化、高质量、精品化的要求进行加工，加强大米加工企业技术改造和设备升级，建设1 500立方米的低温保鲜仓库，并添置机器人等自动化设备，大米加工自动化水平居宜兴市大米加工行业第一。培育杨巷稻米品牌，建立质量安全追溯体系，推动落实“质量兴农”“品牌强农”，“杨巷大米”被国家工商总局授予地理标志产品，杨巷镇也被省农委评为“味稻小镇”。探索营销新模式，由专营门店和电商平台开展网络销售，实现生产到销售的直接对接，扩大了盈利空间，促进了传统种植业的高效化发展。

4. 建立了多种利益联结的共享机制 联合体注重保护农户利益，推动小农户与稻米产业发展有机衔接。实行土地流转费提前拨付，联合体经营土地所涉10个村委会，将企业支付的土地流转费在年初提前支付给农户，既稳定了土地流转关系，也保障了农民利益；同时，流转土地增溢面积的土地流转费由村集体享有，村集体每年可增加土地流转收入90多万元。实行订单购销，联合体依托金裕穗公司与各稻米加工企业签订长期稳定的购销合同，严格按照确定的种植品种、目标产量、质量要求组织生产；各稻米加工企业按低于市场价的标准，向农户发放“粮票”，农户可在一年内分期提取，确保农民收入稳定增加。实行溢价收购，对农户自行种植且达到企业质量标准要求的无公害、绿色、有机水稻分别按每吨高出市场价 400 元、1 000 元和 3 000 元的标准收购，在确保加工企业获得优质原料保障的同时，确保种植农户获得较高的经济收益，联合体 2017 年实际溢价收购稻谷支出达 180 余万元。实行利润分红，按利润的 10%提取扶贫基金，用于联合体经营土地所在 10 个村的精准扶贫，提取的红利总额确保每年不少于 15 万元，切实做到富民、利民、惠民，目前联合体已提取扶贫基金 16.8 万元。

5. 建立了多级农技推广的合作机制　联合体高度重视现代科技集成与推广，注重加强与省市农技推广部门合作，并与宜兴市农林局建立提供“一对一”精准指导关系。探索研究先进技术，如秸秆深旋还田技术、机插秧同时施用除草剂的“零天化除”方式等，从省工节本的角度，提升了耕地质量和生产的延续性。组织开展业务培训，委托大专院校对农机操作手、植保技术员、作栽技术员进行专题培训，使农机操作更标准精确、病虫防治更准确高效、肥水运筹更科学精准。建立质量甄别和追溯体系，引进国际上先进的稻米质量检测检验设备，确保大米加工在稳定量产基础上实现高品质。建设农业综合服务组织，加强产前产中产后服务，促进了农业科技的进步，也加速了小散农户融入现代农业发展的步伐。

二、杨巷镇稻米产业化联合体的经验启示

作为中央农村一二三产业融合发展的试点，宜兴市杨巷镇积极探索实践，通过龙头带动、联合发展、要素融合、利益联结，培育发展具有“独立经营、联合发展，龙头带动、合理分工，要素融通、稳定合作，产业增值、农民受益”特征的农业产业化联合体，推动了稻米产业健康发展、产业链日趋完善、产业化经营水平迅速提高、利益联结更加紧密、产业竞争力明显增强、农民收入持续增长，实现了“1+1+1>3”的聚变效应。从杨巷镇的实践可以看出，通过培育农业产业化联合体，促进农村一二三产融合发展，推动传统农业高质量发展、转变为高效农业也有路径可走，推动纯农业村依托农业产业实现脱贫增收、致富奔小康也大有可为。

1. 龙头带动是基础　实施乡村振兴战略，推动农业农村高质量发展，离不开农业加工企业的带动，通过农产品加工环节提高农业附加值，并实现“连一带三”，是提升农业质量效益和竞争力的重要途径。杨巷镇稻米产业化联合体，利用稻米加工龙头企业资金、信息、市场等优势，吸纳先进的管理意识、理念、措施，借助合理的利益联结机制，联合一二三产业抱团发展，充分释放了从种植到销售各个环节的盈利空间，不仅保障甚至激发农民种粮积极性、提升农民进入市场的组织化程度，还推动现代农业产业示范园区、农产品加工集中区的建设，提升整个农业产业发展活力，实现龙头企业获得可靠原料来源、农业生产服务组织获得稳定服务对象、农民收入得到保障“三方共赢”。

2. 要素融合是关键　农业产业化联合体的优势，在于可实现农业生产、经营、管理各类资源要素的充分融合，建立适应市场经济发展的现代农业产业体系、生产体系、经营体系，提高土地产出率、资源利用率、劳动生产率。杨巷镇通过产业化联合体建设，推动了稻米全产业链发展，不仅实现了土地经营权的有序流转，解决了分散经营条件下土地碎片化现象日益突出的问题，促进了适合大型农业机械应用的高标准农田建设，推动了现代农业科技转化应用，还有效规避了当前农业劳动力日趋紧缺、成本提高

的风险。在联合体带动下，杨巷镇稻米生产加工的机械化、自动化水平明显提升，农业物联网技术得到普及应用，农业机械化水平达到95%，高出全市平均水平5个百分点，带动亩均节约劳力成本42.6元。

3. 质量品牌是核心 提高农业生产经营效益，农产品的质量品质是根本。杨巷镇通过建设农业产业化联合体，推进多家大米加工企业、农机专业合作社和专业网络销售公司集聚，落实机械播种、集中仓储，科技加工、品质控制，市场营销、品牌打造等措施，有效保障了稻米的质量、推高了销售单价、提高了经济效益、提升了品牌影响力，杨巷镇作为宜兴粮食生产功能区的地位也得到进一步巩固。当前，“杨巷大米”已成为广受市场欢迎的知名区域公用品牌，联合体培育的“宜皇”“晶溪”等大米在沪宁杭米市的平均售价较普通大米每千克要高出2.5元。

4. 经济效益是纽带 实现多个经营主体联合、多类农业业态联动，最重要的是要有合理的利益联结机制，有效保护和激发全产业链各环节的积极性和利益。杨巷镇稻米农业产业化联合体中，水稻种植主体通过优质稻米生产技术标准的落实获得明显高于一般农户的经营收入，大米加工企业由于优质原料保障而确保了大米品质并实现优质优价，销售公司通过品牌营销、网络销售放大“品牌价值”，各环节的经营主体组成了真正意义上利益共享经济联合体，互惠互利，相得益彰，从而实现可持续发展。

三、对策建议

今年中央一号文件指出“要构建农村一二三产业融合发展体系”“促进小农户与现代农业发展有机衔接”。发展农业产业化联合体，不仅有利于推进农村一二三产业融合发展，还有利于示范带动普通农户共同发展、同步分享农业现代化成果。借鉴杨巷镇的实践经验，建议在培育发展农业产业化联合体中，始终坚持市场为导向、效益为中心、质量为根本，尊重农民和新型经营主体的主体地位和首创精神，实行分类指导，突出特色优势，推动科学发展。

1. 实行分类指导，坚持因地制宜，凸显特色优势 结合不同地区的不同基础、不同优势、不同特点，探索构建农业产业化联合体，创新产业融合、经济联合模式，促进全产业链联合、多类产业集聚、新业态融合，逐步打造成为现代农业产业高地、科技高地、人才高地。突出龙头带动，发挥农产品加工企业龙头地位和引领作用，充分利用其市场占有度高、经营机制灵活的优势，加快经营机制体制创新创造，提升农业抗风险能力和科学发展能级，实现生产关系与现代生产力相匹配。注重质量品牌，建立销售端倒逼机制，制定和完善农产品生产、服务和加工标准，督促联合体内部各经营主体及原料生产农户开展标准化生产，健全农产品质量追溯体系，推广“公共品牌＋公司＋基地＋农户”的品牌营销推广应用，提高农产品质量效益、市场竞争力和品牌影响力。落实系统思维，把农业产业化联合体建设与农业生产功能区、重要农产品保护区、特色农业优势区建设结合起来，统筹规划，科学布局，推动区域特色产业、现代农业产业园区、新型农业业态共建设、同发展，促进农业产业转型升级。

2. 推动产业联动，优化资源配置，实现提质增效 依托农业产业发展，依托农业产业化联合体，推动资源要素最优整合，带动发展精深加工，打造全产业链条，实现经济效益最大化。强化资源整合，建立现代企业制度，整合各方资源要素，大力培育新型市场经营主体、龙头加工企业，建立真正意义且切实可行的互惠互利利益分配机制，带动小农户与农业产业发展有机衔接。彰显科技优势，依托“互联网＋”等先进科技手段，因地制宜发展智慧农业、智能农业、物联网农业等，建设现代物流体系，构筑完善的农产品营销网络，培育壮大区域优势特色产业与产业集群，为产业发展注入旺盛生命力。推动绿色发展，坚持绿色兴农，积极构筑生态循环农业体系，革新生产方式，不断提高农业生产副产品、废弃物的综合利用率，实现变废为宝。拓展农业功能，引导农业产业化联合体挖掘农耕文化，推动科技、文化等要素融入农业，发展体验农业、康养农业、创意农业等新业态，拓宽盈利空间。

3. 强化精准指导，发展专业组织，提升服务水平　要加强对联合体建设的指导，引导联合体开展多方位、全过程、广覆盖的专业性、综合性服务，帮助破解“谁来种地”等难题。培育服务组织，通过农业龙头企业等组建区域化农业综合服务组织，既为联合体成员提供农业社会化服务，也为周边农业农户等生产单位提供机械作业、专业生产、精准植保、田头预处理等农业综合服务。创新服务方式，通过集团采购农资、专业组织生产、现代机械作业等实现节省成本、保障质量，鼓励联合体内部的农业企业、合作社、家庭农场等组建各类专业服务平台，开展农机作业、农资供应、病虫害统防统治、农产品流通等服务。提升服务水平，组建“双创”团队，推广“专业服务组织＋合作社＋农户”“村级集体经济组织＋专业服务队＋农户”“农业龙头企业＋农技专家＋农户”等服务模式，增强专业化、标准化、优质化服务能力与水平。

第五章

乡村特色产业集聚发展路径与政策研究[①]

摘　要

乡村特色产业是乡村产业的重要组成部分，是地域特色鲜明、乡土气息浓厚的小众产业，涵盖特色种养、特色食品、特色手工业和特色文化等。而乡村优势特色产业是在一个地区长期发展中形成的、具有较强比较优势和竞争优势的、独具地方特色的代表性产业。当相互类似、上下游又有所关联的乡村特色企业形成空间集聚时，就产生了特色产业集群。当前的乡村特色产业集群主要以种植业和养殖业为主，但已突破了传统农业的范畴，是种（养）业、农产品加工、营销流通、支持服务体系等农业相关产业的集合体，是集聚资源、集中力量、放大特色、提升价值、带动区域经济和农民收入增长的特色产业集聚区，对引领乡村产业高质量发展、助力乡村振兴具有十分重要的意义。

乡村优势特色产业集群除了具有一般产业集群的本质特征，即地理邻近、产业联系、互动合作等，还具有不同于一般产业集群的基本特点，主要包括：(1) 地域根植。乡村特色产业以特色农产品为主要原料，其生产过程受资源环境约束，具有较强的地域性。同一种产品在不同地方生产的产量和品质可能会有很大差异，部分特色农产品的储存保鲜和长途运输的难度较大，这就决定了乡村特色产业集群大多位于特色农产品原料丰富的地区。(2) 特色优势。乡村特色产业不仅产品具有鲜明的地理标志性特征，品质独特、功能特殊，能够满足特殊人群或市场用户的需要，而且具有规模优势，可以在全国范围内拥有较高的知名度和市场价值，具有较强的发展潜力。(3) 源农联农。与制造业相比，乡村优势特色产业根源于农民，农户是初级要素资源的主要拥有者和农业经济合作组织的构成主体，集群技术创新也更加依赖于农户对新技术的采纳和参与。乡村优势特色产业集群的重要目标是带动小农户融入现代化农业产业链，分享产业链增值。(4) 风险多元。乡村优势特色产业集群在发展过程中，不仅要面临市场风险，还要承担种植业和养殖业的自然风险。而加工企业的引入和专业市场的建设对化解双重风险尤为重要。

以 2021 年全国 50 个乡村特色产业集群为例，本文对集群成熟度和集群综合支撑指数

---

① 本文为 2021 年农业农村部乡村产业发展司委托《乡村特色产业集聚发展路径与政策研究》课题部分成果。

收稿时间：2021 年 12 月；课题主持人：曹慧；课题组成员：曹宇、刘晓军、张照新、李一枫、魏冉、李文婧、卢婷婷。

进行了测算，并得出以下结论：一是乡村特色产业集群的发展水平存在明显的区域差异。位于我国东部地区的省份，集群发展水平无论是成熟度还是综合支撑指数都相对较高（例如浙江、湖南、广东等地）。反观西部地区和偏远地区的集群，比如甘肃、内蒙古等地，两种指数的发展水平都明显低于其他区域。主要是由于地区之间经济发展水平、交通物流条件和市场化程度差异所导致的。二是当前乡村特色产业集群的综合支撑水平普遍较低。超过半数集群的内部成熟度都相对较好，但是鲜有几个集群综合支撑水平较为理想。究其原因：①集群品牌支撑差异较大。综合支撑水平较好的集群品牌支撑指数远远高于多数集群，说明多数集群的品牌发展依然不足；②集群创新能力与行业协会发展稍显不足；③部分产业集群外部支撑体系较强但集群成熟度较低。主要是由于集群产业链较短，导致第二三产业发展不足。虽然集群综合支撑体系较强，但是由于集群产业主要以鲜食为主，相较于药材、橡胶、茶叶等产业，第二三产业的开发度还远远不够。

今后促进我国乡村特色产业集群发展，建议从以下几方面入手：一是加强集群三产融合，提升集群成熟度。二是发挥政府职能作用，统筹区域协调发展。三是强化科技支撑，完善集群创新机制。四是重视品牌建设，提升集群影响力。五是推进行业协会发展，提升集群公共服务水平。六是完善监测体系与评价机制，提升集群运行效率。

产业集群是一种介于市场和企业之间的新的组织形式，是一种有效的价值链管理方式，能够提高生产效率，创造产业竞争力乃至区域竞争力。乡村特色产业集群作为农业产业集群，通过发挥集群的集聚效应、规模效应、高度专业化分工、协同创新等功能，可以有效提升特色产业的综合生产能力和竞争力，对引领乡村产业高质量发展、助力乡村振兴具有十分重要的意义。

一、乡村特色产业集群的定义和内涵

亚当·斯密在《国富论》中最早提到了集群一词，并在其分工与市场经济理论中提出以分工为基础来研究产业集群现象。然而，对产业集聚现象进行系统性深入研究的是新古典经济学的鼻祖，英国经济学家马歇尔。马歇尔关注了一些产业在特定地区集聚的现象，称之为“产业区”，并将由此而获得的经济称为外部经济。1990 年，美国哈佛商学院迈克尔·波特在其《国家竞争优势》一书中正式提出产业集群（industrial cluster）这一概念。他从竞争力的角度对产业集群现象进行了分析和研究，并提出了“钻石模型”。波特认为，产业集群可以通过提高区域企业生产效率、降低参与者信息搜寻成本从而提高创新效率、降低新企业进入和退出的门槛三种方式来影响区域产业的竞争优势。

（一）产业集群

1. 产业集群与产业集聚的关系 产业集群是一个有机的具有生命力的产业群落，本身有一个形成和演化的过程。由于区位条件、资源优势或要素禀赋的差异，这种聚合和布局一般要经历一个从低级到高级的发展过程，即从集聚到集群的过程。集聚是指同一类型或不同类型的产业或企业及相关支撑机构在一定地域范围内的集中、聚合，是一种基于产品链和增值链的简单劳动分工关系；集群则是指大量专业化的产业或企业，及相关支撑机构在一定地域范围内的柔性集聚，并结成密集的合作网络，植根于当地不断创新的社会文化环境，是在集聚基础上基于信息和知识联系的“创新链”机制。就特定区域经济或产业发展来说，总是先有产业集聚后有产业集群。产业集聚只是地域集约化经济的初级阶段，而产业集群则是地域集约化经济的高级阶段。

2. 产业集群的定义及特征 迈克·波特认为，产业集群是在某一特定领域内互相联系的、在地理位置上集中的公司和机构的集合。产业集群包括一批对竞争起重要作用的、相互联系的产业和其他实体。产业集群经常向下延伸至销售渠道和客户，并侧面扩展到辅助性产品的制造商，以及与技能技术或投入相关的产业公司。产业集群包括提供专业化培训、教育、信息研究和技术支持的政府和其他机构。J. A. Theo、Rolelandt 和 Pimden Hertog（1998）对产业集群的定义是：为了获取新的互补技术，从互补资产和知识联盟中获得收益，加快学习过程，降低交易成本，克服或构筑市场壁垒，取得协作经济效益，分散创新风险和相互依赖性很强的企业（包括专业供应商）、知识生产机构（大学、研究机构和工程设计公司）、中介机构（经纪人和咨询顾问）和客户通过增值链相互联系形成的网络，这种网络就是产业集群。

规范理论中的产业集群具有三方面的特征：①行为主体地理上邻近。地理邻近和集聚对于有上下游产业关系的企业或工厂来说，可以减少物流成本、能源成本和时间成本等，并可能为企业的技术创新和知识学习创造有利条件。②行为主体的产业联系。集群内的企业相互之间具有密切的关联，包括垂直联系，产业链前向联系（市场研究、营销、物流等），后向联系（原材料生产、零部件生产、产品设计和研发等），以及水平联系（包括竞争产品制造、互补产品制造和副产品制造等）。③行为主体的互动和合作。行为主体的互动包括企业之间的互动以及产学研之间的互动，集群内供应商、生产商、销售代理商之间，企业与当地政府、大学或研究机构、金融机构、中介服务组织等相关支撑体系之间，通过长期的联系形成本地化合作网络。

（二）乡村优势特色产业集群

1. 农业产业集群的定义 国外有关农业产业集群的研究通常是与食品加工业集群、农业企业集群结合在一起的。美国将农业及相关产业统称为食物纤维体系（food and fiber system），日本则统称为农业—食物关联产业（Driven，2001）。基于农业产业的专门资源和企业集中被认为是农业产业集群的两个主要特点。Kelsey（2004）认为，农业、林业或食品产业集群（AFF）的普遍特征是所有的 AFF 子集群的活动都是增值活动，能够带来收益和就业。而国内学者大多基于波特的产业集群概念来界定农业产业集群的内涵，呈多元化认识的局面。尽管不同学者和机构对农业产业集群的认识存在差异，但是，产业集群发展作为实践的产物，其根本特点是在竞合关系中获取竞争优势。

比较流行的是经济与合作发展组织（OECD）对农业产业集群的界定，即农业产业集群是指一组在地理上相互邻近的、以生产和加工农产品为对象的企业和互补机构，在农业生产基地周围，由于共性或互补性联系在一起形成的有机整体。具体来说，是指以生产和加工农产品为对象的企业（或企业化经营农户、家庭农场）以及相关的支撑服务企业和机构（如农产品流通企业、销售服务企业、原料和设备供应商、研发中心、大学、培训机构、中介机构等）在一定地区的地理集中和紧密关联，是农业区域专业化、规模化生产发展的高级阶段。

2. 乡村优势特色产业集群的定义　在2020年7月农业农村部发布的《全国乡村产业发展规划（2020—2025年）》（农产发〔2020〕4号）中，对乡村特色产业做出了详细的定义：乡村特色产业是乡村产业的重要组成部分，是地域特色鲜明、乡土气息浓厚的小众类、多样性的乡村产业，涵盖特色种养、特色食品、特色手工业和特色文化等。而乡村优势特色产业是指在一个地区长期发展中形成的、具有较强比较优势和竞争优势的、独具地方特色的代表性产业。当相互类似、上下游又有所关联的乡村特色企业形成空间集聚时，就产生了优势特色产业集群。

关于优势特色产业集群的标准，2020年《农业农村部办公厅 财政部办公厅关于开展优势特色产业集群建设的通知》（农办计财〔2020〕7号）要求，“省（自治区、直辖市）人民政府高度重视和支持的优势产业，以省政府或省政府办公厅文件出台了指导意见或发展规划，符合国家相关产业规划；产业基础较好，种（养）规模大，有较强的加工转化能力，在全国有一定影响力，全产业链总产值达到50亿元以上，并具有较大的发展潜力；已初步形成集中连片发展格局；产业经营主体活跃，有多家省级以上产业化龙头企业带动，较多新型农业经营主体深度参与”。由此可见，当前的乡村特色产业集群主要以种植业和养殖业为主，整体来讲仍属于农业产业集群的范畴，但更强调全产业链发展，已经突破了传统农业的范围，是种（养）业、农产品加工、营销流通、支持服务体系等农业相关产业的集合体，是集聚资源、集中力量、放大特色、提升价值、带动区域经济和农民收入增长的特色产业集聚区。

3. 乡村优势特色产业集群的特征　乡村优势特色产业集群除了具有一般产业集群的本质特征，即地理邻近、产业联系、互动合作等，还具有不同于一般产业集群的基本特点，主要包括：①地域根植。对于制造业集群来讲，除了少数集群依赖于地方资源和传统技术，如景德镇陶瓷、苏州刺绣等，其他大部分集群都位于发达经济圈或交通枢纽地，如珠三角、长三角和环渤海湾地区。而乡村特色产业以特色农产品为主要原料，其生产过程受资源环境约束，具有较强的地域性。同一种产品在不同地方生产的产量和品质可能会有很大差异，部分特色农产品的储存保鲜和长途运输的难度较大，这就决定了乡村特色产业集群大多位于特色农产品原料丰富的地区。②特色优势。乡村特色产业是利用乡村资源禀赋和独特的历史文化资源为基础培育的，根植于农业农村，彰显地域特色和农业的多功能价值。不仅产品具有鲜明的地理标志性特征，品质独特、功能特殊，能够满足特殊人群或市场用户的需要，而且要具有规模优势，在全国范围内拥有较高的知名度和市场价值，具有较强的发展潜力。③源农联农。与制造业相比，乡村优势特色产业根源于农户，农户是初级要素资源的主要拥有者和农业经济合作组织的构成主体，集群技术创新也更加依赖于农户对新技术的采纳和参与。乡村优势特色产业集群的重要目标是带动小农户融入现代化农业产业链，分享产业链增值。各地集群在发展过程中积极探索多种形式的利益联结机制，形成分工明确、优势互补、风险共担、利益共享的产业联合体，带动农民就业增收，推动乡村振兴。④风险多元。农产品生产周期长，且具有易腐易损性，这使得乡村优势特色产业集群在发展过程中，不仅要面临市场风险，还要承担种植业和养殖业的自然风险。而加工企业的引入和专业市场的建设对化解双重风险尤为重要。此外，农业先天的弱质性和农业基础设施的半公共产品属性，也使得特色产业集群的发展离不开政府的支持。

二、乡村特色产业集群发展的必要性与形成条件

乡村特色产业集群从产业范围上包括农产品种植养殖业、加工业以及产前产后相关服务业，是农村一二三产业融合发展的空间载体，是农业生产力发展到一定阶段的产物。产业集群的形成既要有一定的资源、产业和环境基础，也包括偶然性的路径依赖。

（一）乡村特色产业集群发展的必要性

1. 符合产业发展的一般规律 根据科斯的理论，选择何种组织形式取决于交易成本的大小。当企业的规模大到一定程度，由于管理层的增加，会增加公司内部的交易费用，通过外包或者由生产区内的不同独立公司进行分工协作可以得到更低的价格与更高的效率。19 世纪 70 年代中期以来，区域经济学家逐渐认同：本地化的企业网络取代垂直一体化的大企业成为经济变化的主流。为了减少技术锁定、劳动力囤积以及生产能力过大的风险，企业的生产需要外部化，即需要进行垂直分离，产生更细致的专业分工。而为了减少交易和风险，追求外部经济和范围经济，分离的专业化企业将倾向于聚集在一起，形成专业的产业区。在现代农业非常发达的西方国家，也形成了专业化、规模化、特色化的产业集群，比如荷兰的花卉产业集群。专业化产业区的形成是适应全球竞争的结果，符合产业发展的客观规律。

2. 有助于提高农业综合竞争力 从国际经验来看，农业区域的专业化生产是促进农业经济增长的有效路径。而专业化程度落后是制约我国农业竞争力提高的重要因素。发展乡村特色产业集群，有助于促进各个地区依据自己的资源禀赋优势形成某种农产品的产业集聚，实现以资源优势为依托的区域专业化、规模化的农业生产。产业集群中纵横交织的产业联系和合作，有助于企业获得产业竞争优势。集群内发达的专业市场体系，可以降低交易锁定和信息不对称的风险，节约买卖双方的交易成本。随着产业集群规模的进一步扩大，集群区域内形成了专业化的运销服务体系，有助于提高农业生产和销售效率。集群内主体间互相竞争又互相学习，不仅可以促进经验、知识的交流，还可以促进知识的溢出，进而实现知识的创新和发展。

3. 有助于促进农民就业增收实现共同富裕 乡村特色产业集群的发展使得集群内各主体的分工将趋于多样化和精细化，不仅会有更多的农户参与到种养等初级产业中去，也会有一部分人随着资金、技术的积累而成为专门的经纪人、企业经营者或技术服务人员。伴随着集群产业的发展壮大，这些新产生的分工和就业模式的专业化程度将迅速提高，这样就扩展了集群区域内农民的就业和增收渠道。与此同时，地方政府会有一系列政策和措施来扶持乡村特色产业集群的发展，例如增加对农民的技术培训等，从而提高了农民自身的文化素质，提升农民就业适应力，也增加了农民的工资性收入。

4. **符合当前中国的国情农情** 中国农业发展的现状和大量小规模农户和企业存在的现实，特别是现有土地产权制度决定了农业生产的分散性，使得中国在短期内难以像发达国家那样建立实力雄厚、可以掌控整个产业链的“航母”式企业或企业集团，农业产业的发展仍将长期以小农户和中小企业为主。实际上，中小企业的弱势并不在于小，而在于分散，不仅企业布局分散而且企业的资源使用上也很分散。国际发展经验证实，小规模的企业和农户可以通过产业集聚与专业化的分工突破个体经营规模的限制，在实现规模经济与范围经济的同时，保持了灵活性与快速反应的优势，提高产业竞争力，甚至在国际市场上战胜大规模企业和农场。

（二）乡村特色产业集群的形成条件

马歇尔认为，产业集群的形成条件归为四个因素：首先是自然条件，例如气候、土壤、资源与交通便利等；其次是民族的性格和当地的社会与政治制度；再次是各种偶然事件；最后是该地区必须要具有商业上的便利。由此可见，资源禀赋、外部环境、产业基础以及偶然性的路径依赖都对产业集群的形成具有重要作用。

1. **资源禀赋** 农业是一个对自然资源依赖很强的产业，不同的农产品所需的生长环境不同，因而不同区域具有不同的特色农业。在特色农业集聚区，最容易形成产业集群，因此自然资源禀赋差异是乡村特色产业集群形成的基本条件。除了自然资源禀赋外，劳动力供给也是产业集群形成的重要因素。农业作为劳动密集型产业，农产品从种养到加工等产业链环节都需要大量的劳动力供给，当地充足的劳动力也为产业集群的形成提供必不可少的要素供给。

2. **产业基础** 主要包括社会文化、市场需求、交易成本等。一些地区由于历史或者是社会制度的长期孕育，存在一种共同的文化传统、行为规则和价值观，创业和创新蔚然成风，这种社会文化氛围能够促使最初诞生的企业慢慢形成一种积聚核心，在它们之间形成一种基于信赖基础的网络关系，促进产业集群最终形成。为了适应消费需求多元化及消费档次的不断提升，农户、农业企业和农民专业合作社聚集在一定的地理空间上，通过分工与协作以及彼此的监督，生产出适应国际和国内市场需求的农产品，这是特色产业集群形成的催化剂。在产业集群内部，相互之间资源运输便捷、信息交流及时，会相应减少很多交易费用，因此交易成本是影响企业区位选择的关键因子。

3. **外部环境** 根据制度经济学，良好的制度环境能够减少市场经济交易成本。政府、行业协会以及集群内的其他组织和机构在乡村特色产业集群形成和发展、产业集群品牌建设以及集群内科技创新等领域有着举足轻重的作用。政府不仅需要解决市场失灵问题，更需要促进市场发展，提高农业产业集群的专业化程度，提供公共产品和服务以克服经济的负外部性；行业协会等组织作为一种制度安排，不仅为企业之间的合作创造了平台和条件，更重要的是协调了集群内的集体行动、加强了对集群内各主体的约束。

4. **偶然性路径依赖** 克鲁格曼认为，在什么地方产生集中是随机的，具有很大的偶然性。这种理论强调产业发展的自发性，强调历史和偶然因素的作用。对区域而言，一旦偶然因素激发区域内某种经济活动，在集聚效应作用下，经济主体通常会有意识或无意识地模仿成功者，使得区域内这种新的经济活动规模不断扩大，区域发展产生路径依赖，促使经济活动形成并不断累积发展，最终形成产业集群。这种路径依赖的主要来源包括资源禀赋、技术遗产、区域结构和制度文化，等等。

三、乡村特色产业集群的运行模式分析

《农业农村部办公厅 财政部办公厅关于开展优势特色产业集群建设的通知》（农办计财〔2020〕7号）明确提出，优势特色产业集群的建设目标是："支持建成一批年产值超过100亿元的优势特色产业集群，推动产业形态由'小特产'升级为'大产业'，空间布局由'平面分布'转型为'集群发展'，主体关系由'同质竞争'转变为'合作共赢'，形成结构合理、链条完整的优势特色产业集群。"这其中，关于优势特色产业集群的运行模式有两点要求：一是从区域布局上看，要由平面分布转型为集群发展；二是从主体关系上看，要由同质竞争转变为合作共赢。本节结合现有优势特色产业集群，从区域结构和主体结构入手分析乡村特色产业集群的运行模式。

（一）区域结构

产业集群的一个基本特征就是企业间地理上的邻近。在现有理论中，研究产业集群内部区域结构的文献相对较少，但由于乡村特色产业的地域根植性特征，使得区域资源优势和发展历史对产业形成的影响十分显著。也正是由于这一点，才使得大部分乡村特色产业的规模都十分有限，一般都是围绕某一特色资源发展起来的，以一产居多，二产相对初级，三产较少，产业辐射范围很小，呈现点状分布特征。发展优势特色产业集群，就是要集聚资源，延伸产业链、畅通供应链、提升价值链，打造立体化、多层次的产业发展模式。各地在规划特色产业集群时，大多也是以现有产业区域分布为基础进行布局，区域之间分工合作的关系差别较大，大致可以划分为以下三种类型：

1. 链条式产业集群 这是基于纵向分工网络而形成的产业集群，集群内各区域之间按照产业链不同环节进行分工，每个区域都有一个明确的发展目标，或是侧重标准化基地建设，或是侧重加工转化，或是侧重流通营销。集群内存在一条较为完整的产业链，各个区域基本都是产业链上的成员，在发展方向上各有侧重，同一环节区域之间的竞争较少。如云南花卉产业集群，根据五大功能进行布局，各区域互为补充，互为支撑。在生产环节，以曲靖市马龙区为重点，建设鲜切花绿色高效种植技术示范推广区；在加工营销环节，以昆明市呈贡区、晋宁区为重点，分别建设国际性鲜切花交易集散中心和鲜切花采后处理及物流集散中心；在经营主体环节，以楚雄彝族自治州禄丰县、昆明市晋宁区为重点，建设鲜切花新型经营主体发展示范区；在三产融合环节，以红河哈尼族彝族自治州开远市、玉溪市红塔区为重点，建设鲜切花三产融合发展示范区。

由于乡村特色产业以第一产业为基础，种养殖基地建设在产业集群发展中占据重要地位，因此大部分产业集群的种养殖基地都会有多个区域参与建设。为防止同质竞争，每个基地在发展方向上会有所差别。例如寿光蔬菜产业集群在空间布局上分为"一核、两区、三基地"，"一核"即寿光设施蔬菜综合创新核心区；"两区"即安丘蔬菜加工出口示范区、寒亭蔬菜精深加工示范区；"三基地"虽然都是种植基地，但在功能定位上，青州为蔬菜

设施装备提档升级示范基地，昌乐为高端瓜菜标准化生产示范基地，临淄为绿色蔬菜标准化生产示范基地，突出了各区域的发展特点，形成相互联动、协同共生的发展格局。

2. **齿轮式产业集群**　这是基于横向分工网络而形成的产业集群，集群内各区域各自形成相对独立、完整的产业链，几乎均生产同一大类的产品，但在细化品种、客户群体、优势环节上有所差异，力争走错位竞争、合作共赢的发展道路。如陕西苹果产业集群，通过“公司＋农民合作社＋家庭农场（种植大户）”等组织模式，组建农业产业化联合体，以区域为单位建立洛川白水印台集中联片区、宝塔区、米脂县、淳化县、千阳县五个苹果产业联合体集群，形成整个产业集群的主骨架。每个区域都有较为完整的产业链，为避免同质竞争，在目标市场上对国内和国际市场进行了细分，在主打产品上也突出差异化，在集群中的功能定位上也体现了各区域之间的分工协作。如千阳县的定位是集群内的苗木繁育基地，淳化县是采后加工，宝塔区和米脂县是山地苹果优生区，洛川白水印台集中联片区是集群配套产业发展中心。每个区域对集群整体竞争力的提升都有重要的支撑作用，呈现了齿轮状错落有序、良性“咬合”的发展格局。

3. **沙滩式产业集群**　与链条式和齿轮式产业集群相比，沙滩式产业集群的内部结构非常松散，区域之间基本不存在分工合作的关系，之所以成为一个集群，很大程度上是由于政府的优惠政策，或良好的基础设施、丰裕的原材料与廉价的劳动力等地理区位优势。从现有材料看，属于这一类型的产业集群不在少数。这其中既有产业发展基础的问题，也有地方政府产业规划不够科学的原因。如安徽茶产业集群，本身产业基础很好，以茶叶品种为标准划分为两大区域：黄山毛峰国家地理标志产品核心区，包括黄山市辖区（徽州、黄山）、休宁县、歙县、黟县、祁门县等地；六安瓜片地理国家标志产品核心区，包括六安市辖区（裕安、金安）、金寨、霍山、舒城等地。这两个地区的产业发展较为成熟，但一个位于安徽西部，一个位于安徽南部，在地域上相邻较远。为了突出产业集群地理邻近的特征，在两个区域之间又规划了一条产业集群效应溢出共享发展带，功能定位是承接两大核心区的技术转移输出，共享产业集群的科技创新与人才培养、市场营销渠道、品牌效益等多方面的公共效益。专业化分工是形成产业集群效应的一个重要原因。这种“两核一带”的布局看似将集群内各区域联系在一起，但由于缺乏具体的分工合作机制和政策安排，结果很可能是结构松散、各自为政，区域之间协同合作的集群式发展模式难以形成。

（二）主体结构

产业集群的主体结构是指构成集群的各主体之间的联结方式，包括各主体的功能定位、合作方式和利益联结机制等。产业集群的主体包括企业、政府、中介机构、行业协会、科研机构等，其中企业是集群内占据主导地位的生产主体，企业间存在单向或多向、纵向或水平的关系，形成一种非线性的、网络结构的联结关系，我们称之为核心层。政府、中介机构、行业协会、科研机构等主体虽然不直接从事生产，但要为核心层提供技术、人才、制度、培训等服务，是产业集群的重要支撑，我们称之为辅助层。整个产业集群是由核心层和辅助层交织而成的复合网络结构，下面我们分开进行解构。

1. **核心层主体结构**　核心层的主体以企业为主，企业之间是基于产业关联的经济技术合作与竞争关系而形成的网络结构。从产业链纵向关系上看，可以分为供应商和生产商，从横向关系看，可以分为互补企业和竞争企业。就优势特色产业集群而言，从纵向关系上看，原材料的供应商是特色农产品的生产主体，主要是农户（包括种植大户、家庭农场）及其经济组织——农民专业合作社；而企业类型很多，遍布产业链的各个环节，包括生产型企业、加工型企业、贸易型企业、物流型企业、生产资料供应型企业及其他服务供应企业等等，相互之间的关系或单向或双向，或纵向或水平，或合作或竞争，共同构成了产业集群的核心网络。按照集群内产业链上不同企业之间的关系，可以将优势特色产业集群核心层的主体结构划分为中小企业群生型和“龙头企业＋”网络型。

（1）中小企业群生型。这类产业集群内的企业多以本地中小企业为主，规模相对较小，产业链一般较短，技术含量有限，大部分企业可以独自完成生产、加工、销售等环节，各个企业相互之间较少有专业化分工和合作，品牌影响力十分有限，产品一般在区域内销售，客户群体较为一致，竞争激烈。例如，黑龙江白鹅产业集群有各种新型农业经营主体 2 500 余个，各级农业产业化龙头企业 35 家，其中省市级 13 家，没有国家级龙头企业。产品主要以低端、速生型肉鹅为主，绒用、药用等高附加值产业几近空白。产业链以屠宰粗加工环节为主，“原字号”整只白条鹅产品占 80%，熟食制品占比仅为 20%，白条鹅生鲜精细分割、半成品菜肴、生物制药等高附加值产业均处于空白状态。集群内各类主体呈现“诸侯混战”状态，品牌建设滞后，影响力仅局限于省内市场。

从制造业集群的发展经验看，中小企业群生型产业集群可以实现专业化生产和弹性化生产的统一，这种生产方式更能适应于变化的社会。众多中小企业集中在产业链的不同环节，形成垂直专业化分工合作的生产模式。这种类型的产业集群在浙江地区广为流行，一个完整的生产流程常常被分解成几个独立的生产环节，每个环节由几家甚至几十家企业一起竞争，这样可以大大降低产品制造成本并促进技术创新，长期增长前景较好。但其前提是精细的专业化分工、强大的行业协会组织和本地政府的正确引导。以当前乡村特色产业集群的发展程度，前两个条件在短期内难以满足，导致这类型的乡村特色产业集群发展前景堪忧，需要尽快转型升级。

（2）“龙头企业＋”网络型。这类产业集群内有少数几家企业控制了集群产品产业链的重要环节，同时在上下游的各环节也存在众多中小企业。这少数几家企业是该产业集群的龙头企业，他们与众多中小企业之间相互独立又相互依赖，在生产中发挥横向的支撑作用，在营销中以品牌效应发挥纵向的纽带作用，在核心技术的研发和应用中发挥创新和导向作用；而众多中小型企业（或新型经营主体）一方面自己开拓市场，另一方面由于市场能力有限，通常还需依靠龙头企业和集群内网络集体的力量。

在当前的乡村特色产业集群中，“龙头企业＋”网络型的集群数量较多，最典型的是河南豫西南肉牛产业集群。该集群围绕河南豫西南的三大肉牛品种，在河南恒都食品有限公司、科尔沁牛业南阳有限公司、河南国润牧业有限公司三个省级以上龙头企业的带动下，形成了以泌阳县为核心，辐射带动驻马店市的夏南牛优势特色产业集群；以新野县为核心，辐射带动南阳市的南阳牛优势特色产业集群；以郏县红牛为核心，辐射带动平顶山市的郏县红牛优势特色产业集群。这三家龙头企业均是屠宰加工型企业，通过与当地中小型生产经营企业、农民专业合作社和家庭农场签订合同、协议或制定章程，形成了以分工协作为前提、以规模经营为依托、以利益联结为纽带的产业化联合体，共同促进了河南豫西南肉牛产业的发展壮大。

2. 辅助层主体结构　产业集群作为介于市场（宏观）和企业（微观）之间的中观组织，其发展过程中同样存在着链条缺失。一方面，因为地理上的邻近，集群内企业共享当地的要素市场，包括公共基础设施、人才资源、交通资源以及基础性的技术资源等，竞争性的企业之间甚至共享目标市场。而要素以及目标市场的有限性，使得集群内部企业容易陷入过度竞争的格局；另一方面，作为一个多层次、多结构的网络，知识外溢是集群内部存在的典型的正外部性之一。然而，对于单个企业而言，知识外溢缩短了企业技术优势的持续时间，打击了企业进行技术创新的积极性，使得产业集群陷入技术锁定的困境，集群创新停滞不前。

在集群自我调节无效率的前提下，以地方政府、中介机构、行业协会、科研机构为主体的辅助层的支持与协调就显得十分必要。辅助层是以共同的服务对象为纽带形成的网络层面。辅助层各主体虽然不直接从事生产，但要为核心层提供技术、人才、公共服务、规制、制度以及咨询、培训等服务功能。具体看来：

（1）地方政府。通过加强对农业资源的调查研究，制定科学的集群规划。通过提供必要的制度支持、良好的社会化服务体系，保护和促进地区产业集群的发展。通过加大对农业技术创新投资的力度，在完善“核心区、示范区、辐射区”的农业科技园区发展模式的基础上，实现农业技术创新的梯度推进，促进农业产业创新发展。同时，政府还可能是集群产品的直接消费者。

（2）行业协会。在现代产业集群网络中，行业协会充当着越来越重要的角色，它对产业集群的发展有重大推动作用。一个职能完善、运行有效的行业协会可以为企业提供专业的市场分析、制定统一的行业标准、通过建立行业行为规范制度遏制行业内的恶性竞争、代表企业开拓海外市场等。从制造业产业集群的发展经验看，这些功能在代理政府行使行业管理、代表产业集群处理国际贸易纠纷时显得非常关键。

（3）中介服务机构。能够为集群发展提供多层次、多功能、全方位的社会化服务，有利于提高集群企业的竞争力。各种中介机构的存在可以为集群内企业的发展提供公共技术服务平台、信息平台、教育培训基地、创业辅导中心、专业市场、物流中心等，是产业集群网络中不可或缺的存在。

（4）科研机构（包括大学）。一方面可以为集群内企业提供重要的技术来源，支持企业的技术创新，是实现科学技术产业化的重要力量；另一方面，科研机构也可以成为集群内企业高科技人才的输出方，为企业发展提供人才支撑，加快集群的创新步伐。同时，科研机构往往也是集群内新企业的孵化器。

四、乡村特色产业集群的主体结构度量

产业集群结构是综合反映集群内部发展水平的变量体系，上一节我们主要从定性的角度分析了当前我国乡村特色产业集群的主体结构，本节我们将构建集群核心层主体结构和辅助层主体结构两类指标，力求全方位地准确定位集群结构属性，提供更加科学的政策建议。

（一）产业集群主体结构度量的指标构建

1. 核心层主体结构　我国经济正处于三期叠加的时期，经济发展步入新常态，促进产业结构升级是必然趋势。进入21世纪以来，产业结构升级已经成了我国经济转型的关键问题，合理的产业结构既是经济发展的重要推动力，也是经济高度化发展的最终体现。产业结构升级可以通过产业结构高级化来实现，具体体现为：第一产业占主导逐步向二三产业占主导变化；劳动密集型产业向技术资本密集型产业变化，这种转变体现了集群成熟度的逐步提高。集群成熟度是描述集群发展程度的指标，随着产业集群的发展，产业结构逐步优化升级，二三产业产值占比逐渐提升，集群结构越发完善。这在产业集群的相关描述性指标中具有十分重要的作用，所以，本文设计以 Ma＝二三产业产值/集群总产值，来衡量集群核心层主体结构成熟度的指标。

2. 辅助层主体结构　辅助层主体结构包括了集群发展过程中多个方面的数据，用以衡量集群支撑体系的发展水平。集群的支撑体系主要落脚于集群品牌文化、发展潜力、公共创新平台以及行业协会等支撑点，影响着集群的规模、发展方向以及创新能力。在我国高质量发展的背景下，对集群建设提出了更高的要求，只有在多方面都较为完善的集群，才具有较强的市场竞争力，才符合我国未来发展的需求。因此，本文构建了集群综合支撑指数作为集群辅助层主体结构的度量指标，具体包括：集群增长潜力、集群创新能力、行业协会支撑以及集群品牌支撑。

（1）集群增长潜力。集群增长潜力主要体现在集群内部龙头企业（包括国家级和省级龙头企业）的数量，它对广大中小企业会产生辐射和带动效应。根据外部性理论，大企业的技术、人才、信息等要素会产生溢出效应，对集群内中小企业、新型农业经营主体产生正面的良性辐射。以往研究结果显示，集群龙头企业会产生强劲的增长带动力，提升集群内部的增长潜力。所以，本文用T_1＝龙头企业数量/经营主体数量，作为衡量集群增长潜力的指标。

（2）集群创新能力。科技创新与进步是影响集群产业长期高质量发展的关键因素之一。无论是新古典经济学理论还是内生增长理论，都强调了科技创新与进步在实现集群协同发展、保持经济长期增长方面的重要作用。省级创新平台是围绕国家发展目标，根据科学前沿、区域发展需求以及产业创新需要，开展基础研究、行业产业共性关键技术研发、科技成果转化及产业化、科技资源共享服务等科技创新活动的重要载体，是国家创新体系的重要组成部分。省级创新平台在一定程度上代表了集群内科技含量的高低，是集群创新能力的集中体现。因此我们用省级创新平台的数量来度量创新对产业集群的支撑能力，即T_2＝省级创新平台数量/经营主体数量。

（3）行业协会支撑。集群在产生规模经济的同时，也会由于过度竞争、恶性侵权、信息不对称等原因造成不良影响，阻碍集群的健康发展。这就需要有一定规模的行业组织对集群内部企业进行沟通协调，制定相应的规范政策并提供信息普及等服务。行业协会，包括同业公会、技术促进会、商会等，承担起制定行业竞争规则、协调业务纠纷、沟通行业信息、监督法规实施等作用，是广大中小企业生存与发展的重要支撑。本文以行业协会数量来描述行业协会对产业集群的贡献，构造指标值为T_3＝行业协会数量/经营主体数量。

（4）集群品牌支撑。 品牌是一个集群的名片，体现了集群的声誉价值、文化价值和影响力大小。好品牌往往代表了较高的产品质量、优质的售后服务，可以激发消费者的购买欲望，吸引更多的客户与集群内企业建立合作关系，是支撑集群产业竞争力的文化基础。集群品牌也具有地域性，带有地域文化色彩，与区域企业家精神、市场诚信关联，具有价值性和不可复制性，因此是集群核心竞争力的重要因素。本文以T_4＝注册商标数量/经营主体数量，来衡量集群的品牌支撑水平。

综上，产业集群的综合支撑指数是上述四个变量的总和，考虑到各变量的单位和取值差异，本文对上述四个T_i值在进行标准处理后，构建集群综合支撑指数$T=\sum T_i/4$，再对结果进行归一化处理后得到最终指数。指标说明可见表1。

表1　指标构建

指标类别	指标名称	指标计算方式
综合指标	集群成熟度	二三产业产值/总产值
	集群综合支撑指数	指标标准化后进行平均以及归一化处理
集群综合支撑指数分项指标	集群增长潜力	龙头企业数量/经营主体总数
	集群创新能力	省级创新平台数量/经营主体总数
	集群行业协会支撑	行业协会数量/经营主体总数
	集群品牌支撑	注册商标数量/经营主体总数

（二）产业集群主体结构指标的描述性统计

根据2021年集群申报方案中全国各地优势特色农产品产业集群建设方案（竞争遴选），选取50个产业集群进行数据的汇总分析，具体描述性统计结果如表2所示。从中可以看出：集群成熟度的均值为0.607，说明二三产业的产值占总产值的一半以上，这表明了2021年入选的50个产业集群三产融合颇有成效，集群成熟度相对较高。集群综合支撑指数的均值为0.062，标准差为0.164，表明集群之间综合支撑指数的差异较大。其中，最高的是北京蛋鸡，最低的是北大荒大豆。

表2　指标描述性统计

	观测数	均值	标准差	最小值	中位数	最大值
集群成熟度	50	0.607	0.209	0.096	0.647	0.973
集群综合支撑指数	50	0.062	0.164	0.000	0.018	1.000
集群增长潜力	50	0.053	0.157	0.000	0.012	1.000
集群创新能力	50	0.038	0.199	0.000	0.007	1.417
集群行业协会支撑	50	0.026	0.090	0.000	0.007	0.640
集群品牌支撑	50	0.973	3.204	0.001	0.130	21.750

数据来源：作者利用Stata软件计算。

从集群综合支撑指数的各项指标看，集群增长潜力数值越高，表示集群内的大企业集中度越高。平均而言，集群内的省级以上龙头企业数量占经营主体总数的5.3%，表明目前集群内龙头企业数量并不多；集群创新能力数据表明省级创新平台的数量仅占到经营主体总数的3.8%。其中，北京蛋鸡集群内的省级创新平台数量最高，但部分集群内科技创新平台数量为0，创新能力十分匮乏；集群行业协会支撑指标均值为0.026，标准差为0.09，说明平均来看，主导产业行业协会总数占到经营主体数量的2.6%，并且集群之间行业协会的数量差异相对较小，这表明当前的产业集群普遍缺乏行业协会；集群品牌支撑的均值为0.973，标准差为3.204，表明不同集群品牌支撑水平差异较大。

（三）产业集群成熟度与集群综合支撑指数分析

根据2021年集群申报方案中提取的数据，以全国50个集群作为研究对象，对集群成熟度和集群综合支撑指数进行计算和归纳，绘制出全国乡村优势特色产业集群散点图，如图1所示。

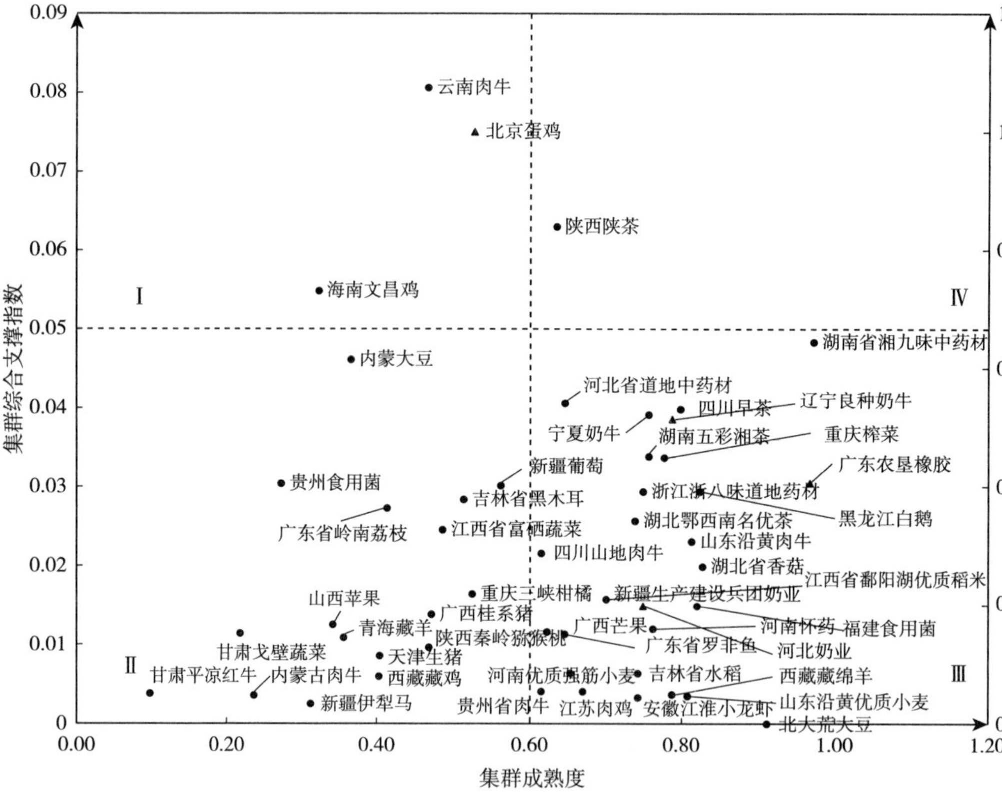

图1　2021年乡村优势特色产业集群散点图

对样本集群按照集群成熟度和集群综合支撑指数之间的相关关系进行划分，可以分为四种类型：

第Ⅰ类：集群成熟度低，外部支撑体系较强（3个）。

第Ⅱ类：集群成熟度低，外部支撑体系较弱（17个）。

第Ⅲ类：集群成熟度高，外部支撑体系较弱（26 个）。

第Ⅳ类：集群成熟度高，外部支撑体系较强（4 个）。

需要说明的是，大部分集群的综合支撑指数在 0～0.09 的范围之内，少数集群如北京蛋鸡、辽宁良种奶牛、广东农垦橡胶和河北奶业的集群外部支撑指数分别为 1、0.52、0.41、0.20，远远高于大多数集群的水平。为了更加直观地在一个图中显示所有集群的情况，这四个集群的外部支撑指数对应右侧的 Y 轴，表示它们在图中所在象限并不代表他们的真实象限。所以，第Ⅳ象限包含的集群有：辽宁良种奶牛、广东农垦橡胶、河北奶业和陕西陕茶。北京蛋鸡虽然集群的外部支撑是最高的，但是集群成熟度并不是很高。从图 1 中我们可以看出：

1. 当前乡村特色产业集群的发展水平存在明显的区域差异　位于我国东部地区的省份，集群发展水平无论是成熟度还是综合支撑指数都相对较高（例如浙江、湖南、广东等地）。反观西部地区和偏远地区的集群，比如甘肃等地，两种指数的发展水平都明显低于其他区域。这可能是由于地区之间经济发展水平、交通物流条件和市场化程度差异所导致的。

2. 乡村特色产业集群的综合支撑水平普遍较低　有超过半数集群的内部成熟度都相对较好，但是鲜有几个集群综合支撑水平较为理想。50 个集群中只有 7 个集群支撑指数较高，大部分集群都分布在第Ⅱ、Ⅲ象限。通过对集群综合支撑指数中的四个具体指标进行分析，结合申报材料，本文认为主要原因包括：一是由于集群品牌支撑差异过大导致的。品牌支撑较好的集群（如北京蛋鸡、云南肉牛等）品牌支撑指数远远高于多数集群，这也表明了多数集群的品牌发展还有很大不足；二是相较于增长潜力，集群创新能力与行业协会发展稍显不足。观察各项数据可以发现，大多数集群增长潜力较强，有很大的发展空间，但是创新能力的局限与行业协会的缺乏严重阻碍了集群的发展，制约了集群综合能力的提升。

3. 部分产业集群的外部支撑体系较强但集群成熟度较低　主要分布在第Ⅰ象限的产业集群中，具体包括：云南肉牛、海南文昌鸡和北京蛋鸡。分析原因，大致可以认为是由于集群产业链较短，导致二三产业发展不足。虽然这几个集群建设较为完善，多项支撑指数都比较出色，综合支撑体系较强，但是由于集群产业主要以鲜食为主，相较于药材、橡胶、茶叶等产业，二三产业的开发度还远远不够。

五、国内外农业产业集群发展经验借鉴

近年来，国际最具竞争力的农产品生产国呈现规模化、特色化与地方化产业集群的发展趋势，例如，荷兰在全球花卉产业、法国在葡萄酒产业均拥有绝对竞争优势。但按照传统比较优势原则，荷兰并不是最适宜花卉种植的地方，而特色产业集群的发展，使得农产品国际竞争力的决定因素不只有各国资源或技术上的差异，而是依靠规模效应和集聚效应。本节将系统梳理荷兰花卉产业集群的发展路径和基本经验，并与我国云南花卉产业集群进行比较，从而得出进一步促进我国乡村特色产业集群发展的重要启示和建议。

（一）荷兰花卉产业集群

荷兰国土面积比较狭小，资源贫乏，但其农业十分发达。作为世界第三大农业产品出

口国，出口额占国内生产总值的90%以上。特别是花卉产业更是在荷兰农业中占主导地位，高速发展的情况下仍充满旺盛的生命力，而这些都归功于荷兰的花卉产业集群战略。

1. 荷兰花卉产业集群的发展现状 荷兰花卉产业分工细化，并且拥有高度发达的配套服务体系。从产业链的角度来看，包括花卉生产、销售、科研、推广培训等相关各个环节，其中每个环节都独立专业运营，实现精细专业化分工，使一些花卉种植企业有精力也有能力细化到某一种花卉，甚至某一个品种，从而使生产规模和生产效率最大优化，实现专而精，产品的个性化和核心技术得到不断发展。如今，荷兰已经拥有从种植、生产到销售等一系列的高效的花卉生产链。这使荷兰的花卉市场具有了非常强大的竞争力，花卉销售量占全世界销售量的七成以上。

2. 荷兰花卉产业集群的主体协作 荷兰花卉产业集群十分成熟，每一区域集群都拥有高度发达的配套服务体系，各个环节都由专业企业承担，分工极其明确，形成了从研究开发、生产组织、市场营销到物流管理的高效完整产业链网络。荷兰已建立起从花卉技术研发、种植到加工、物流、批发、零售、出口的完备的产业链体系，形成了完整的花卉产业集群。在产业链条上，各个环节的功能相对明确，而且在各个环节都有相关中介服务组织予以配套，包括花卉技术研发机构、为花卉生产提供设备的机构等。同时，大量与花卉产业相关的企业通过产品及服务建立起了合作及竞争关系，形成了互利共生的企业群落，使产业发展保持了持久的竞争力。

（1）荷兰政府有效调控、规范立法，是产业发展的机制保障。荷兰政府规定，直接从事花卉生产的公司可享受增值税率优惠。每年荷兰政府从预算中拨款补助栽培公司用于建造节能设备，降低能源使用成本。

荷兰政府还与其他国家签订双边、多边贸易协定，为花卉产业国际贸易消除贸易壁垒。政府会利用遍布世界各地的使馆，为花卉企业提供国际市场信息。另外，荷兰政府提供了对于花卉产业发展非常重要的研发服务。花卉新品种研发难度大、周期长、投入高、风险大，但荷兰政府为其花卉新品种测试中心提供50%的经费。正是政府对新品种研发的大力支持，使得荷兰花卉产业技术先进、品种繁多，能够满足不同客户的需求，为花卉产业打开广阔的市场。

同时，荷兰政府制定相应的法律法规来管理和规范花卉产业的有序健康发展。主要体现在：一是政府通过制定行业法律法规来规范花卉行业的生产经营活动，保护花卉生产经营者和消费者的合法权益。如政府要求花卉中介机构制定的产品质量标准都必须依据和遵循政府所制定的农产品质量法案。二是政府通过授权中介机构对花卉行业的行为进行监督和规范，如为了避免过量使用化肥对环境造成破坏而制定相关化肥使用规定，会授权独立的非营利中介组织，对花卉企业在种植过程中化肥的使用情况进行评估。授权中介组织进行监督管理完成政府职能，更公平地对被监管企业进行评估，保护消费者权益。

（2）行业组织协调一致、统筹引导，是产业发展的必要条件。政府的宏观管理往往是与行业组织的微观管理相结合的。荷兰花卉的行业协会涉及行业的各个方面，形式多样，包括生产销售科研教育宣传服务等所有具体问题，同时关注并影响着行业发展战略与政府的关系国际市场的动态等。著名的阿斯米尔鲜花拍卖市场就是由拍卖协会组织维护，专业种植者协会协调生产方面，植物保护局负责检疫和质量工作等。总体来说行业协会沟通政府与花卉生产商、生产商与销售商，协调生产商之间的关系起着引导生产促进贸易的目的。

（3）花卉农户互助互惠、携手共进，是产业发展的良好基础。荷兰的花卉农户可视为具有共同利益的集体，而不是竞争的对手，他们生产的产品相同或相似，具有相同的市场地位。由于这些共同的特点，荷兰的农户自发地结合起来，建立互助互惠的经济合作组织，即农业合作社，联合采购农业生产资料、加工和出售农产品以及筹集资金，从而降低投资成本，提高产品收益，使农民在激烈的市场竞争中取得最大的经济利益。荷兰的农业合作社主要包括两种类型，一种是为农场提供各种社会化服务的合作社，其目的是让农民深入到产业链的各个环节；另一种是作为法定产业组织的合作社，主要是让农户协作起来，形成自己的市场势力，从而在大市场中能够有一定的话语权，如各种行业、商业协会等。

（4）专业公司分工明确、各司其职，是产业发展的有力支撑。规模较大的专业生产区可以刺激大量提供准公共品服务的公司出现，比如各种培训公司、信息公司、专业化人才公司、基础设施、贸易展会等。公司还可以从专业化的基础设施和咨询机构那里得到优质服务。

从荷兰花卉产业集群的发展可以看出，特色化、专业化的农业产业区是一个完整的产业体系，不仅实现了产供销或农工商综合体的产业化组织的各种功能，而且产业区内的农户群、农业生产企业群、加工企业群、销售企业群或销售商群、物流企业群、生产资料供应企业群以及其他服务主体或企业群体等结成有机的网络体系，实现了产业区内专业化分工、灵活的生产组织形式、满足不同需求的同类产品的细分产品组合以及专业化服务和支持体系，从而比其他的产业组织形式具有更大的优势与活力。

3. 荷兰花卉产业集群的发展经验　发展到今天，荷兰花卉的产业集群已经相当成熟，建立起了专业完善的花卉产业链，涵盖了种植、销售、物流、品控、研发等方面，为发展中的农业产业集群提供了十分成熟的范例经验。

（1）以家庭农场规模化专业化种植为依托。荷兰家庭农场的平均规模非常大，根据欧盟的标准，荷兰农场生产级别都比较高，具有很强的竞争力。荷兰花农大多数都掌握专业的花卉种植技术，依托自己的家庭农场，主要种植1～2个品种，其花卉种植规模大、品种专一，且专业化程度高。

（2）以拍卖市场为中心的高效营销体系。荷兰的花卉产品采用占比最大且典型的“荷兰式拍卖”——公平、公开、快速和高效。荷兰的花卉拍卖市场拥有一整套完善的鲜花保存、包装、检疫、海关、运输、结算等全套服务，高效率的花卉拍卖营销体系可以为全球80多个国家和地区的花店提供最新鲜的鲜切花。荷兰全国各地分布着7个花卉拍卖市场，拍卖世界各地的花卉品种。产品拍卖后，直接运至买方指定地点，电子订购系统为全天销售的产品提供信息服务。

（3）快捷、完善的冷链物流系统。荷兰的冷链物流十分发达，荷兰绝大多数物流企业都拥有现代化的冷藏技术和设备，鲜花由公路冷藏集装箱从产地运至拍卖市场。每天有数千辆冷藏集装箱卡车进出拍卖市场，拍卖结束后马上运送至周边欧洲国家。距离较远的则采用空运方式。在荷兰，像阿姆斯特丹史基浦等机场都设有专门的冷库，用于储存即将运往世界各地的鲜花，保证在一天之内把各类花卉产品运送至全球 80 多个国家和地区的花店。

（4）严格的花卉产品质量控制体系。高品质一直是荷兰花卉产业的特点，这也是荷兰花卉产业闻名于世界的主要原因。荷兰政府专门建立了一套严格的花卉质量控制体系和质量标准，坚决实施质量认证制度，并采用产品质量信用认证措施保证花卉产品的品质。而对于在花卉市场没有拍卖出去的产品，则全部销毁，绝不低价出售。

（5）强大的产品创新、研发能力。荷兰花卉产业的科学技术处于世界先进水平，建立了合理的科研体系和有效的运行机制。在荷兰，花卉的研究机构数量较多且设置合理，各个研究机构都有自己的主要研究方向，并且能将科研、推广、生产和市场融合与对接。花卉研究机构主要分为 3 个层次，即大学研究院、国家研究院和企业研究院，各级分工明确，相互合作。例如，瓦格宁大学的研究所是荷兰最好的研究所之一，配备了世界上最先进的设备。这里有超过 100 位的专家从事花卉遗传学、生理学和生物化学研究。在国家科研所，有数千名研究人员主要从事应用型理论研究。企业科研所由企业自主创办，研究方向主要为花卉的栽培技术、种子的引进和开发，成果一旦出炉就可立即投入生产。正是有这一系列的科研机构和专业人才作为后盾，荷兰花卉产业才能体现出如此强劲的产品创新和研发能力。

（二）云南花卉产业集群

自 20 世纪 80 年代以来，云南省基于其优势自然条件，开始重视花卉产业的开发。经过 30 余年的发展，云南花卉已初步构建起了科研、生产、加工、交易和社会化配套服务为一体的全产业链体系，成为全球三大鲜切花产区之一，拥有世界第二大鲜切花交易中心，是全国乃至亚洲地区的鲜切花种植栽培中心、价格形成中心、交易流通中心及品种研发中心，鲜切花面积、产量位居全球第一，国内市场占有率超过 70%，出口市场涵盖亚洲、欧洲、美洲、大洋洲等 50 多个国家和地区，大产业发展格局已初步形成。

1. 云南花卉产业集群的发展现状　2019 年，云南全省鲜切花种植面积 25 万亩，产量 139 亿余枝，农业产值达 120 亿元；鲜切花产销量连续 26 年保持全国第一。全省累计培育花卉新品种 560 个，拥有创新技术和专利 100 余项，制定各类国家、行业和地方标准 70 余项，关键环节技术实力全国领先。云南鲜切花产业集中度高，位于滇中地区的昆明、楚雄、曲靖、玉溪和红河种植面积占全省的 90%以上，鲜切花产量占全省的 95%以上。云南省选取了昆明市晋宁区、呈贡区、玉溪市红塔区、红河哈尼族彝族自治州开远市、曲靖市马龙区、楚雄彝族自治州禄丰县作为产业集群实施区域。2019 年，产业集群区域内鲜切花种植面积 10.08 万亩、产量 62.8 亿枝、综合产值达 106.92 亿元，其中农业产值 54.61 亿元，农产品加工产值 23.45 亿元，第三产业产值 32.4 亿元。产业集群初具规模，生产布局日趋合理，产品种类更加丰富，产品结构基本稳定，市场发展前景良好。

2. 云南花卉产业集群的主体协作　在当前花卉产业激烈的竞争形势下，云南当地政府和有关部门因地制宜，根据云南省花卉产业自身的特色加强引导，科学制订花卉产业的发展计划，对具有区域特色的花卉生产地区进行合理规划和布局。企业方面，对市场进行认真分析和研究，通过研究竞争对手，明确自己的优势和不足，找准自己的市场定位，立足自身优势，重点发展一个或几个特色产品并做大做强，避免花卉产业的重复和无序竞争。逐渐摸索出了以下几种主体协作模式：

（1）“市场＋合作社＋农户”模式。昆明斗南花卉市场和昆明国际花卉拍卖交易中心，构建了以鲜切花交易为核心的利益联结机制，截至2019年，供货商达到2.5万个，其中企业105家、家庭农场8 551个、专业合作社2 439个、农户达1.2万户，带动3万户农户从事花卉种植。

（2）“公司＋合作社＋基地＋农户”模式。依托龙头企业开展标准化技术示范及推广，指导花农进行标准化生产，统一品种、种植、采后、包装、品牌、销售，企业根据花农所生产的产品等级、产量进行结算。此外以合作社为纽带，花农生产的产品由合作社统一分级、包装后进行运输和销售。

（3）“合作联社＋品牌”模式。通过兼并、整合不同区域合作社优势资源，由多个花农合作社组建集产供销一体化的合作联社，统一品牌销售、统一生产技术、统一采后包装、统一物资采购，实现专业化、标准化、品牌化发展。

（4）“园区＋企业＋农户”模式。引导农户将分散经营的土地作价入股成立农业开发股份公司，统一流转园区经营，社区集体经济实现每年增收。开远市5 545户花卉生产种植户中，3 668户与新型经营主体建立了较为稳固的利益联结机制，加入该模式的比例超过60％，辐射带动500余户建档立卡贫困户实现脱贫。

（5）“电商＋合作社＋农户”模式。花卉电商近年来蓬勃发展，对鲜花日常消费起到了重要的推动作用，除淘宝、京东、拼多多等大型电商平台开始发展鲜花交易以外，云南本地花卉电商平台也迅速兴起，联农带农作用逐渐显现。昆明花易宝平台有注册合作社及花农1 350余户，花农从线上平台获取交易指导信息，调整产品结构和上市时间；云南花加电商平台有2万余户鲜花供应商，鲜花电商模式优化了传统交易模式，减少中间环节，花农收入明显提高。

3. 云南花卉产业集群的发展经验　结合农业产业集群的特性及共性，借鉴波特菱形理论，总结出六种影响农业产业集群发展的重要作用力，即资源吸引力、组织聚合力、企业带动力、市场辐射力、体系协同力和政府引导力。这六种作用力相辅相成、共同作用，贯穿农业产业集群的形成、发展和壮大进程，影响着农业产业集群的市场表现。

（1）资源吸引力。农产品资源优势是催生农业产业集群的基础前提和诱发条件。特殊的自然条件，赋予了云南发展特色现代农业得天独厚的优势。云南资源禀赋优越，气候条件较好，境内以高原季风气候为主，年温差小、日温差大，降水充沛，这些气候特征使得云南尤其是昆明和滇中地区四季如春，非常适合种植鲜切花。云南省地处中国西南边陲，与多国毗邻接壤，是面向东南亚、南亚国家开放前沿的桥头堡，为花卉贸易创造了良好的区位条件。劳动力资源方面，云南省劳动力资源丰富、劳动力成本较低，在花卉产业竞争中具有相对成本竞争优势。

（2）组织聚合力。传统农业形势下，农户分散经营，合作较少，弱势明显，面临着

“谷贱伤农，谷贵亦伤农”的不利局面。这显然不利于农业产业集群的形成和稳定发展，只有联合起来，组建农民专业合作经济组织才能有效保障且提升其利益。以合作社为纽带，花农生产的产品由合作社统一分级、包装后进行运输和销售，聚合地域相近、产品相类的众多农户的力量，可在一定程度上改变农户的弱势地位，提升市场话语权。农民专业合作社等合作经济组织提高了农户之间的合作化程度，增强了农业的抗风险能力，为云南花卉产业集群的生长奠定了良好的基础。

(3) 企业带动力。主要是指龙头企业的带动作用。龙头企业在产业集群中发挥着带动作用和示范效应，尤其是在我国农业“小生产、大市场”格局下显得尤为重要。农业产业集群中的龙头企业可以是加工型企业，也可以是贸易型企业。但不管是哪种类型的企业，其进驻一地之后，一般都会通过某种组织形式与当地农户建立起产业化运营机制，比如“市场交易型”“价格保护型”“服务型”“返利型”等。龙头企业具有资金、技术、信息和市场开拓等优势，对农户来说，加入龙头企业的订单生产体系，可以降低市场风险，节省销售成本。云南花卉产业集群以龙头企业为核心，发挥联农带农机制，进行绿色高效种植示范及推广工作，企业以发展无土栽培肥水循环利用、自动化智能设施设备及病虫害生物防治等技术为主要模式，农户及合作社以发展精准施肥、节水灌溉、高效管理、标准采收为主要模式，不断提升花卉品质及产出效益。

(4) 市场辐射力。农产品的市场反响不仅取决于自身品质，也与销售市场、渠道的成熟与畅通程度息息相关。在产地培育出一个具有强大辐射力的专业性市场，可以为当地农产品提供就地销售之便，加快销售和变现速度，降低市场风险，有效带动周边农户及企业从事主导农产品的生产和加工，从而助力特色农业产业集群的形成和发展。为了进一步为本地花卉产业集群提供市场动力，云南成立了昆明国际花卉拍卖交易中心，通过与国际接轨的竞价拍卖方式让花农摆脱了花商对价格的人为控制，花卉的市场价值得以充分体现，并由此制定了花卉生产的行业标准，从而使昆明花卉产业集群进入一个新的发展阶段，花卉价值充分体现，市场竞争力极大提升。在花卉市场的辐射带动下，斗南现已成为全国最大的花卉交易集散地和价格中心，云南及周边省份、甚至地处亚洲及南太平洋地区的十余个国家的花卉均已入场交易。

(5) 体系协同力。随着集群的集聚作用越来越强，横向关联和纵向关联企业或机构会不断增加，同质企业的集聚带来共通性基础设施及要素的共享、技术外溢、学习效应、“鲶鱼效应”等方面的积极作用，促使行业生产效率得以提高，单位生产成本下降；同时，支持性行业、服务性组织等也相应增加，企业以分工协作的整体优势参与市场竞争，进一步对集群外相关企业构成极强的吸引力。多年来，云南省围绕鲜花种植业发展交易支撑、技术支撑与其他服务体系，大力建设以龙头企业为主导、个体商户为补充、全国各大中城市经销网点为窗口的销售体系，并且积极发展各类中间组织，为花卉产业发展提供技术、信息、销售、运输物资等方面的服务，引导发展花卉产业，紧密产业链，使其逐步成为农、工、商利益的纽带。

(6) 政府引导力。对政府而言，充分发掘本地农产品资源优势并围绕资源开发形成主导产业是一种较为现实和可行的路径。政府的政策导向和主动培育能够积极催化农业产业集群的孕育、产生和发展。云南省政府高度重视花卉产业发展，把发展云南花卉看作农业产业结构调整的重要内容，鼓励和支持云南花卉出口，着力规划和打造昆明国际花卉中心。大力推进优势特色产业集群建设，坚持主体投入和政府引导相结合、坚持全产业链打造和突出重点相结合、坚持省域统筹和市县抓落实相结合，充分调动了产业内经营主体积极性。同时，各级政府部门也大力支持花卉科研、教学等工作，重视专业花农队伍的培育，扶持建设多个大型花卉生产基地。云南省委、省政府作出打造世界一流“绿色食品牌”重大决策部署，先后出台一系列政策措施，制定《云南花卉产业集群建设方案（2020—2022）》，将花卉产业作为全省“绿色食品牌”8个重点产业之一，从而推动云南花卉产业集群进入高质量跨越式发展的新阶段。

4. 云南花卉产业集群存在的不足之处　同荷兰花卉产业集群相比，云南花卉产业集群尚存在一些制约产业发展的问题亟待解决。

（1）规模化组织化程度相对较低。这一问题制约了经营主体发展壮大、产量稳步提高和品质有效提升。鲜切花生产种植技术和生产设施急需改进提升。小规模企业、农户生产多以传统种植模式为主，水肥利用效率较低，绿色高效生产方式占比不高，优质花卉产出率较低，抵御自然和市场风险能力弱，单位面积产量、产值较低，仅为世界先进水平的25%～50%。与之相比，荷兰花卉生产已经实现了高度专业化和机械化，加上严格的标准化管理，极大降低了生产成本，提高了劳动生产率、产品质量和市场竞争力。

（2）全程冷链物流体系发展相对滞后。由于缺少规模化、集约化及规范化的储存、加工、中转集散平台，导致物流运输过程中的品质损耗高达30%以上。现有交易模式较为单一，传统批发交易量占总交易量的50%以上，环节繁多，效率较低。花卉品牌建设不足，市场对云南鲜切花品牌的认知度不高，急需对云南花卉品牌进行全方位整体策划推广，加快树立“优质、绿色”的品牌形象。三产融合发展仍有较大提升空间，鲜切花的一产比重占51%，二三产比重偏小。相对来说，荷兰花卉产业融合程度较高，在种植业基础上培育了大量加工、服务企业和合作组织，构建了完整的产业链和成熟花卉生产经营体系。

（3）经营主体实力相对不足。云南省花卉生产主体有八成左右是花农合作社和农户，普遍存在设施条件较差、自身积累较少，抵抗风险能力较弱的问题。核心骨干新型经营主体数量不足，全省花卉企业年销售额上亿元的企业仅有10家，占全省花卉企业总数的0.43%，龙头企业集团和产业联合体带动力亟待提高。新型经营主体科技创新能力仍需加强，与荷兰、法国等花卉发达国家相比，云南自主选育新品种依然存在较大差距，以最大花卉种类玫瑰为例，云南省累计获得授权的自主选育品种仅为法国的0.41%、荷兰的0.44%。

（三）发展启示

下一步，云南花卉产业提升应按照优势特色产业集群建设有关要求，围绕“品种、品质、品牌”三个重点确立鲜切花产业高质量发展战略，针对国际、国内两个市场全面推进花卉产业供给侧结构性改革，补齐产业发展短板、优化产业结构、完善产业链条。

一是要综合统筹布局。完善云南鲜切花产业生产经营体系及产业链布局，深入挖掘花卉产业发展潜力，促进花卉产业转型升级、提质增效，实现花卉产业高质量发展。构建覆盖全省范围的花卉种植技术推广服务平台。摒弃传统行政区划观念，以产业链条为管理基准，综合协调布局，充分发挥各环节产业优势，提升花卉产业综合实力。

二是要融合协调发展。完善鲜切花采后处理、分级包装等产地初加工环节，引入精深加工企业，加强对花卉加工产品的开发，促进产品结构多元化发展。建立区域性储货中心和冷链物流体系。建立集冷储、采后、包装、分拣、集散等功能为一体的终端集散中心和冷链物流体系。打造包含花卉种植、采后处理、冷链物流、市场在内全产业链的大数据云服务平台。

三是要推动创新研发。加大花卉本土新品种研发力度，引导各类研发主体明确研发层次和研发方向。提高本土新品种的稳定性，提升研发成果的转化运用率。引入国际知名育种商、设施设备企业，通过新品种、新技术的引进、集成和推广，提升鲜切花品质及种植水平。

四是要绿色健康发展。推广花卉生态高效栽培技术，对实施无土栽培、水肥一体化、循环水肥利用、节水灌溉等与设施相配套的绿色高效种植技术的企业、基地给予相关税费优惠、政策扶持。推动精准施肥施药，加强病虫害防治技术的综合运用，提高花卉品质，减少肥药过多导致的环境污染。发展花卉生产废弃物资源化利用项目，鼓励企业将花卉废弃物处理向无害化、资源化、商品化方向发展。

六、促进我国乡村特色产业集群发展的思路和建议

（一）加快集群三产融合，提升集群成熟度

乡村特色产业集群因为自身定位以及产品属性等原因，多数更加侧重于第一产业的发展，相对的第一产业产值的占比较高。但是，在农业高质量发展的要求下，特色农产品不应该仅仅局限于原始的农业产物，而应该通过第二、三产业的发展，赋予特色农产品更多的科技与文化要素，提升产品的附加价值。应明确产业集群发展方向和重点，从产业配套、拓展和拉长产业链条入手，积极开展招商引资，注重吸引具有产业关联的企业进入，形成研发、种养、加工、销售、物流一体化的全产业链体系。同时，从提升专业化配套水平入手，按照“联得上、配得紧”要求，积极搭建乡村特色产业集群内部核心层与辅助层之间的交流、协作、配套机制，增强整个产业集群的市场竞争力。

（二）发挥政府职能作用，统筹区域协调发展

数据分析显示，全国各地区集群的发展水平存在较大的区域性差异，东部地区成熟度与综合支撑指数都相对较高，而西部地区和偏远地区的集群发展水平相对较低。由于历史的原因和经济发展水平的差距，我国区域间的物流条件、科技水平等资源配置存在很大差距，严重阻碍了经济欠发达地区的集群建设与发展。因此，要加大统筹区域间发展力度，推动更多资源向农村地区、西部边远和少数民族地区倾斜，持续稳定增加“三农”投入，加快缩小区域差距。在继续推进西部大开发和中部崛起战略的过程中，加大国家对中西部地区的转移支付力度。健全区域协调机制，形成以东带西、东中西共同发展的格局。完善区域互助机制，鼓励发达地区采取对口支援、捐助等方式帮扶欠发达地区的发展。加大对

西部产业集群基础设施建设的力度，在科技投入、产业政策和人才引进上进一步向中西部地区倾斜。

（三）强化科技支撑，完善集群创新机制

技术创新，是推动农业产业集群快速发展的强大动力。要积极推进农业科技推广应用，用科技武装企业，增强创新能力，提升农业产业集群发展水平。要注重从政策、资金等方面大力支持集成创新，鼓励企业研发并掌握具有自主知识产权的核心技术，提高产业集群的核心竞争力。支持产业化集群建立科技研发平台，充分发挥集群内龙头企业的科技创新主体作用，支持龙头企业联合科研单位、大专院校进行广泛的产学研合作，在重点领域和关键技术研究上取得新突破。不断提高农产品科技含量，抢占全国同类行业发展的制高点，强化科技对乡村特色产业集群发展的支撑作用。要充分运用物联网、云计算、大数据、移动互联等现代信息技术助推特色产业集群发展。

（四）重视品牌建设，提升集群影响力

从数据分析中可以得出，目前我国多数乡村特色产业集群的品牌支撑指数相对较低，品牌知名度不高、品牌建设不足的问题较为突出。要完善特色产业集群品牌的建设，一是要健全品牌培育体系，深入开展地理标志产品、出口自主品牌和名牌产品认证认定，培育具有地域特色、历史渊源、文化内涵的农产品区域公共品牌；二是要健全农产品质量追溯体系，加大绿色食品、有机农产品原料基地建设力度，推进农产品质量安全生产关键技术集成与示范，引导大型加工企业建立健全自律性质量安全监测站点；三是要健全品牌监管体系，构建品牌监管的长效机制，明确生产企业、认证认定机构以及农业部门的责任，打击冒用品牌的行为，维护市场秩序；四是要加强品牌质量保证体系与诚信体系建设，督促农业经营主体强化自律意识，不断提高产品质量和经营管理水平，依法经营品牌，自觉维护品牌形象。

（五）推进行业协会发展，提升集群公共服务水平

从制造业产业集群的发展经历看，行业协会的从无到有、从弱到强伴随着集群从萌芽到发展、成熟的全过程，行业协会的逐步完善是集群得以健康持续发展的重要保障。在现有的乡村特色产业集群中，已经建立行业协会的集群数量较少。应引导和推动产业集群依法组建行业协会、商会，按照“一业一会”原则，大力发展和培育一批按照市场运作、功能齐全、行为规范、服务有效的行业协会。充分发挥行业协会行业自律、教育培训和品牌营销作用，开展行业标准制定、商业模式推介等示范活动。支持行业协会成员间实行集约化采购、共有品牌等多种合作共享模式，打造利益共同体。

（六）完善监测体系与评价机制，提升集群运行效率

特色产业集群建设涉及的行业较多，发展规律和阶段各不相同，需要构建一套完整的监管体系与评价机制，在日常的建设和管理中做好跟踪监测，引导集群健康发展。可以鼓励有条件的地区和行业研究发布产业集群指数，比如可以挖掘规模以上企业总产值的相应

数据，构造行业集中度指数（即 CR 指数）。这一指标是用规模以上企业总产值所占市场的份额来衡量企业规模以及市场结构差异水平，体现了市场竞争垄断程度以及集群集聚水平，可以较好地反映集群的发展规模与状态，对集群建设的整体结构与各地区的具体问题都可以提出针对性的实际建议。也可以通过建立产业集群评价机制，建立一整套统一的评价指标，通过按期对各地区数据进行汇总分析，用于完善日常的评价考核和分类指导，也可以对整合的数据进行跨期比较，从而对集群发展的趋势进行判断，以及预测未来集群发展方向。

第六章

作为乡村振兴齐鲁样板实践的肥城市[①]

摘　要

党的十九大以来，山东省肥城市坚持以习近平新时代中国特色社会主义思想为指导，按照习近平总书记打造乡村振兴齐鲁样板指示要求，认真贯彻落实中央和省市乡村振兴战略决策部署，紧密结合实际，加强顶层设计，强化要素保障，统筹推进“五大振兴”，农业产业实现新发展，基础设施得到新提升，人居环境呈现新风貌，乡风文明焕发新气象，农民群众获得感、幸福感显著增强。2020 年底召开的中央农村工作会议提出，脱贫攻坚取得胜利后，要全面推进乡村振兴。这对包括肥城在内的各地持续推进乡村振兴战略，既是机遇，也是挑战。为总结经验，查找问题，提出意见和建议，进一步推动肥城市乡村振兴齐鲁样板建设有序开展、扎实推进，受肥城市委市政府委托，农业农村部农村经济研究中心组成课题组，在肥城大地上走乡村、入农户、进企业、看项目，对肥城市乡村振兴战略的实践思路、做法、成效、问题等进行了认真细致的调查研究，在此基础上形成了《乡村振兴齐鲁样板的肥城实践》总报告、三个分报告以及部分村庄实施案例。本文作为总报告，旨在从习近平总书记提出的包含“五大振兴”的乡村全面振兴出发，将肥城市的相关实践经验进行总结，并提出相关建议。

一、肥城市推进乡村振兴齐鲁样板实践的背景

（一）肥城市推进乡村振兴齐鲁样板实践的政策背景

1. 乡村振兴是新时代我国做好“三农”工作的总抓手　实施乡村振兴战略，是党的十九大作出的重大决策部署，是决胜全面建成小康社会、全面建设社会主义现代化国家的重大历史任务，是新时代做好“三农”工作的总抓手。为确保乡村振兴战略落实落地，党的十九大将实施乡村振兴战略写入党章，成为全党的共同意志。中共中央、国务院 2018

① 本文为 2021 年山东省肥城市农业农村委委托《乡村振兴齐鲁样板的肥城实践》课题部分成果。

收稿时间：2021 年 11 月，课题主持人：金文成，王忠海，课题组成员：张照新、曹慧、刘景景、谭智心、朱立志、吴天龙、张璟、李俊、王鹏飞、卢婷婷。

年9月印发了《乡村振兴战略规划（2018—2022年）》，明确了2022年、2035年和2050年的阶段性发展目标和远景规划，提出了乡村振兴的工作重点和政策措施，并对乡村振兴的重大工程、重大计划、重大行动等进行了全面部署。

2. 打造乡村振兴齐鲁样板是总书记对山东的殷切期望 山东是农业农村大省。习近平总书记对山东农业农村发展高度重视、寄予厚望。2018年3月8日，习近平总书记在参加十三届全国人大一次会议山东代表团审议时指出，“农业强不强、农村美不美、农民富不富，决定着全面小康社会的成色和社会主义现代化的质量”。他对山东省乡村振兴战略实施提出希望和要求，希望山东的同志再接再厉，在全面建成小康社会进程中、在社会主义现代化建设新征程中走在前列，全面开创新时代现代化强省建设新局面；要深刻认识实施乡村振兴战略的重要性和必要性，扎扎实实把乡村振兴战略实施好。

3. 探索乡村振兴齐鲁样板是省委省政府提出的重大任务 为贯彻落实总书记的重要讲话精神和指示要求，山东省委省政府围绕乡村振兴规划和实施进行了一系列部署和安排。2018年5月，山东省委、省政府印发《山东省乡村振兴战略规划（2018—2022年）》和《山东省推动乡村产业振兴工作方案》《山东省推动乡村人才振兴工作方案》《山东省推动乡村文化振兴工作方案》《山东省推动乡村生态振兴工作方案》《山东省推动乡村组织振兴工作方案》，要求各地各部门结合实际贯彻执行。规划指出，推动乡村振兴是落实习近平总书记对新时代山东工作总要求的使命担当，是解决山东省城乡发展不平衡、农村发展不充分问题的战略选择，是加快农业农村新旧动能转换实现高质量发展的必然要求，是顺利实现“两个百年”奋斗目标的现实需要。“全省广大干部群众必须牢记习近平总书记殷切嘱托，以只争朝夕和‘功成不必在我’的使命担当，举全省之力，以更大的决心、更明确的目标、更有力的举措，扎扎实实深入推进，确保干出成效、创出经验，为全国乡村振兴作出山东贡献”。2018年8月，山东省发展改革委等11个单位联合印发乡村振兴示范创建工作通知及实施方案，全面启动乡村振兴“十百千”工程，即在全省确定10个县、100个乡、1 000个村开展示范创建工作，着力探索乡村振兴齐鲁样板的多元模式和成功经验，以点带面推动全省乡村振兴战略健康有序进行。

（二）肥城市推进乡村振兴齐鲁样板实践的基础条件

肥城市地理位置优越，自然资源丰富，文化底蕴深厚，从古至今都被誉为“鲁中宝地”。经过改革开放以来多年的发展，特别得益于党的十八大以来中央把解决好“三农”问题作为全党工作的重中之重、统筹推进城乡协调发展而出台的一系列强农惠农政策，肥城市干部群众共同努力，实现了农业连年丰收、经济持续增长、农村社会和谐稳定，为探索有肥城特色的乡村振兴齐鲁样板模式，奠定了坚实的基础。

1. 农业实现连年丰收 肥城是传统农业生产大县，土壤肥沃，自然条件优越，素有“自古文明膏腴地、齐鲁必争汶阳田”的说法。全市总面积1 277平方公里，其中农用地145.96万亩、占76.17%，耕地96.14万亩、基本农田85.05万亩，林地74.00万亩，是全国重要的商品粮种植、蔬菜生产和畜禽养殖基地，也是驰名中外的“中国佛桃之乡”“建筑安装之乡”。2018年，全市实现农业总产值106.91亿元，粮食种植面积108.7万亩，单产509.4千克，总产55.4万吨，实现“十六连丰”。肥城桃特色农产品优势区入选首批省特色农产品优势区，全市肥城桃种植面积 10 万亩，年总产量突破 20 万吨，年产值达 10 亿元。全市有机农业种植面积 6.2 万亩，建有 286 个标准化生产基地和高效精品园，培育发展绿龙、弘海等有机蔬菜加工龙头企业 7 家，年平均实现销售收入 5.39 亿元。

2. 地方经济持续增长 截至 2019 年，肥城市总人口 99.2 万人。其中农户 20.6 万户，农业人口 71.6 万人，土地承包总面积 79.7 万亩。2018 年，肥城市生产总值 853.93 亿元，人均 GDP 达到 88 090 元，万元 GDP 税收贡献 706 元。纳税过亿元企业增加 5 家，达到 12 家。城镇居民和农村居民人均可支配收入分别达到 36 930 元、17 729 元。

3. 区位优势不断加强 肥城市北距山东省省会济南市 70 公里，东距泰山之麓的泰安市市区 30 公里，处在济南、聊城、泰安、曲阜等历史文化名城的中心枢纽位置。泰肥一级公路直通京沪、京福高速公路，京沪铁路支线横贯东西，西接京九铁路，京沪高铁的开通，使肥城进入首都北京 2.0 小时经济圈，上海 3.5 小时经济圈，交通区位优势提升。在此基础上，肥城市可以更好地统筹区位、交通、资源、产业等要素，优化空间布局，加快产城融合，创优体制机制，加快推动乡村振兴的实施。在市域内部，随着深入推进基础设施和公共服务供给，肥城市“四好农村路”建设取得积极进展。通过公路网化、亮化工程，实现镇街公交车全覆盖。

4. 农村社会和谐稳定 肥城文化底蕴深厚，是“史圣”左丘明故里、“商圣”范蠡隐居之地，素有“君子之邑”的美誉，被评为省级非遗生产性保护示范基地和文化产业示范基地，先后获得生态文明乡村建设先进县、民间文化艺术之乡等荣誉称号。近年来，肥城市大力推行精神文明建设，农民文化生活质量年年有提升，呈现出和谐稳定的局面。县级以上文明村达到总数的 90%以上。

（三）肥城市推进乡村振兴齐鲁样板实践的重大意义

“产业兴旺、生态宜居、乡风文明、治理有效、生活富裕”不仅是中央和省市对“三农”工作的要求，更是广大农民的深切期望和迫切向往，也是各地农业农村工作必须瞄准的方向。党的十八大以来，肥城市各项事业取得了显著发展，但是，同我国大多数农村地区相似，由于过去各领域发展的不平衡，肥城农业农村发展过程中也出现很多难点和问题，需要通过乡村振兴战略的实施加以解决。同时，推进区域经济更高质量发展和社会更好治理，也迫切需要通过乡村振兴战略的实践来实现突破。

1. 推进乡村振兴战略是肥城破解瓶颈制约的客观要求 肥城市 2018 年对乡村振兴需求情况的调研结果表明，制约肥城长期可持续发展的关键因素主要包括：①缺乏规划导致人居环境较差。部分镇街乡村建设缺乏统一规划，在建设内容和时间统筹上缺乏计划性、系统性、前瞻性，导致乡村建设后继无力、阻力重重，存在“重面子轻里子”“重短期轻长期”等问题。很多村没有垃圾分类回收装置，分类收集、运处设施不完善。农村社区建设“重硬件、轻软件”，普遍以居民楼、硬化绿化为重，而忽视社区服务、文化交流等设施。②资金短缺导致基础设施薄弱。为优化资金管理效能、提高资金使用效益，山东省近年开展了涉水涉地项目资金整合工作。肥城市在 2016 年成为试点县，试点内容主要包括整合新增千亿斤粮食生产能力建设项目、高标准基本农田土地整治项目、农田水利项目、农业综合开发土地治理项目四类项目。但从实践看，中央省市资金、项目仍实行归口管理，导致项目建设标准、规划方案存在各行其是的问题。个别项目建设要求和标准不符合基层实际，存在“不接地气”的问题。部分基础设施如村内主次街道的硬化、自来水管道的维修等，需要较大投入，动辄就要几十万元，村集体建设资金不足。再以农村电网改造为例，据肥城市2018年调研结果，由于电网改造工程多数以山地为主，平均每公里造价25万～30万元，而部分农村一年用电费用仅在12万左右，用电高峰季节过后新建设施利用效率低，运行维护成本高，导致改造投资大、资金投入不足。③人才流失导致生产后继无人。随着城镇化的推进，大量农村青壮年劳动力进城务工，留下老人、妇女和儿童，劳动力匮乏，农业等传统生产后继无人，“谁来种地”的问题显现。现代农业需求的高科技人才、管理人才，则因为乡村生活环境、发展空间和政策配套的限制，留住人、留住年轻人的机制尚未建立，与大城市相比存在相当差距，无法实现引凤筑巢。

这些难点和问题，从根本上是肥城市城乡发展不平衡、农村发展不充分造成的。而问题的解决，需要肥城市着眼大局，实事求是，在产业发展、人才培育、生态环境建设等方面统筹规划、精准施策。这与乡村振兴战略中的产业振兴、人才振兴、生态振兴等一脉相承，也为肥城市推进乡村振兴实践提出了要求，增添了动力。

2. 推进乡村振兴战略是肥城实现共同富裕的内在需要 脱贫攻坚是过去五年来全党的核心任务之一。尽管肥城是全国经济百强市，但仍然存在部分发展相对较为落后的村庄和农村。“十三五”时期，通过脱贫攻坚，这些村庄和农户取得了长足发展。但是巩固这些成果，实现共同富裕，就需要坚持“四心”理念，按照“准实长稳”的要求，统筹做好产业扶贫、就业扶贫、生态扶贫等重点工作，实现脱贫攻坚与乡村振兴的有效衔接。一方面，通过产业振兴密织“就业网”，对有劳动能力且有意愿的贫困人口，搞好岗位开发、技能培训、就业指导等服务，多种形式提升农民致富技能，可以提升群众获得感，为肥城脱贫攻坚增添经济动力；另一方面，通过美丽宜居乡村建设，推进贫困户危房改造，固、建、养、租、保多措并举，消除安全隐患，可以提升群众幸福感，为肥城脱贫攻坚增添精神动力。

3. 推进乡村振兴战略是肥城加快转型发展的现实选择 党的十八大以来，肥城市深入贯彻落实中央和省市系列决策部署，统筹推进稳增长、促改革、调结构、惠民生、防风险、保稳定各项工作，经济社会发展保持了稳中有进、进中向好的良好态势。但是，肥城市农村产业发展仍存在以下几方面问题：一是主导产业层次低。虽然大农业产业格局已经构建且初具规模，但是存在农产品竞争力不足、产业优势不明显、优质不能优价、农产品加工以初级加工为主、有机农业发展缓慢、销售渠道有限、产地市场建设落后、农村一二三产业融合发展深度不够、农业新经济发展不充分等问题。二是经营主体实力弱。虽然肥城市农业龙头企业近年来迅速发展，但龙头企业缺资金、少技术、短链条，与主导产业规模发展速度不相配套、加工带动能力不够强、农业产业化水平较低。农民合作社运作不规范、内控机制流于形式、专业人才缺乏、自我发展机制和能力不足。家庭农场规模偏小、管理粗放、贷款困难、人工成本过高、经营风险防控能力弱。

乡村振兴，产业兴旺是重点。乡村产业根植于县域，以农业农村资源为依托，以农民为主体，地域特色鲜明、业态类型丰富、利益联结紧密，是提升农业、繁荣农村、富裕农民的基础。通过实践乡村产业振兴、人才振兴等，提高农业供给体系的效能，推动农业由增产向提质转型，构建现代农业产业体系、生产体系、经营体系，实现农村一二三产业深度融合发展，对于肥城深化供给侧结构性改革、实现经济发展由数量增长型向质量发展型转变，具有十分重要的意义。

4. **推进乡村振兴战略是肥城建设和谐乡村的有效路径**　党的十九届四中全会审议通过的《关于坚持和完善中国特色社会主义制度、推进国家治理体系和治理能力现代化若干重大问题的决定》提出，加强和创新社会治理，建设人人有责、人人尽责、人人享有的社会治理共同体，确保人民安居乐业，社会安定有序。要实现这一目标，不仅需要加强组织领导，而且需要全民参与。肥城市是山东省“乡村治理体系建设试点示范县”，但由于历史原因，长期存在村集体经济总体薄弱、村庄基层组织建设亟待加强等问题。部分村庄干部年龄偏大、思路狭窄、党务村务管理知识缺乏，综合能力素质急需提升。年轻劳动力外流和村干部收入偏低，导致优秀村干部后继乏人，也影响现任干部的工作积极性。部分村集体增收能力差，村级经费保障仍然不足。在群众参与方面，还存在参与形式缺乏或者单一、积极性、主动性、创造性不高等问题。因此，通过推进乡村振兴尤其是组织振兴、文化振兴、人才振兴的实践，既可以提升区域干部社会治理能力和水平，也可以探索共建共治共享的乡村治理新模式。

二、肥城市推进乡村振兴实践的思路、措施及成效

（一）肥城市乡村振兴实践的总体思路

深入贯彻落实习近平总书记关于实施乡村振兴战略的重要指示和山东省委省政府的部署要求，肥城市委市政府通过学习考察和深入调研，确立了肥城市推进乡村振兴工作的总思路，即：以党的建设为统领，以新型城镇化为动力源，以棚户区改造和村居改造为切入点，建立健全市级主导、镇街主责、村居主体的责任体系，坚持统筹规划、镇街驻地村优先、“两委”班子强的村先行，聚力聚焦“五大振兴”，推动新型城镇化和乡村振兴融合发展、互促并进，走出一条符合肥城市实际、具有地方特色、务实高效管用的城乡融合发展之路，努力把肥城建设成为佛桃飘香、绿树成荫、安居乐业的世上桃源。这一思路既明确了目标，也提出了路径、重点和机制，为肥城乡村振兴实践指明了方向。

（二）肥城市乡村振兴实践的主要举措

按照“产业兴旺、生态宜居、乡风文明、治理有效、生活富裕”总要求，肥城坚持城乡融合、区域一体、多规合一，编制完成《肥城市乡村振兴战略规划（2018—2022年）》，制定出台《关于做好乡村振兴规划编制工作的通知》《肥城市村庄类型划分建议方案》，对全市605个行政村按照示范引领、特色发展、改造提升和搬迁撤并四类进行划分，引领乡村振兴战略有序推进。

1. **围绕高质量发展构建乡村产业体系**　肥城市坚持“绿色、创新、融合、开放”的产业发展理念，因地制宜制定发展规划，不断做优现代农业、做精特色产业、做强产业体系，走出了一条高质高效、特色突出、体系完备的乡村产业发展之路。①优化发展布局。按照“一核两区四带四园多极”的结构进行规划布局。一核，即农高区核心区域。两区即

以泰肥一级公路为分界，划分为南区和北区，南区以一产为主，为商品粮、蔬菜、肥城桃三大主导产业的高端高效智慧生产示范基地分布区。北区以二三产为主，为科技研发、农产品加工、物流贸易、休闲农业等产业分布区。四带，包括高效商品粮种植带、特色高端蔬菜种植带、肥城桃品牌种植带、竹林经济带；四园包括农产品加工产业园、新型农业投入品和农机装备产业园、农产品物流产业园、休闲农业产业园。多极包括田园综合体、特色小镇、特色农业示范园为载体的农业“新六产”发展增长极。②培育经营主体。实施新型农业经营主体“递进培养工程”，把50亩以上的大户作为培育主体，创新“农户＋农业信贷担保有限公司＋银行”贷款模式和“两包一带”服务新型农业经营主体工作制度，发挥领导干部包保和龙头企业带动作用。创新经营主体联农带农机制，采取土地入股、分段承包、主副分离等多种形式，推动小农户、村集体与现代农业发展有机衔接。③推动集群发展。着力建设现代农业产业园区、“农字号”特色小镇和田园综合体，推动产业园区、科技园区、创业园区“三园同建”，形成一二三产融合的聚集区和核心区，促进新型农业经营主体区域集聚、优势互补、抱团发展。④搭建服务平台。肥城市构建了社会化服务、科技服务、金融服务、信息服务四大平台，为产业发展提供一体化服务。社会化服务方面，搭建起市镇村三级网络，以土地托管、统防统治、农机服务、农资直销等服务为重点，推广“菜单式”“全程化”托管服务；科技服务方面，建立高等院校、科研院所实习实验基地和科技孵化器，重点加快泰安汶阳田现代农业产业园区建设；金融服务方面，全面推行“农担融资、保险托底”的金融支农模式；信息服务方面，积极开展农超、农店对接，用好“互联网＋农业”平台，完善农产品展示、营销、配送、追溯等综合服务网络，推动线上线下融合发展。⑤强设施提质量铸品牌。实施河渠库连通工程，积极构建“五横四纵”大水系格局，重点推进5万亩高标准农田建设。按照“以质量铸品牌，用品牌赢市场”的思路，大力推行标准化生产，强化质量安全监管，持续深化品牌建设和推介。全面推行食用农产品合格证制度，实现主要农产品从产到销的全过程质量控制。⑥推进科技创新。大力发展设施农业，建设智能温室和光伏大棚，集成推广应用农业物联网、水肥一体化、智能农情监测、测土配方施肥等现代化农业技术。

2. “内培外引”强化人才队伍支撑 肥城市大力实施“人才强农”战略，以村党组织带头人队伍整体优化提升行动为抓手，“育苗升级”与“能人回请”并举，挖掘人才，持续选优培强支部书记，解决“谁来振兴”的问题。①做好人才培养工作。进一步拓宽选人用人渠道，用活用好市内、市外两个“人才库”，坚持内培外引与“育苗升级”并举，储备一批后备力量，优化村级干部队伍。在市内，会同相关部门实施了优秀退役军人、新型经营主体、农村卫健人员“递进培养”工程，搭建培养平台，明确扶持政策，切实把各类优秀人才找出来、育起来、用起来，解决村级党员发展困难、后备力量匮乏、干部队伍老化等问题。在市外，充分发挥驻京、驻济党组织作用，实施农村优秀人才“回引计划”，梳理吸引在外优秀人才返乡的优惠政策，集中宣传推介，逐级建立在外人才信息库。组织各镇街、村居开展座谈、恳谈、推介活动，精准回引优秀人才返乡创业、回村任职。②扎实推进“一肩挑”。着眼村“两委”换届，全面推行“一肩挑”，对605个村“两委”班子“一肩挑”情况进行逐一摸底排查，掌握班子现状，镇街通过党委会逐村逐人研判，研究制定措施，分类建好台账。对预判连选连任存在困难、不能实现“一肩挑”的，研究制定针对性措施；对村党组织书记无“一肩挑”合适人选的，加大选拔培养力度，计划一年内调整到位。③强化队伍管理。制定出台《肥城市村党组织书记县级党委备案管理操作规范》，加强资格联审、组织考察、讨论决定、公示任职等关键环节的把关，规范做好村党组织书记任免，坚决将不符合条件人员挡在支部书记队伍外。

3. 以积分制为抓手推动乡村文化建设　肥城市紧紧围绕建设文化强市战略目标，实施乡村文化振兴工程，以保障基层百姓基本文化权益、提升群众满意度为核心，狠抓镇村文化阵地设施和效能建设，开展丰富多彩的文化惠民活动，乡村公共文化建设呈现出蓬勃发展的良好态势。①建设新时代文明实践中心。围绕“谁主导、依托谁、为了谁、做什么、在哪做”五大问题，按照“机构网络化、阵地标准化、队伍全民化、活动项目化、管理信息化、示范系列化”六化要求，建立了由各级党组织书记为“一把手”的市新时代文明实践中心、14个镇街区分中心、605个社区（村）实践站。同时对各类志愿组织坚持把方向、设底线，多引导、多支持、多鼓励、少干预，大力褒奖先进典型，充分激发内生动力，发展壮大志愿队伍。统筹线上线下两大阵地，做实活动平台，加大融媒宣传，塑造工作品牌。②实施“文明换积分、积分兑奖励”的“文明银行”工程。以“文明银行”为抓手，创新乡村治理的举措，研究提出了“五个一”的总体思路。一个核心引领，即坚持党的核心引领作用，以镇党委为指挥中心，村党支部为一线指挥部，对“文明银行”的建设思路、进展步骤、积分评定、运转维护进行统一规划、统一部署。一个平台支撑，即做实“文明银行”这一服务平台，账户设在村集体经济组织，运行前期，由镇政府拿出3万元作为银行启动运营资金，项目正常运转后，探索由村级自筹、志愿者捐资、爱心企业人士共同参与的方式解决运营资金问题。一张卡片管理，即“文明银行”积分卡，由镇政府统一设计、印制，实行实名制，每户有单独唯一编号。一套指标评定，即设置家居环境、孝善诚信、移风易俗、公益事业、兴业致富、邻里调解、特色项目七个方面对村民行为习惯进行量化评比。一项机制保障，建立督导激励机制，每季度随机抽取“文明银行”，对积分兑换、评定程序、公示公开、激励效果等逐项调查督导，协调解决问题，提升运行效能，促进规范运营。③推进移风易俗。充分发动群众了解喜事新办丧事简办的流程、标准等，并将其纳入村规民约。建立健全红白理事会队伍，积极宣传殡葬改革法律、惠民殡葬法规和政策，提倡文明节俭办理丧事，倡树文明新风。深化殡葬改革，启动占地313亩的城市公益性公墓建设。④发掘和保护特色地域文化。以创意为支点，提高品牌影响力。组建桃木工艺研究所，提高自主创新设计能力；以人才为支点，提高核心竞争力。举办全国性的桃文化研讨会，在市高级技工学校开设了桃木雕刻专业课程，开展桃木雕刻技能竞赛；以集群为支点，提高协同发展力。采取“公司＋农户”“公司＋基地”的模式，组织以家庭为单位生产桃木雕刻毛坯、半成品、零部件。公司从原料采购、加工整理、专业配送到售后服务，建立了一套实时监控、专人监管的科学管理架构。

4. 以人居环境整治为抓手改善乡村生态　肥城市深入贯彻山东省推动乡村生态振兴工作方案，以农村人居环境整治三年行动为抓手，与全域“三清三禁”、扫黑除恶、拆违治理、“三资”清理相结合，实施重点突破，扎实推进改善农村人居环境。①全面改善村容村貌。开展村庄清洁行动，按照“干线纵深、成区连片”的思路，统筹村内村外，路域环境明显改善。推进农村垃圾综合治理，加强设备配套，高标准完成2座镇级垃圾转运站改造工程，日处理能力提升到100吨。推进农村生活污水治理，编制《肥城市农村生活污水治理实施方案》，在130个村开展治理。②加强基础设施建设。推进农村“七改”工程，推进180个村实现道路“三通”，涉及里程745.8公里；深化“厕所革命”，建立改厕配件供应、检查维护、渣液清运处理、资源化利用等后期维护机制，配备抽粪车50辆，管护服务站实现全覆盖；实施农村清洁取暖改造，已比计划提前一年完成农村饮水安全攻坚工程，实施跨镇街调水工程，全市集中供水率、自来水普及率均达到95%。③提升乡村公共服务。提升农村养老服务水平，投资2 600万元高标准完成敬老院“四改一定”工程，建成农村幸福院257处，创新“公建民营、医养结合、集中养护”模式，集中托养全市失能特困人员130余人。实现镇街卫生院标准化全覆盖，7家乡镇卫生院被评为一级甲等医院，2家卫生院通过了全国优质服务基层行验收，3家卫生院被评为全国群众满意乡镇卫生院，1家被评为全国优质示范社区卫生服务中心。④加大乡村生态保护与修复。深入实施“蓝天、碧水、绿地”工程，强力推进环境污染综合整治，对“散乱污”、小锅炉、山石开采、畜禽养殖等清理整顿开展“回头看”。稳步推进山水林田湖草生态修复工程试点，统筹抓好高标准农田建设、采煤塌陷地治理、破损山体植被恢复，保护好长远发展的绿水青山。深入推进“竹绿矿区”行动，实施“河贯东西”水系治理，构建以竹林为主的绿色生态涵养体系，到2022年栽植6万亩竹林，彻底改变北部矿区脏乱差的形象，逐步将塌陷区打造成“河清湖秀、竹林摇曳”的肥城后花园。

5. 党建引领强化乡村组织建设 肥城市以提升组织力为重点，推动党建工作与乡村振兴深度融合，为乡村振兴提供强力组织支撑，打造基层“强堡垒”。①深化党建“基石工程”。坚持“抓党建首先抓支部，抓支部首先抓书记”，大力加强“三项建设”，即以标准化规范化为主要内容的过硬支部建设，以管“三资”、增收入、提服务为主要内容的治理能力建设，以“五制一诺”为主要内容的村级运行机制建设。开展支部评星定级，将结果作为村干部待遇、党费扶持的重要依据。深入开展“递进培养工程”，“育苗升级”与“能人回请”并举，培养政治引领型、经营保障型、民主规范型、服务满意型“四型”村党组织书记。实施“五乡”行动，扎实开展“十百千”创建，高标准打造31个乡村组织振兴示范村。②发展壮大集体经济。借助党中央扫黑除恶专项斗争大势，深入开展农村“三资”清理集中行动，“三级”书记打头阵，市镇专班当尖兵，村级班子“自我革命”。全市605个村全部开展“三资”清理，已通过市级验收592个，村均增收16.67万元。同时健全完善村党组织书记离任经济责任审计、未转出资产资源信息发布、第三方代理、新增资产扩股量化等制度，建立起了规范“三资”管理的长效机制。③用党建引领融合。实施“三联三带”增收模式。组织联建，带动组织力提升。以红旗党支部村、乡村组织振兴示范村等经济强村为中心，联合周边薄弱村、积极吸纳农业龙头企业、合作社等新型经营主体成立联合党组织。资源联享，带动集约化发展。引导薄弱村向经营大户流转土地，对收入10万元以下的村，按照村集体取得土地流转收益1：1的比例补助，对收入10万～20万元的村补助50%。产业联育，带动可持续增收。开展“百企联百村”行动，遴选22家企业与22个村结对共建，探索不同利益联结模式，村集体采取自主经营、入股分红等形式，与产业链各环节深度融合，带动长期稳定增收。

（三）肥城市乡村振兴实践的主要成效

肥城市始终坚持“实事求是地想、实事求是地谋、实事求是地干”的工作理念，从乡村振兴制度框架基本形成，到农村人居环境整治三年行动目标任务基本完成，再到公共服务水平不断提升、乡村治理体系进一步完善，乡村振兴成效显著。

1. 特色产业发展势头良好，新产业新业态蓬勃兴起　肥城市坚持用市场化手段发展农业，聚焦“品牌化、规模化、社会化、标准化、融合化”五化方向，逐渐实现了由农业大市向农业强市转变。①高效特色农业发展水平显著提升。粮食产业保持稳定丰产，覆盖全程、综合配套、便捷高效的生产服务体系基本建立；有机农业区域特色明显增强，边院镇以有机蔬菜为主导产业成功创建国家级产业强镇；“两菜一粮”产值收益明显提升，打造了鲁中桃源、石横红庙村、高新区十里铺村等设施蔬菜示范园区；肥城桃生产标准化、集群化发展水平进一步提高，成功争创肥城桃中国特色农产品优势区、省级现代农业产业园，入选中国农业品牌目录农产品区域公用品牌。②农业全产业链开发成效显著。2020年，全市规模以上农业龙头企业发展到204家，涉及蔬菜产业龙头企业49家，其中以绿龙、弘海、嘉安远隆、佳禾等规模以上有机蔬菜加工企业14家为首，年加工能力共达11.8万吨，年加工有机蔬菜共计13.0万吨，带动基地近20万亩。与18家外地龙头企业建立订单合作关系。创新利益联结机制，推广“龙头企业＋合作社＋农户”合作模式，吸引了67％的农户参与产业化经营，带动基地80余万亩、农户13.5万户，户均增收2 400多元。构建了以公共服务机构为依托、合作经济组织为基础、农业龙头企业为骨干、其他社会力量为补充、公益性服务与经营性服务相结合、专项服务和综合服务相协调的农业社会化服务体系。全市农业社会化服务组织达到117家，托管大田面积达到10万亩。③乡村全域旅游蓬勃发展。以桃产业深入推进农村一二三产融合，推进农、文、旅、养无缝衔接，全市A级以上景区达到22家，成功举办18届桃花节、13届全国桃木旅游商品创新设计大赛、13届金秋品桃节，全年旅游收入突破30亿元；建成齐鲁美丽田园1处、泰安农业公园3处。集聚发展桃木加工销售企业160多家，从业人员4万多人，占全国90％以上的市场份额，成为全国桃木旅游商品研发、生产、销售集散中心。④农村新产业新业态发展势头良好。现已发展网商6 000多家、经营网店16 000多个、培育电商从业人员4万多人，规模以上加工制造企业和限额以上商贸流通企业电子商务应用率达到85％。2020年，肥城市成功入围全国电子商务进农村综合示范县，位列全国农产品电商县域50强第39位、中国快递服务五十佳县第38位。智慧农业发展迅速，应用物联网、云计算、大数据、移动互联等现代信息技术，推动了农业全产业链改造升级。⑤新型农业经营主体蓬勃发展。全市发展农民专业合作社1 410家、家庭农场600家，“三品”认证突破200件，拥有国家农产品地理标志证明商标11件，注册农产品商标600余件，中国驰名商标3件，山东省著名商标7件、名牌产品5件、知名农产品企业产品品牌4件。

2. 美丽乡村建设稳步推进，人居环境呈现新风貌　肥城市宜居乡村建设工作取得了显著成效，主要表现在以下几方：①村民住房条件大幅改善。自棚户区改造以来，6万余名困难群众的住房条件得到有效改善。②农村环境整治显现成效。通过持续深化厕所改革，基本建设完成覆盖全域的服务站点，并建立了管护机制，形成了长效模式；近年累计在建和建成美丽乡村示范村115个（省级24个，泰安市级40个），美丽乡村覆盖率达到75%。建成美丽庭院示范户9 709户，覆盖全市所有605个村（居），省市级清洁村庄覆盖率分别达到25%和50%。通过实施山水林田湖草生态保护修复工程，修复湿地面积1 100亩，完成造林面积1.8万亩。通过积极推进农业废弃物资源化利用，农作物秸秆综合利用率达到93.83%，粪污综合利用率达到90.68%。通过实施农药化肥双减行动，测土配方施肥技术推广覆盖率达到85%。③农村基础设施不断完善。通过推进“四好农村路”建设，全市85%以上的村实现了道路“三通”。通过推进城乡环卫一体化高效运转，完善配套设施和装备，创新推广移动式灌肠好氧堆肥技术，使农村生活垃圾基本实现了无害化处理、资源化利用。农村饮水安全工程不断升级，农村生活污水治理梯次推进。

3. 乡村文明实践不断延伸，文化遗产保护成效斐然 自2018年被中央、省委列入全国、全省新时代文明实践中心建设试点市以来，肥城市着眼凝聚群众、引导群众、以文化人、成风化俗，充分发挥党组织统筹主导作用，将新时代文明实践中心建设与弘扬肥城君子文化、创建全国文明城市相结合，取得了明显的成效，为乡村文化振兴提供了“肥城样本”。目前，肥城市涌现出了“鲜花送文明”“肥城好故事”“乡村儒学大讲堂”“爱国歌曲大家唱”“手拉手共创文明城”“与爱同行为你而歌”“情暖夕阳红”“助贫6+1”“墙上拉面”“益杖助老”“公益就业培训”等一批有影响、有特色、有成效的文明实践志愿服务品牌，铸就了“君子之邑，文明肥城”的城市美誉。此外，非物质文化遗产传承和“非遗”传承人成效斐然。截至目前，肥城已有142个项目被列为肥城市非物质文化遗产，石横武术等79项被列入泰安市非物质文化遗产名录，桃木雕刻民俗、安驾庄梁氏正骨疗法、范蠡与陶山的故事、尚氏锔艺、肥桃传说、桃木雕刻技艺、聂氏铜器铸造工艺、瑞泽堂王氏膏方8个项目被列入山东省非物质文化遗产代表性项目名录。现有省级代表性传承人2名，市级代表性传承人30名，肥城市非遗保护协会被评为山东省第二批非物质文化遗产生产性保护示范基地。肥城市相继编撰出版了《肥城市非物质文化遗产资料汇编》（四册）、《肥城文化揽胜》、“文化肥城”系列丛书，系统再现了肥城民间艺术瑰宝的产生与发展、传承与弘扬、特征与价值等，具有一定的参考价值和史料价值。

4. 治理体制机制不断完善，乡村治理出现新亮点 肥城市在开展乡村治理过程中，通过支部建设、带头人选任、创建志愿者服务队伍等一系列方式，将自治、法治、德治融入其中，创新了乡村治理方式。为全国做好乡村治理打造了齐鲁样本，提供了肥城经验。①农村“三资”清理进展顺利。借助党中央扫黑除恶专项斗争大势，肥城深入开展了农村“三资”清理集中行动，清理陈年旧账，化解矛盾纠纷，增加集体收入，理顺党心民心，树立支部威信，提升基层治理水平。全市605个村全部铺开“三资”清理，已通过市级验收592个，村均增收16.67万元。同步做好“三资”清理的“后半篇”文章，健全完善村党组织书记离任经济责任审计、未转出资产资源信息发布、第三方代理、新增资产扩股量化等制度，建立起了规范“三资”管理的长效机制。②乡村治理体系不断完善。肥城以自治为基、法治为本、德治为先，乡村治理水平持续提升。在村民自治方面，健全了村民自治章程和村规民约，严格落实“四议两公开”等制度。在法治建设方面，建立了“一村（社区）一法律顾问”制度，聘请法律顾问80名，实现行政村全覆盖；实施“雪亮工程”，加大对农村非法宗教活动、黑恶势力、违法犯罪打击力度。深化“四德工程”建设，培育文明乡风、良好家风、淳朴民风，乡村德治水平得以不断提高。健全三级公共文化服务基础设施网络，完善基层综合性文化服务中心，覆盖率达到95%，构建起了农村“一公里文化圈”。③“文明银行”让群众积极性得以充分调动。肥城市依靠群众的智慧，以“文明银行”为依托，创新乡村治理的举措，促进乡风文明，打破了乡村治理的难题。群众对获取积分的热情空前高涨，内生动力得到大幅提升，“小积分”唤醒了超乎预想的“大动力”。

5. 民生福祉不断提升，群众获得感明显增强　肥城市牢固树立以人民为中心的发展理念，始终坚持不与民争利、不与村争利、不与镇街争利、不与企业争利，不断增进民生福祉，人民群众的获得感不断增强。①城乡收入差距显著缩小。2019年，肥城市城镇居民和农村居民人均可支配收入分别达到39 626元、19 503元，同比增长7.1%、9.5%，城乡收入比缩小为2.03，低于全国的2.64和山东省的2.38。②各项民生事业稳步发展。现有各级各类学校144处，幼儿园138处，小学、初中入学率达到100%，高中入学率达到80%。城乡基本卫生服务均等化水平不断提高，每千常住人口基层卫生人员数达到2人以上，每万居民配备1～2名全科（助理）医生，农村每个卫生室配备1～2名乡村医生。③社会保障水平全面提升。人力资源社会保障所实现镇街区全覆盖，促进1.4万人就业，城镇登记失业率控制在1.5%以下，社保综合参保率达到95.17%。④农村文化建设成为全国标杆。全市共建成690多个文化广场，“肥城市农村文体广场文化服务标准化”项目被列入“山东标准”建设计划行动。文化志愿者队伍不断壮大，达到3.7万人，文艺团队达700余支。

三、肥城市推进乡村振兴实践的主要经验及启示

肥城市乡村振兴实践结出了丰硕的成果，得到了从中央到省市各级的充分肯定。2019年，肥城入选第六届全国文明城市、全国“新时代文明实践中心”试点县市；被山东省评为乡村文明行动移风易俗先进县、乡村治理体系建设试点示范县、乡村振兴‘十百千’工程示范创建县等荣誉称号；12个村居评为省级“乡村文明家园”建设示范村。在2019年度全国综合实力、科技创新、绿色发展、投资潜力“四个百强”中分列第47、46、39、14位，肥城市在山东省分列第8、10、7、1位。全国文明城市创建两年综合成绩列山东省14个提名城市第1名。依托农业产业优势，肥城市先后荣获全国粮食生产先进县、农村一二三产业融合试点县、农技推广机构星级服务创建试点县、农业“三项补贴”改革试点县、小麦全成本保险试点县，山东省农产品质量安全县、农业产业化经营先进县、休闲农业与乡村旅游示范县、新型职业农民培育试点县、农技推广信息化应用示范县、现代农业示范区、海峡两岸（肥城）有机农业发展交流示范区、特色农产品优势区、农业对外开放合作试验区建设试点县、蔬菜监测预警试点县、生态循环农业示范县、农业“新六产”示范县、绿色优质小麦订单种植基地县等荣誉称号，在各项试点、示范工作中积累了丰富的经验。

总结肥城市乡村振兴实践的思路和措施，我们认为主要有以下几条经验和启示：

（一）党建引领，压实责任，推动振兴战略落地生根

乡村振兴，党建引领。肥城市要求镇街区党（工）委书记履行好乡村振兴“第一责任人”职责，当好“一线总指挥”。在村级工作中首先抓支部，抓支部首先抓书记。在创新性政策措施推行过程中充分发挥三级党组织的引领主导作用，在重点、难点问题解决过程中切实发挥基层党组织的战斗堡垒作用，在服务群众需求方面压实党支部的主体责任，为乡村振兴各项措施的落地生根奠定坚实的组织基础，形成了大事难事“支部带头、党员响应、群众跟进”的局面。

肥城市湖屯镇前兴隆村通过强化支部班子建设，培养选拔优秀带头人，改善了原党支部涣散的局面。在支部书记贾爱云的带领下，通过抢抓机遇，兴建新村，实现了从村庄向社区的转变；通过旧村腾空土地建设农业产业园区，引进和培育园区龙头企业，带动群众就近就业，实现了农民“离土不离乡、就业不离家、进厂不进城、就地居民化”，村集体和村民收入同步逐年增长，社区文化蓬勃发展。经开区北仇村村民在村党支部的引领下创办土地合作社，由村支部成员率先入股，党员积极响应，干部分组包保，动员村民入社“抱团发展”，迅速消除了村民的顾虑，合作社规模迅速扩展到 690 亩，产业集聚效应彰显。高新区穆庄村党支部以“让每一位村民都享受到发展的红利”为己任，狠抓民生公益事业，通过建设高标准小学、社区幼儿园、卫生服务站、便民市场和老年人日间照料中心、社区服务中心和文体广场、村级殡仪馆等，解决村民上学、购物、看病、休闲娱乐难题，成功打造“幸福社区”。

（二）问计于民，为民谋利，破解内生动力不足难题

中央和山东省委多次提出，贯彻落实乡村振兴战略必须坚持规划先行，规划方案要突出科学性，把征求意见的范围扩大到乡镇一级，确保“聚民智、顺民意”；肥城市坚持顶层设计与问计于民相结合，重点工作力求首先得到群众理解和支持；涉农事项处处保证群众知情权、参与权和切身利益，不仅在重大举措推进中得到群众拥护和支持，而且调动了广大农民的积极性、主动性、创造性，为破解农村工作内生动力不足难题、构建共建共治共享格局探索和积累了经验。

棚改工作事关百姓生产生活。肥城市为此成立工作专班，对涉及此事的 47 个村群众意愿和过渡性安置住房建设进行全面督查排查。在改造模式、安置方式、项目选址等关键环节，进行入户调研、广征意见，走好房屋测量、补偿测算、协议签订、安置分配等重要程序，确保群众住上“放心房”“满意房”。项目建设中，要求各项目采取“先建后拆”方式，为群众生产生活和温暖过冬提供保障。位于潮泉镇的泰山桃花源项目计划使用土地主要为该镇大张庄村旧村改造后的闲置地块。项目立项前，经过了村级入户调查、动员发动、召开党员群众代表会议、入户征求意见等程序，争取群众的理解、支持和参与，得到了群众的一致认可，项目进展顺利。

对于各项乡村振兴政策措施，肥城市坚持为民谋利原则，通过吃透政策算好账，为村民争取到最大利益。潮泉镇作为示范区，围绕农田水利、美丽宜居乡村建设、农村基础设施改善等政策，年均策划实施 20 余个项目，累计争取支持资金 3.5 亿元以上，为改善群

众生产生活条件起到了积极作用。农民成为乡村经济发展的主要获益者，也使乡村振兴获得了源源不断的动力。此外，针对群众反映突出的“文化活动少”问题，肥城市文旅部门深入各社区、村庄，组织开展广场舞大赛、全民才艺大赛等六大惠民活动，提升了群众的文化满意度。

（三）因地制宜，分类施策，绘制宜居宜业振兴蓝图

肥城市共有 14 个镇街区，605 个村居，不同镇街和乡村有不同的自然条件、经济基础和社会结构。在乡村振兴工作方案制定和落实中，肥城市注重在对区域资源条件、经济发展、民生情况等进行充分调查研究的基础上，依据镇街和乡村的差异性，因地制宜，不搞“一刀切”。针对性的精准施策赢得了群众的支持，减少了工作反复，也取得了显著的工作成效。

潮泉镇下辖 11 个行政村、41 个自然村，半数以上位于山区丘陵地带，部分村庄空心化率超过 40%，道路、水利等基础设施改善难，群众生产生活相对不便，公共服务享有率不均，全镇 75%人口已自发集聚到镇驻地及平原村。山区群众改善人居环境的意愿强烈。根据当地资源实际，肥城市将该镇列为村居搬迁和改造重点区，通过搬迁合并，加快农村社区建设；通过集约土地打造花海等项目，使资源得到更有效利用。南部的边院镇主要在平原区，多年发展形成了四通八达的交通网络，小城镇格局日臻完善，城镇化水平较高；边院镇现代盐化工园区是山东半岛蓝色经济区 28 个海洋产业联动发展示范基地之一。肥城市结合当地实际，将该镇宜居乡村建设重点放在改善基础实施上，以此提升农民的幸福感和获得感。

在农村基础设施改造和建设中，肥城市也始终坚持因地制宜、分类施策的原则。农村厕所无害化改造是乡村振兴的切入点之一。肥城市在推进中坚持因地制宜，合理选择改厕模式。在平原地区，推广使用三格化粪池、双瓮漏斗式厕所；在山区或缺水地区，推广使用粪尿分离式厕所；在经济条件较好的镇村，推广使用一体化设备。在农村地区冬季供暖代煤工作推进中，肥城市根据镇域基础不同，对距离工业热源较近的石横、湖屯等镇采取暖气代煤集中供暖模式，距离工业热源较远但已铺设燃气管网的镇域，采取燃气壁挂炉形式供暖，其他农村地区则采取空气源热泵等模式，以电代煤供暖。兴建社区服务中心，目标是提高社区的承载力。肥城市根据社区的基础条件、位置远近以及村居改造情况，分区域型、示范型、标准型和简约型四类进行建设，面积大的 4 000 平方米，小的 600 平方米，既满足了群众需求，又节省了建设资金。

在乡村产业发展中，肥城市充分考虑各镇街资源禀赋、产业基础、区域特色、功能定位差异，按照“一核两区四带四园多极”的结构进行规划布局，推动各镇走有自身特色的乡村产业振兴之路。经过几年努力，形成了南部万亩有机蔬菜示范区为引领的有机蔬菜生产、中部省级现代农业产业园为引领的有机肥桃生产、北部东兴农业为引领的有机茶生产的格局。边院镇以有机蔬菜为主导产业成功创建国家级产业强镇。汶阳镇依托“汶阳田”腹地，建成 10 万亩粮食高产创建示范方，推行粮食生产“十统一”和搭建“一十百”农服务平台，建立覆盖全程、综合配套、便捷高效的粮食生产服务体系，粮食连年丰产。

（四）因势利导，示范引导，稳妥有序推进重大举措

在事关群众利益的重点工作思路谋划和实际推进中，肥城市注重因势利导，顺势而为，选准时间推出重大举措，利用政策杠杆撬动乡村发展。棚改工作是宜居乡村建设的重要切入点。肥城市根据群众意愿分类推进“三个集中”。①有棚改意愿的村向镇驻地集中。基于镇驻地基础设施相对完善，按照“县级主导、乡镇组织、村级主体”的原则，引导改造村向镇驻地集中，打造好乡村振兴的连接点和纽带，持续改善农民群众的生活条件。②没有棚改意愿的村，特别是分村、空心村，引导向中心村搬迁集中。③土地向大户集中。适应土地规模适度经营的趋势，鼓励土地优先向大户流转，实施集中连片、规模发展，促进村级增收。湖屯镇前兴隆村过去资源匮乏，乡村振兴难找合适切入点。关于城乡建设用地增减挂钩试点政策推出后，村党支部抢抓机遇，通过自筹资金与政策补贴资金，在 13 个月内完成了整村搬迁。利用旧村腾退土地发展产业园区，实现了乡村面貌的焕然一新。可以说，一项政策撬动了大发展，小投入引来了大改变。

为稳妥推动乡村振兴战略，肥城市坚持把先行示范区建设作为“先锋军”，集聚资源，创新模式，先行先试，聚力打造潮泉、湖屯、仪阳、孙伯 4 个泰安市级先行区，加大配套奖补力度，汇聚人财物力统筹规划，一体推进、集中打造，形成“多点开花、齐头并进”的示范格局。潮泉示范区作为第一批省级示范区，围绕“生态康养、宜居宜业”发展定位，通过吸引社会资本打造文旅项目，建设社区，完善基础设施，改变了乡村面貌。湖屯镇示范区以两园共建为抓手，先后创建三个产业园区，带动周边农民就业，实现村民向产业工人转变。肥城市还确定了 21 个村打造特色鲜明、亮点突出、可复制推广、可持续发展的美丽乡村示范村，起到了良好的带头作用。在乡风文明建设方面，通过开展道德讲堂及好家风好家训、好媳妇好婆婆、美丽乡镇、美丽村庄、美丽庭院评选活动，引导环境治理由村庄向家庭延伸。典型示范发挥了明显引领作用，带来村风民风更加和谐有序。

（五）统筹协调，全面保障，形成全面推动工作合力

中央一号文件强调，把实现乡村振兴作为全党的共同意志、共同行动。在要素配置上优先满足，在资金投入上优先保障，在公共服务上优先安排，加快补齐农业农村短板。肥城市将乡村振兴工作作为核心工作，坚持全要素动员，各方面统筹，有效推动了各项工作的实施。

一是统筹政府各部门职能，提供组织保障。成立乡村振兴工作领导小组，下设七个专项组，统筹协调，分线推进。市直部门各司其职，加强资金投入、要素支持和制度供给。各村成立以村“两委”成员、村民监督委员会成员和村民代表共同组成的村级工作小组，明确工作分工，细化工作步骤和具体环节，建立“市级组织领导、镇街负责实施、村级具体操作”的有效工作机制，上下联动，周密部署，密切配合，形成工作合力积极推进。

二是统筹各类资金，完善投入保障。按照“能整则整、应整尽整”原则，加强资金统筹整合。设立 1 亿元乡村振兴重大专项资金，专项用于乡村振兴以及脱贫攻坚。专项资金按照“统一集中、统一决策、统一分配、统一考核”的原则管理。同时，整合各级各类涉农项目资金，全部纳入乡村振兴“资金池”，采取以奖代补形式支持乡村振兴。2019 年全

市共统筹整合各类涉农资金 13.16 亿元。在示范区创建中，先后统筹整合资金 9.59 亿元，其中引导社会资本投入 9.39 亿元。潮泉镇财政补助 1 000 万元，带动项目总投资 7.67 亿元，开展了 7 个行政村的整体搬迁，居民楼建设及社区配套建设顺利推进；4 个计划保留村五化建设及文体广场建设基本完成。盘活土地资源通过引进康养文旅项目，带动了周边村庄民宿、美食、医疗、文化等产业的发展。

三是统筹政府公共服务和社会化服务资源，推动服务保障。为建设肥桃特色产业示范区，支持可持续扶贫，肥城市积极引导社会资源投入。市政府与北京福懋投资管理公司合作设立 1 亿元的肥桃产业发展和精准扶贫助力基金。其中，政府出资 1 000 万元，集结社会资本 9 000 万元。构建以公共服务机构为依托、合作经济组织为基础、农业龙头企业为骨干、其他社会力量为补充、公益性服务与经营性服务相结合、专项服务和综合服务相协调的农业社会化服务体系。全市农业社会化服务组织达到 117 家，托管大田面积达到 10 万亩。

在乡村治理方面，在发挥政府职能的同时，积极发挥志愿者的作用，让志愿服务队参与到乡村治理中。目前肥城市有 37 支骨干志愿队伍，带动发展各类队伍 830 支，全市注册志愿者达到 160 798 人。庞大的志愿者队伍将乡村治理的五大方面融入其中，深入到实施“思想铸魂、环境改善、移风易俗、家风建设、文化惠民”五大工程，让乡村治理更加有效。

（六）创新引领，科技推动，增添经济社会发展活力

乡村振兴是重大工程，需要用改革创新的勇气和办法来推进。肥城市坚持在五大振兴各个领域推进改革创新，推动科技应用，取得了传统方式无法实现的突破。

在制度机制方面，肥城市作为全国第二批农村集体产权制度改革试点，完成了 602 个村的集体经济组织产权制度改革，成立了村级股份经济合作社，量化村级资产 30.8 亿元，72 万村民成为股民。在完成确权登记颁证的基础上，围绕土地效能发挥，实施土地所有权、承包权、经营权“三权分置”，为流转面积超过 60 亩的经营主体颁发 162 份土地经营权证。为加快土地规模流转和农业“双招双引”，对集体经营性收入 20 万以下的村流转土地，市财政予以奖补；镇街区引进农业项目，按到位资金的 3 倍计入年度招商引资考核。全市土地流转面积达到 41 万亩，流转率 52%。创新利益联结机制，推广“龙头企业＋合作社＋农户”合作模式，引导小农户与现代农业发展有机衔接，吸引 67%的农户参与产业化经营，带动基地 80 余万亩、农户 13.5 万户，户均增收 2 400 多元。

在服务模式方面，为解决农民贷款难问题，肥城市财政设立 500 万元担保和风险补偿基金，推动金融机构创新金融服务。依托省农业发展信贷担保公司，积极推广“农户＋农业信贷担保有限公司＋银行”模式，满足农业信贷资金需求。截至 2020 年底，累计在保户数 620 户，金额 2.78 亿元。乡村产业振兴的关键是充满活力的市场经营主体。肥城市创新建立“两包一带”服务新型农业经营主体工作制度，推动土地向大户集中，着力把大户培养成龙头企业，把龙头企业培养成集团公司。以农业龙头企业为乡村振兴“火车头”，以规模化、标准化、设施化为方向，一头拓市场、一头联农户，提升新型农业经营主体适应市场能力和带动农民增收致富能力，实现了乡村产业“开花”，乡

村焕发新活力。

在乡村治理方面，肥城市运用互联网、科技等力量，推进治理能力和治理手段的现代化。志愿服务依托线上的“志愿云”信息平台发布展示志活动项目；王庄镇郭辛村推行“文明二维码”，为每个村民悬挂“文明二维码”门牌，成为村民实践文明、储蓄文明、展示文明、传播文明的创新平台。湖屯镇实施以“文明换积分、积分兑奖励”为模式的“文明银行”工程，建立起“一定、一评、一公示、一兑换”的管理制度。通过细化积分办法、每月评定积分、公开评选结果、进行积分兑换等方式，调动了群众的参与热情。积分制落细落小、落细落实，解决了发展过程中长期存在的“最后一公里”问题。

四、肥城市推进乡村振兴实践的机遇和挑战

2020年10月召开的十九届五中全会，通过了《中共中央关于制定国民经济和社会发展第十四个五年规划和二〇三五年远景目标的建议》，提出要把解决好“三农”问题作为全党工作重中之重，走中国特色社会主义乡村振兴道路，全面实施乡村振兴战略。

可以预期，在乡村振兴全面推进的大背景下，各级政府将对农业农村工作给予更多的支持，也会提出更高的要求。肥城市乡村振兴战略实践将迎来更好的历史性机遇，同时，需要指出，肥城市也面临快速补齐短板的严峻挑战。肥城市应抓住机遇，发挥优势，面对挑战，克服困难，推动农业全面升级、农村全面进步、农民全面发展，谱写新时代乡村全面振兴新篇章。

（一）肥城市乡村振兴实践面临的历史性机遇

当前，中央及各级政府对乡村振兴工作高度重视，社会各界对支持农业农村加快发展的认识达到了前所未有的一致，加上信息化背景下乡村市场空间逐步被打开，肥城市乡村振兴工作在政策、市场、社会等多个层面迎来全面发展机遇。

1. 国家层面高度重视，政策红利催生发展良机　“十四五”时期将是我国全面建成小康社会、实现第一个百年奋斗目标，并乘势而上开启全面建设社会主义现代化国家新征程、向第二个百年奋斗目标进军的第一个五年。中央充分认识到新发展阶段“三农”工作的重要性和紧迫性，坚持把解决好“三农”问题作为全党工作重中之重，走中国特色社会主义乡村振兴道路，全面实施乡村振兴战略。十九届五中全会明确提出，要“强化以工补农、以城带乡，推动形成工农互促、城乡互补、协调发展、共同繁荣的新型工农城乡关系，加快农业农村现代化”。习近平总书记在2020年中央农村工作会议发表的重要讲话指出，在向第二个百年奋斗目标迈进的历史关口，巩固和拓展脱贫攻坚成果，全面推进乡村振兴，加快农业农村现代化，是需要全党高度重视的一个关系大局的重大问题。打赢脱贫攻坚战后，“三农”工作重心要转向全面推进乡村振兴，我国将举全党全社会之力推动乡村振兴，促进农业高质高效、乡村宜居宜业、农民富裕富足。

从国家层面的顶层设计、战略部署和总书记的重要讲话中可以看出，乡村振兴战略在我国未来经济社会发展中占有极其重要的地位。党和国家有信心和决心大力发展农业农村。在这期间，政策、资金、项目向农倾斜的力度会持续加大，农村资源潜力的开发利用

将更加深入，农业农村迎来发展的黄金期。山东作为农业农村大省，也将出台一系列发展农业农村的政策措施，这对肥城持续推进乡村振兴实践来说，是难得的历史机遇。在接下来的关键时期里，肥城市要对标中央和省委省政府“三农”工作总要求，把握新形势、新任务、新要求，立足本市乡村产业基础，解放思想、大胆探索创新，继续推进农业高质量发展、新型农业经营主体提档升级、三产融合提质增效、新产业新业态蓬勃发展。

2. 乡村市场价值凸显，区域优势释放发展空间　随着时代的发展和社会的进步，人民对美好生活的向往越来越迫切，物质和文化需求更为多样，为农村带来了更广阔的市场空间。一方面，消费者对食品质量安全越来越重视，不但要吃得饱，还要吃得好、吃得健康，特色、优质、安全农产品日益成为消费主流，绿色有机农业的市场空间越来越大。另一方面，人们对体验多样化乡村文化的精神需求也不断增加。2019 年，全国休闲农业和乡村旅游共接待游客 32 亿人次、营业收入超过 8 500 亿元。2020 年受新冠疫情影响，乡村旅游受到一定影响，但从长远来看，休闲农业和乡村旅游仍是朝阳产业，未来的发展空间巨大。肥城市历史悠久，境内地貌类型多样，又位于著名景点泰山西麓，围绕桃产业开展的“两节一赛”等文化活动也颇有影响，应该抓住这一机遇，在休闲农业和乡村旅游上寻求挖掘市场潜力。此外，从城乡发展对比来看，城市资源的开发和利用已经相对充分，商业竞争日益激烈，但乡村资源的潜力还没有充分挖掘，一些社会资本已经开始将注意力转移到乡村，酝酿布局挖掘乡村潜力。随着农村土地确权登记办证和农村集体资产清产核资工作的顺利完成，农村集体资产的底数更加清晰，产权更加明确，这将为包括肥城在内的各地进一步有效盘活这些资本带来巨大的空间。

3. 技术成果走向农村，科技创新推动高质发展　当前，新一代信息技术等科技创新活动空前活跃，与包括农业在内的各产业不断融合，催生出很多新技术、新产品、新模式，给肥城农业农村发展带来了许多新的发展机遇。

一是科技创新水平的提升为农业高质量发展带来新机遇。科技是农业发展的引擎和动力，农业科技的发展水平决定着农业农村现代化的方向和进程，农业科技的每一次重大进步，都会催生更多新产业、新业态、新模式，引领农业产业变革和迭代升级。即科技进步越快，农业发展的机会越多，空间越广。近年来，农业科技日新月异，“十三五”期间我国建设了 42 个涉农综合性重点实验室、335 个专业性涉农（区域性）重点实验室；2019 年，全国县域种植业、畜牧业、水产养殖业数字化率分别达到 17.4%、32.8%、16.4%。2020 年，农业科技贡献进步率已经超过 60%，全国农机总动力超过 10 亿千瓦。随着农业科技创新基础的不断夯实和各类科技研发平台的落地建成，科技的重要的支撑保障作用会更加凸显。对于肥城市来说，可以将其中的一些关键性技术引入应用，也可以与研发平台采取更广泛的联合与合作，不断扩大农业标准化、品牌化发展空间。

二是数字化治理手段的广泛应用为提升乡村治理能力带来新机遇。大数据时代的到来让我国社会治理进入数字化转型阶段，如今，大数据、人工智能、区块链等数字技术已经被广泛地应用于智慧城市、公共事务管理等社会治理领域中，许多成熟的手段可以作为成熟经验为乡村数字化治理提供参考。同时，数字乡村建设也开始从国家层面启动实施。2019 年 5 月，中共中央办公厅、国务院办公厅印发了《数字乡村发展战略纲要》，并发出通知，要求各地区各部门结合实际认真贯彻落实。为贯穿落实《纲要》要求，中央网信办等七部门于2020年联合印发《关于开展国家数字乡村试点工作的通知》，推动试点建设。肥城市作为试点地区，抢抓机遇，推动建设，获取数字红利，将会大大催生乡村发展内生动力，有效提升乡村治理能力。

三是经营网络化给农村新产业新业态的发展带来新机遇。在科技带动下，农村创业的手段不断丰富，创业者的地域选择更加灵活，农产品购销有机会突破地域限制，将会吸引更多人才返乡创业。据统计，目前有55%左右的返乡入乡创新创业人员广泛利用大数据、互联网、物联网等现代信息技术，发展5G视频农业、农村电商、直播直销、点对点直供等新业态新模式。2019年，全国各类涉农电商超过3万家，农村网络销售额突破1.7万亿元，其中农产品网络销售额达4 000亿元。肥城市在2020年成功争创国家电子商务进农村综合示范县，在此基础上开拓思路、拓展渠道，继续发挥电商优势，积极做好“电商＋产业”有效衔接，将使肥城农业及相关产业获得更多的发展机遇。

（二）肥城市推进乡村振兴实践面临的挑战

肥城市乡村振兴实践已经取得了一定成效，但仍要清醒地认识到，目前很多政策落地仍处于起步阶段，城乡融合发展还不健全；与市区相比，农村地区的发展短板依旧明显。在新的形势下，如何统筹资源，继续保持对农业农村的支持力度，是肥城市乡村振兴工作需要面临的严峻考验。

1. 主导产业发展质量有待提升 一是农业主导产业发展潜力尚待挖掘。目前，肥城市农业仍然停留在大而不强、全而不精的发展阶段。粮食、蔬菜、林果、畜禽、桑蚕五大产业初具规模，但产业特色、优势不明显。“两菜一粮”种植模式成效明显，但种植品种相对单一，尤其是秋茬大白菜的种植面积较大，接近总面积的80%，且相应的深加工企业较少，集中上市时存在一定的压价滞销现象；肥城桃品质有所提升，但是投入期长、管理技术要求高，不易储存，农民种植积极性依然不高；苗木花卉规模化发展层次低，缺乏高档名贵品种；畜禽产业受经济形势、市场供求、疫情等因素影响较大，价格波动剧烈、环保压力大。扣除价格变动因素，肥城市2019年农林牧渔业可比价总产值比2018年减少了7.6%。如何提高农业生产质效、促进农民增收、调动农业生产积极性是实现乡村振兴的重要命题。

二是新型经营主体的综合实力有待进一步提升。新型农业经营主体在促进农业农村经济发展中具有重要的引领和推动作用，但就目前看，肥城市农业新型农业经营主体的数量和层次还需要进一步提高。受自身生产、加工、研发等条件限制，肥城市大多数农业龙头企业不具备深加工能力，对于收购的农产品只是进行简单的加工和包装，还有一些企业将收购到的初级农产品直接投入市场，充当贸易商的角色。这些企业的科技含量较低，缺乏市场竞争力，而且带动产业增值空间较小。发展合作社是提高农民组织化的重要手段，但目前合作社运行规范、组织有效的不多。一些合作社存在运作不规范，内部机制不健全，联合发展意识差、水平低等问题，其联农带农的作用还有待进一步提高。家庭农场规模偏小、管理粗放、效益不高、抗风险能力不强。新型经营主体带动村集体增收、农民致富的能力还需要进一步增强。

三是品牌效应有待进一步开发。近年来肥城市品牌建设力度不断加大，区域品牌、知名商标数量逐年增加，但仍然存在主体品牌不突出、缺少“拳头”产品、小商标杂而乱等问题，在2020年11月份山东省品牌建设促进会公示的《2020年度山东知名品牌拟认定名单》中，肥城市的涉农品牌只有富世康制粉1家上榜。肥城桃在国内的知名度较高，是当地农产品地理标志性产品，但各经营主体大多各自单干，并没有整合好品牌的集聚效应，导致品牌杂乱，品牌营销力弱于产品影响力。为了充分发挥品牌效应，品牌的整合和提升工作还需进一步加强。

2. 乡村基础设施运管机制还不健全　肥城市以农村人居环境三年整治行动为抓手，在宜居乡村建设中取得了显著的成效，但在这一过程中还存在城乡基础设施投入不均、城乡融合进度不快、后续养护成本高等难点和问题。当前，还有一部分村庄房屋建设年代久远，道路硬化、绿化亮化等基础设施标准较低，集中供暖、教育医疗等公共服务配套不足。在饮水工程方面，前期建设重点放在了新建、扩建水厂和新建、延伸主管网等主体工程上，虽然自来水入户率已经很高（达到98.9%），但部分村内仍存在供水管网年久失修、漏损严重，仅能定时供水等问题，方便性和安全性都需要继续提升。农村公共设施的后续管护问题也很值得重视，美丽乡村建设完成后，运维成本会成倍递增，如何保证后期维护费用，实现从“一时美”迈向“持久美”，也是乡村振兴战略实施过程中需要面临的现实挑战。

3. 乡村治理的内生动力尚未形成　乡村事务点多、面广、事杂，工作量大，而且乡村之间禀赋迥异，如何因地制宜地实现全面治理有效，是一个共性难题。肥城市在乡村治理方面，进行了一些尝试，也取得了一定的成效，在发展农村经济、建设农村公益事业、提升村民精神风貌等方面都有所体现，但仍没有从根源上彻底地解决乡村治理的内生动力问题。首先，治理人才不足的问题比较突出。城镇化背景下，农村青壮年劳动力大量流失，“空心化”问题明显，肥城市也是如此。肥城市绝大多数村庄均存在年轻人外出务工，常住人口少于户籍人口的现象，很多村庄房屋闲置率达到30%左右，个别村庄更甚，如潮泉镇下寨村全村的空心率达到了40%。农村人才的流失使得自治组织后备人选缺乏，自治主体弱化，加上城市文化冲击引起的当地村民对乡村权威认可度的下降，导致村庄治理难度大大增加。其次，村民的参与治理的主体意识还有待加强。乡村治理需要共建共治共享，目前来看，肥城市村民共享较多，但共建共治参与不深入，多数村民的主体意识和责任意识仍不到位，对村内事务参与程度和积极性都不够高。如何留住人才，激发内生治理动力，是肥城市乡村振兴的一项挑战。

4. 农村居民持续增收难度加大　在前期农业农村工作的不断推动下，肥城市农村居民的收入水平持续提高。2019年，肥城市城镇居民年人均可支配收入39 626元、农村居民年人均可支配收入19 503元，城乡收入比缩小为2.03，已经较大幅度低于全国的2.64和山东省的2.38，继续保持快速增长的压力不断加大。而且，肥城市整体人均收入水平并不高，其中，肥城市城镇居民人均年可支配收入分别比全国和山东省城镇居民人均年可支配收入低2 733元和2 703元。加上新冠疫情原因，农民工就业问题也会受到很大的不确定性影响。如何在这样的大背景下，进一步发挥好总揽全局、协调各方的优势和责任，持续提高农民收入，缩小城乡收入比，也将会是一项严峻的挑战。

五、山东其他地方乡村振兴实践的经验及启示

他山之石，可以攻玉。在山东省省委省政府的部署要求下，山东各地围绕打造乡村振兴的齐鲁样板，结合本地实际进行了积极有益的探索，取得了丰富多彩的经验。这也为肥城市今后持续推进乡村振兴齐鲁样板的实践提供了多方面的宝贵借鉴。我们在此总结整理了山东省六个不同区域的乡村振兴经验、模式，希望为肥城市未来推动更高层次、更高质量的乡村振兴实践提供思路。

（一）潍坊先行区：夯实根基，创新提升

潍坊是山东的农业大市，也是农业产业化的发源地。潍坊市聚焦提升农业产业化、推进农村社区化、普及农民职业化，为构建城乡融合发展的体制机制补上短板、筑牢根基。潍坊市在打造乡村振兴背景下创新提升“三个模式”，着力打造乡村振兴的潍坊先行区。

一是坚持产业为基。在建设现代农业强市上，重点做好“绿色”“科技”“融合”“开放”四篇文章。突出绿色兴农质量兴农。强化农业科技支撑。推动云计算、大数据、物联网等新一代信息技术与农业深度融合。顺应产业融合发展趋势，开发农业多种功能，促进农业与加工、流通、旅游、文化、康养等产业深度融合。充分借鉴自由贸易区建设经验，把潍坊建设成为全国农业开放发展引领区、农业科技创新先行区、农村一二三产业融合发展示范区。在建设美丽宜居乡村上，协调推进农村经济、政治、文化、社会和生态文明建设。

二是坚持片区带动。潍坊结合各地不同的自然禀赋、产业特点，在全市范围内选择有基础、有特色、有前景的龙头企业、特色园区、田园综合体、美丽乡村、特色小镇等，集约资源重点支持，加快做大做强，已经形成了一批示范片区。选择若干个产业下一步计划选择以产业园区、美丽乡村、田园综合体等具备带动能力的示范点此为核心，合理确定适当规模，打破行政区划界限，规划若干乡村振兴片区，环境连片整治，风貌连片建设，样板连片打造，探索建立土地政策撬动型、园区片区治理开发型、龙头企业助推型、基层党建引领型、人才创业带动型、美丽乡村拉动型等片区推进模式，推动乡村振兴由点到线、由局部到全域飞跃，加快构建全域大美新格局。

三是坚持城乡融合。破除妨碍城乡要素自由流动和平等交换的机制障碍，促进各类要素更多向乡村流动，在乡村形成人才、土地、资金、产业、信息汇聚的良性循环，为乡村振兴注入新动能。充分发挥财政资金的杠杆作用，注重发展农村金融，构建多层次、多元化金融服务体系。加大“双招双引”力度，为农村带来现代生产经营方式、新商业模式和通达的营销网络。制定更具个性化的人才引进政策和鼓励创新创业政策，在农业高端人才引进、农村实用人才培训、农民创业扶持上下功夫，吸引更多年轻人、能人返乡创业，让乡村成为创新创业的舞台。

四是坚持组织引领。全面落实农业农村优先发展和“五级书记”抓乡村振兴的要求，以打造过硬党支部为抓手，着力选好配强村党组织书记，深入开展争当乡村振兴带头人和争当乡村振兴带头村活动。通过深化农村改革和发展产业，积极探索入股分红、村社共

建、村企共建等多种方式发展壮大村集体经济。

（二）邹城模式：示范带动、聚力突破

邹城市位于山东省南部，是山东的历史文化名城市。在打造乡村振兴齐鲁样本过程中，邹城以“五大振兴”为引领，高点定位、聚力突破、全域推进，突出“一个示范”，点线面片同向发力，奋力打造乡村振兴齐鲁样板的邹城模式。

一是深入实施“五个示范”工程。编制《邹城市乡村振兴战略规划（2018—2020年）》按照示范带、示范片区、示范镇、示范村、示范项目五个层次，实施“五个示范”工程，高标准打造乡村振兴齐鲁样板省级示范区，加快推进大束镇、城前镇、香城镇等济宁市乡村振兴示范镇建设，建设了康王养生谷、上九山等精品文旅项目，通过以点串线带面，推动乡村全面振兴。

二是深化农业农村改革。完成了国家农村产权制度改革任务，2019 年办理农村集体资产股权、农村土地承包经营权质押贷款业务 235 笔、贷款金额 10 864 万元，真正让农村“沉睡资产”活起来。试点经验被央视专题报道。

三是全面扩大开放。注重“筑巢引凤”，加快建设邹城国家农业科技园区吸引项目入驻，目前，聚集规模以上农业龙头企业 28 家；全力推动工商资本下乡，友泓蘑菇产业园、蓝城云梦桃源小镇、匡衡湖康养综合体等一批大项目启动建设。

四是推进机制创新。与中国农科院、山东省农科院签订了“整建制打造乡村振兴齐鲁样板合作协议”，新增省级创新平台 29 家，省农科院食药用菌产业技术研究院、省食用菌精准工厂化栽培工程技术研究中心等先后落地邹城。持续提升农业绿色发展水平，为乡村振兴齐鲁样板建设增添了新亮色。

（三）济南路径：突出特色、补齐短板

济南市在实施乡村振兴战略过程中，重在补齐农村这块短板，加快推进农业农村现代化，促进农村全面发展进步。

一是着力发展现代农业。大力发展特色种养业，实施平阴玫瑰、章丘大葱、曲堤黄瓜、莱芜生姜、历城草莓等十大农业特色产业振兴工程，打造在全国有较高知名度的农业品牌。加快培育新产业新业态，推动农业与旅游、文化、创意、教育、健康、养老等产业深度融合。加快培育新型农业经营主体。实施新型农业经营主体培育工程。深化农业与科技融合发展，大力推广农业机械化，提高农业生产效率，积极发展数字农业、智慧农业。

二是着力改善人均环境建设。把美丽乡村建设作为实施乡村振兴战略的重要抓手。加快农村基础设施建设提档升级，改善农村居住环境和生活质量。加大基本公共服务供给，推进城乡教育、医疗、养老等公共服务的均等化。推进农村人居环境整治，聚焦农村垃圾处理、污水治理、村容村貌整治三项重点任务。打造特色小镇和田园综合体，留住“乡愁”。

三是着力推进体制机制创新。建立健全有利于各类资金向农业农村流动的体制机制鼓励，引导社会资本参与乡村振兴。建立小农户与现代农业有机衔接机制，鼓励有一定规模的专业大户和农业大中专毕业生、外出务工农民、个体工商户、农村经纪人等通过土地流

转创办适度规模的家庭农场和合作农场，鼓励农民依法组建农民合作社联合社，大力发展农业生产性服务业。消除社会资本进入农村的制度障碍。探索建立社会资本进入农业农村的用地保障机制。

四是着力强化人才支撑。培养一支懂农业、爱农村、爱农民的“三农”工作队伍。培养造就新型职业农民队伍，建立多渠道多层次多形式的农民教育培训体系，提升农民就业能力和素养。挖掘利用本土人才。坚持走充分挖掘、培养本土人才资源为主，人才引进、支援为辅的乡村人才振兴之路。做足乡贤能人文章。实施“新乡贤培育计划”，进一步从乡村优秀人物中发现和树立现代乡贤典型。引进和留住外来人才。制定优越的人才政策，吸引和留住外来人才创业发展。

五是着力推进乡村文化繁荣。建设现代文明乡村。加强农村思想道德建设。重视保护和传承乡村优秀特色文化，提升农村优秀传统文化传播力和影响力。加大农村公共文化建设力度。深入实施文化惠民工程，健全农村公共文化服务体系，丰富农村文化生活。注重培养乡土文化人才，扶持民间文艺团体，让民间文艺活跃在民间。

六是着力推进乡村治理。加强村“两委”干部队伍建设，提高村“两委”村务治理和运用协商民主能力形成，民事民议、民事民办、民事民管的乡村治理机制。深化村民自治实践，实现政府管理和村民自治良性互动。建设法治乡村，完善依法治村规范体系，提高农民法治素养。提升乡村德治水平，重建具有正确价值观支撑的乡规民约和乡村道德体系，努力走出一条乡村治理的新路子。

七是着力保障和改善农村民生。农民生活富裕是乡村振兴的重要标志。在保障和改善民生过程中，注重提高农民就业质量和收入水平和农村民生保障水平，提高农村民生投入。在脱贫攻坚取得胜利后注重脱贫攻坚与乡村振兴的有机衔接问题，最大限度减少返贫现象。

（四）菏泽模式：重点突破、后来居上

菏泽市是山东省欠发达市，农业人口占总人口的60%以上，菏泽市发展的重点和难点主要在乡村，菏泽市努力探索出一条欠发达地区的乡村振兴路径。

一是巩固乡村基层组织。全力推进“头雁工程”创建，评选县级“头雁书记”484名，培养村党组织书记后备人才9 489名，摸排整顿软弱涣散村党组织499个，市县乡三级综治中心实现全覆盖，村级“雪亮工程”建设率达到100%。

二是发展乡村富民产业。2019年全市土地流转率达到41%，粮食总产达到78.15亿千克，肉蛋奶总产173万吨，规模以上农副产品加工企业达到820家。发展了黄河滩区、黄河故道产业、牡丹和畜牧业等富民产业，突出菏泽特色。

三是壮大乡村人才队伍。建立专门农村人才职称晋升通道，成立“返乡创业承办银行”，在全国大中城市建立了232家返乡创业服务站，22.7万外出人员返乡创业，领创办实体8.55万个，人才返乡创业态势加快形成。

四是加强乡村文化建设。大力加强农村思想道德建设和公共文化建设，培育文明乡风、良好家风、淳朴民风。大力推进新时代文明实践中心建设，建设村级文明实践站3 256个，乡镇综合文化站、村居综合文化服务中心、文化广场建设基本实现了全覆盖。

五是改善乡村环境。一方面推进农村新型社区建设，推动了农村新型社区与新型小城镇融合发展。另一方面集中开展农村人居环境整治，创建美丽乡村示范村。

（五）阳信探索：产业融合、科技赋能

阳信县是山东省第一批乡村振兴示范县，开展乡村振兴过程中阳信抓住机遇，立足农业规模大、基础牢的优势，抓住规划引领这个先导，抓住五个振兴这个关键，抓住资源要素这个保障，敢想敢干、真抓实干，不断在打造乡村振兴齐鲁样本的“阳信版本”。

一是依托特色产业，聚力产业集聚。阳信群众素来有收藏、销售古旧家具的历史传统。依托“收藏文化名镇”的区位优势，积极发展特色古典家具产业。从产业发展之初的分散家庭作坊式的“小打小闹”到规范的产业链条，集聚效应不断凸显。阳信县水落坡镇按照“产业园区化”的集群化发展思路，打造了水落坡民俗文化产业园，引导古典家具生产作坊、企业等生产经营主体向园区集中，聚集发展优势、增强产业竞争力。园区经过5年多的发展，已基本形成以鼎龙红木、盘古古玩收藏、意象欧美家具、昊天日韩家具为一体的生产经营体系。

二是促进产业融合发展。按照“古典家具产业＋旅游业”双轮驱动的发展思路，推动产业融合发展。阳信县水落坡镇积极打造“收藏水落坡·寻味阳信城”旅游品牌，大力发展“全域旅游”，努力创建国家4A级旅游景区。形成了以产促游、文旅融合发展的大产业格局。水落坡镇先后被授予“山东省旅游强乡镇”“山东省最佳休闲乡镇”荣誉称号。

三是搭建数字平台。阳信县以数字化、信息化技术手段和工作思路开创新时代“三农”工作新局面。提出了“支部＋乡村振兴赋能工程”的新模式，把乡村振兴赋能工程和党建工作紧密结合。研发电子商务平台，不断增强互联网营销能力、品牌运营能力和抗风险能力。筹建山东阳信古典文化数字经济产业园。通过打造数字化智慧平台、特色活动、全国全网宣传矩阵平台等服务来促进招商，实现留商、养商，以终为始、盘活园区，推动数字化产业在园区的落地与发展，打造数字化产业生态圈。

（六）临沭模式：对接需求、精耕细作

临沭县隶属临沂市，地处山东东南部、黄海西岸、长三角经济圈与环渤海经济圈结合点。地理位置优越，在开展乡村振兴齐过程中，抓区位优势，精耕细作，打造了齐鲁样本的临沭模式。

一是精准定位，对接长三角。打造优质农产品供应基地。围绕柳编、花生、地瓜、禽类加工等优势产业，对接长三角市场需求，提升农产品品质，做到质量可控制、全程可追溯。建设产业转移“大后方”。着眼助推乡村振兴，抓住长三角产业转移有利时机，立足主要产业和重点项目，内强外引、精准对接。创新农业社会化服务。在政策落实、项目建设、资金安排等方面优化政策、主动服务，成功创建省级农业社会化服务试点县，叫响“源自临沭、服务全国”的口号。

二是推进环境整治，打造美丽乡村。以违建治理撬动乡村振兴。以规划引领、全域整治、产城融合、机制创新为主线，以违法建设治理为抓手，不断提升城镇品质，为乡村振兴注入新动力。扎实开展环境整治“双百”行动，积极打造生态宜居美丽乡村。

三是深化金融改革。引导金融机构研发新产品，搭建政银企合作平台，持续提升农村金融服务水平，着力发挥保险“稳定器”作用，推动企业加快向资本市场进军的步伐。推出了“鲁担惠农贷”切实减轻了农村客户贷款成本，提高了农村客户贷款的可获得性，打通了金融支农“最后一公里”，为实施乡村振兴战略注入了强大动力。

四是注重引领和培育乡土人才。健全激励机制，鼓励乡土人才干事创业。强化培养培训，增强致富帮富能力。选树模范典型，促进引领带动。临沭县郑山街道畅通乡土人才成长渠道，把优秀的乡土人才培养成优秀的党员和村干部，充分发挥其“双带双富”作用。

五是建设乡村振兴示范片区。聚焦典型示范带动。该县依托临沭独特的山水并存融合优势，抓重点项目，推动连片组团发展。以沭河水系为核心，重点规划打造西线项目区—水之线；以苍马山、夹谷山等山系为核心，重点规划打造东线项目区——山之线，实现山水搭配，交叉融合。

总的来看，各地模式尽管具体做法各有不同，但在打造乡村振兴齐鲁样本的思路上也存在很多共同之处。一是夯实主导产业。立足自身发展，抓主导产业发展是关键。如菏泽的牡丹产业、阳信的古典家具产业等，依托自身特色优势不断提升发展与提升，找到乡村振兴的产业发力点。二是重视人才培育与引进。如菏泽建立专门农村人才职称晋升通道。济南注重发挥乡贤作用。三是推进乡村的文化繁荣。如济南重视保护和传承乡村优秀特色文化，丰富农村文化生活。四是注重乡村环境的改善。在梳理上述模式中发现，各地均把美丽乡村的建设作为重点。如临沭重点在违建治理，菏泽重在新型社区建设。五是强化组织引领。组织振兴是乡村振兴的保障条件。如潍坊开展了争当乡村振兴带头人和争当乡村振兴带头村活动。六是坚持示范带动。如潍坊、邹城等地均开展了乡村振兴示范区的建设。

六、进一步推动肥城市乡村振兴实践的建议

着眼肥城市乡村振兴战略实施面临的机遇与挑战，并借鉴山东其他地方的经验，我们对肥城市进一步推动乡村振兴实践有如下建议：

（一）基本思路建议

进一步推动肥城市乡村振兴的实践，要以习近平关于“三农”工作重要论述为指导思想，以中国特色社会主义乡村振兴道路为行动指南，把实施乡村振兴战略作为新时代做好“三农”工作的总抓手，坚持农业农村优先发展，按照产业兴旺、生态宜居、乡风文明、治理有效、生活富裕的总要求，建立健全城乡融合发展体制机制和政策体系，加快推进乡村治理体系和治理能力现代化，加快推进农业农村现代化，让农业成为有奔头的产业，让农民成为有吸引力的职业，让农村成为安居乐业的美丽家园。

在实施乡村振兴战略过程中，要注意处理好以下三个关系。

1. 兼顾短期目标和长期目标　中央提出，到 2035 年，乡村振兴取得决定性进展，农业农村现代化基本实现；到 2050 年，乡村全面振兴，农业强、农村美、农民富全面实现。可见乡村振兴是一项长期的工作任务，不可能一蹴而就。肥城市既要以问题为导向，

着眼实际问题，拿出近期工作目标和措施，坚持精准定策，迅速补齐短板问题；还要持之以恒、久久为功，有一张蓝图绘到底的坚定决心，制定长期发展目标，构建起乡村振兴的长效机制。从近期来看，肥城市要围绕建立和形成乡村振兴的制度框架和政策体系，加快推进农村各项改革，调整完善农村各项政策，扎实推进“五个振兴”，努力实现开好局、起好步。从中长期来看，肥城市要围绕推进乡村治理体系和治理能力现代化、农业农村现代化，分阶段分步骤科学合理规划，找准突破口、排出优先序，久久为功、扎实推进，积小胜为大成，实现乡村全面振兴。

2. 准确界定政府、集体与农民职责边界　如何发挥农民的积极性、主动性，是实现乡村振兴的关键。无论是产业发展还是乡村治理，都要发挥农民在乡村振兴中的主体作用。肥城市要通过加大宣传力度，加强政策引导，鼓励农民积极参与乡村振兴。首先，要通过培训和指导服务，持续提升农民的参与能力。其次，要深化县乡基层政府管理体制改革，严格界定政府职责边界。政府更多通过推动改革，制定规划、落实政策和法规，为农民及其他市场主体发展提供公平和良好的环境，同时依法加强对资源和环境进行保护，避免直接插手资源开发利用和产业发展。要进一步明晰村集体组织与农民的权利边界，完善民主决策议事制度，既能发挥村集体组织盘活农村土地的对外合作重要平台作用，又能保障农民土地承包权、宅基地资格权和使用权以及集体财产的收益权，保障集体成员在重大决策中发挥主体作用，在农民配合和支持下开展各类资源的流转和盘活利用，为产业发展奠定基础。

3. 统筹“硬件”建设与“软件”建设　乡村全面振兴，既需要水、电、路、网络通信等“硬件”基础设施，更需要政策、规划以及相关公共服务的“软件”的支撑。目前包括肥城在内的各地在“硬环境”方面不断改善，但“软环境”的打造仍很欠缺，成为乡村振兴的短板和弱项。肥城应硬件软件并重，从四个方面补齐“软环境”的短板。一是完善公共服务体系的系统性规划，优化各类要素布局。二是实施农业农村发展人才队伍培养行动。在对产业管理、经营人才和农民进行培训的同时，对基层干部、公共服务人员进行系统培养。三是健全农业农村发展的公共服务平台，发展农机作业、金融保险、仓储物流、数据信息、疫病防控、科技指导等各类社会化服务组织。四是不断深化“放管服”改革，推动智慧政务等便民服务平台运行，持续优化营商环境。

4. 改革与发展互促共进　习近平总书记强调，改革是乡村振兴的重要法宝。农村改革的伟大实践为我国社会主义现代化建设提供了宝贵经验。“十四五”是我国解决发展不平衡不充分问题、实施乡村振兴战略、推进农业农村现代化建设的关键时期，应该把改革贯穿始终，以改革促发展。肥城市要从新时代农业农村深层次矛盾出发，聚焦农民和土地的关系、农民和集体的关系、农民和市民的关系，以市场为导向，紧盯主要领域和关键环节，持续深化改革，激活农业农村主体、激活城乡要素、激活农业市场。要健全城乡融合发展机制，破除城市资本、人才和技术进入农业农村的体制机制障碍，推动城乡要素平等交换、双向流动、优化配置，促进农业农村资源的充分开发和利用，增强农业农村发展活力。要完善农业农村发展和乡村振兴的制度供给，增强改革的系统性、整体性、协同性。

结合肥城实际，当前要以乡村振兴为契机，重点探索深化三个方面的改革：一是深化土地流转制度改革。落实第二轮土地承包到期后再延长三十年政策，加快培育农民合作社、家庭农场等新型农业经营主体，健全农业专业化社会化服务体系，发展多种形式适度规模经营，实现小农户和现代农业有机衔接。二是深化农村集体产权制度改革，发展新型农村集体经济。完善农村产权交易中心职能，健全城乡统一的建设用地市场，积极探索实施农村集体经营性建设用地入市制度。三是推动农村宅基地“三权分置”改革试点，探索宅基地所有权、资格权、使用权分置实现形式。鼓励以闲置宅基地等入股、联营等方式，组建物业股份合作社，发展休闲旅游康养等乡村产业。着眼不同村庄具体情况，大胆探索，为解决宅基地闲置严重的“空心村”等问题提供思路。要按照构建新型城乡关系的要求，保障进城落户农民土地承包权、宅基地使用权、集体收益分配权，鼓励依法自愿有偿转让，真正打通城市到乡村的要素通道。

（二）工作对策建议

今后，肥城市要把握新形势、新任务、新要求，立足市情农情，围绕实现更高标准谋划、更高质量推进、更高层次发展，以更大的决心、更明确的目标、更有力的举措、更广泛的动员，进一步推动乡村全面振兴。在推动实际工作中，要重点做好以下方面：

1. 坚持高位推动，强化基层示范带动 一是加强组织领导，实现高位推动。肥城市委政府要贯彻落实党中央及上级党委关于乡村振兴工作的部署和要求，坚持农业农村优先，始终把推动乡村振兴作为重要议事日程，以领导班子的坚强意志实现高位推动。要依靠市级党委政府的系统思维，加强顶层设计、统筹谋划，在各领域各部门各单位间形成同向工作合力，叠加工作成效。建立长效机制，加强协调、督促检查，狠抓工作落实。

二是充分发挥基层组织的示范带动作用。乡村振兴的根本在乡村，组织振兴的基础在基层。要继续深化党建“基石工程”，推动组织资源向基层下沉，以党在农村的基层组织为核心，在乡村治理、产业发展、文化活动中发挥引领作用和服务保障职能。打造过硬的党员队伍，在贯彻执行乡村振兴工作的决策部署和政策措施、推进农业农村改革中发挥好模范带动作用，提升凝聚力、向心力、战斗力。

2. 坚持改革创新驱动，促进产业高质量发展 一是推进现代农业发展。要以农民增收、产业增效、生态增值为目标，市场引导和政策支持相结合，强化改革助推和科技驱动，促进农业由增产向提质转变。以有机农业功能园区建设为抓手，发展特色高效产业。打造有机蔬菜示范区，带动蔬菜产业向有机化发展，创建省级有机蔬菜特色农产品优势区。积极引导设施蔬菜发展，支持重点龙头企业建设蔬菜标准化示范园区。推行粮食生产全程社会化服务，引导工商资本开办企业化、专业化的现代农业服务组织，提高粮食生产加工流通的规模化、品质化、集约化、精准化、专业化水平，打造全省乃至国内重要的高效商品粮生产基地。深入实施肥桃保护与提升工程，按照“三品一标”（产品、品牌、品质、标准化）要求，进一步优化肥桃品种，改善肥桃品质，打造区域品牌；引导土地向种桃大户集中，提高标准化规模化种植水平。围绕粮食、肥桃、设施蔬菜等乡村特色优势产业，发展农产品加工、农村电商等服务业，完善产业配套、冷链物流等设施，解决储存运输、农业废弃物问题。

二是推进新型经营主体提档升级。实施新型经营主体提升工程，规范发展方式，完善利益联结分享机制，提升联农带农水平。通过兼并重组，发展壮大农业龙头企业，发挥龙头企业在延伸产业链、提升价值链、贯通供应链中的关键作用。大力培育农民合作社、家庭农场，鼓励组建家庭农场协会或联盟。规范提升单体合作社，培育发展联合社，提升县域指导服务能力。设立合作社示范社建设专项资金，推进国家级、省级农民合作社示范社创建，打造品牌合作社。培育壮大农机合作社等专业服务组织，通过联耕联种、代耕代种、土地托管等多种形式开展便捷的社会化服务。完善政府购买农业社会化服务各项政策措施，积极向有资质的经营性服务组织购买可量化、可监管的服务，促进农业社会化服务不断发展壮大。

三是推进三产融合提质增效。“十四五”规划纲要指出，要发展县域经济，推动农村一二三产业融合发展，丰富乡村经济业态，拓展农民增收空间。肥城市应进一步跨界配置农业和现代产业要素，促进产业深度交叉融合，围绕农业形成“农业＋”多业态发展态势。培育产业融合发展载体，建设“农字号”特色小镇和田园综合体，统筹要素资源，融合发展关联产业，形成一二三产业融合的聚集区和核心区，提高产品质量、综合效益和辐射带动能力。延伸桃文化产业链条，打造特色美食，发展产品加工，深度挖掘文化内涵，通过市场化运作和跨界整合包装等手段扩大和提升桃文化旅游产业。

四是推进新产业新业态发展。肥城市应抓住机遇，以数字化、信息化技术手段开创“三农”工作新局面。鼓励发展农特产品、特色旅游等行业电子商务平台，加快共同配送快递物流园区建设，构建统一管理、统一标识、统一价格的电商快递服务网，完善工业品、消费品下乡和农产品、旅游商品进城双向流通渠道。发展智慧农业，运用现代信息技术推动农业全产业链提档升级。鼓励发展分享农业、定制农业、创意农业、社区农业、农产品直销店等新业态。以肥城桃产业为支撑积极发展数字经济，促进线上线下深度融合，打造数字化产业生态圈。

3. 坚持城乡融合发展，推进乡村建设行动　“十四五”规划和2035年远景目标纲要提出，要推动形成工农互促、城乡互补、协调发展、共同繁荣的新型工农城乡关系，加快农业农村现代化。肥城市要抓住时机，推进乡村建设行动。

一是科学编制规划。要以山东省和泰安市的上位规划为引领，进一步完善功能区定位；全域全要素编制村庄规划，优化村庄布局；因地制宜，做好分类规划。统筹县域城镇和村庄规划建设，对传统村落宜集中则集中，宜保护则保护。推动乡村建设项目与产业类项目相结合。在产业招商引资工作中同步推出配套基础设施建设项目，同步发展、同步实施。

二是科学组织实施。对根据规划已启动建设特别是分期滚动开发的社区，要围绕规划和方案的落实，制定具科学性和可操作性的措施。要突出重点，围绕群众最关心的公路服务、供暖供气、镇街医疗、社保服务等问题，加快补齐基础设施和公共服务短板。作为生态循环农业示范县，肥城市要持续推进农村人居环境整治提升五年行动，进一步改善村庄生态环境。要量力而行，根据区域经济基础和条件，科学评估财政收支状况、集体经济实力和群众承受能力，合理确定投资规模、筹资渠道、负债水平，合理设定阶段性目标任务和工作重点。

三是鼓励社会资本参与。发挥政府投资撬动作用，激发民间投资活力，形成市场主导的投资内生机制。四是建立管护长效机制。针对基础设施建设投入大、周期长、需要持续维护的特点，一方面通过壮大集体经济，强化维护资金支持能力，另一方面建立长期运行监测机制，确保乡村设施齐全完备、运行良好。

4. 坚持提升公共服务，丰富乡村文化生活 乡村既需要物质生活“硬件”服务，也需要精神生活“软件”服务。“十四五”规划建议提出，要推进以人为核心的新型城镇化，实现基本公共服务均等化。肥城市要按照规划合理、设施齐备、环境优美的要求，提升乡村公共服务能力和水平，改善村民生活质量；要以城乡融合发展为目标，以补齐短板为导向，切实改变城乡间公共服务不均衡局面，缩小城乡居民生活水平差距。

一是树立以人为本理念，把提升公共服务定为民生工程。宜居乡村建设不仅是修路盖房，要围绕人的生产生活、流动和发展，补齐教育、卫生等公共服务领域的短板，增加服务供给，吸引各层次人才到乡村发展，实现安居乐业。

二是完善政策体系，推进城乡公共资源均衡配置，推动城乡在教育、文化、医疗、社保以及公交、环卫、电信等基本公共服务领域一体规划、一体建设、标准统一、制度并轨。建立城乡公共服务统一管护机制，推动市政服务向乡村延伸。引领适合农业农村现代化的生产生活方式，实现生产方式与生活方式协同转变，加快农业人口市民化。

三是健全基层组织。按照有利于服务群众的原则，完善乡村服务功能。强化县城综合服务能力，把乡镇建成服务农民的区域中心，明确村级组织公共服务职能，保障必要工作条件。

四是加强乡镇和新建社区公共服务中心建设，将中心城镇和新建大型社区打造为带动村庄、服务村民的区域中心。增加乡村文化设施数量，挖掘民间传统文化内涵，丰富乡村群众文化生活。作为休闲农业与乡村旅游示范县，要因地制宜，挖掘特色乡村风貌，打造既具现代生活气息，又不失乡土文化根脉的宜居乡村。

5. 坚持共建共治共享，健全乡村治理体系 乡村振兴，不仅是上级的要求，更是广大村民的深切期望。让村民成为乡村建设的参与者，获益者，才能使工作获得源源不断的内生动力。肥城市要结合实际，探索改进乡村治理的有效模式，补齐乡村治理能力短板，增强乡村自治民主管理能力，推进乡村治理现代化，打造共治共建共享格局。

一是完善村民自治组织体系。健全完善以基层党组织为核心、村民自治和村务监督组织为基础、集体经济组织和农民合作组织为纽带、各种社会服务组织为补充的农村组织体系。发挥各类组织的作用，建立多方参与的治理机制，提升乡村活力。继续发挥志愿者作用，通过开展志愿活动引导文明观念深入人心；充分发挥乡贤以及残联、妇联等群众组织的作用，助力乡村治理。

二是丰富村民民主自治形式。通过推行民情恳谈会、事务协调会、工作听证会、成效评议等，让群众与组织的充分互动起来，引导村民主动关心、支持、参与到乡村建设和管理中来，实现“民事民议、民事民办、民事民管”。

三是加强村民民主自治管理。建立健全村务监督委员会，推行村级事务公开制度，规范村级权力运行监管。依托村民代表会议、村民议事会等，推动民主选举、民主管理、民主决策、民主监督有效落实。注重用群众办法解决农村问题，发挥村规民约的自律规范作用，提升村民自身教育能力。

四是提升村干部管村治村能力。围绕群众反映集中的村务财务、干部作风等方面，提高民主管理意识，改进工作作风和能力。创新现代治理手段，探索“互联网＋”等治理新模式，推进治理重心下沉。推进民主法治建设，建立健全以法律法规、政策制度、自治章程等为主要内容的自治制度体系。提升干部运用法治思维和法治方式决策、管理村级事务的能力水平。

6. 坚持优化人才政策，加大人才振兴力度　肥城市应进一步完善落实人才激励、人才引进、人才培训等政策，培育本地人才、引进区外人才，集聚人才资源，为乡村振兴提供有力的人才支撑。一是优化人才引进政策。通过“产业＋人才”“项目＋人才”等方式，加大人才引进力度，强化科技人才队伍建设。积极引导农民工返乡、大学生回乡和高技术人才下乡参与乡村建设。二是落实人才激励政策。通过提供发展平台、完善生活配套设施等，重点鼓励有资金、懂知识、善经营、会管理的人才到农村地区发展；通过奖励分成、兼职收益等方式，鼓励科技人员以科研成果参股、承包经营、合作开发、咨询顾问、创办企业等形式进入农业领域或环节。三是落实农村优秀人才培育政策。开展农村实用人才培训，开发有针对性的培训项目，丰富培训内容，提高农民科技文化素质，推动乡村人才振兴。学习先进地区经验，着力打造开放型农村社区。打破传统界限，既允许原有成员退出集体组织进入城市，也要让回乡、下乡、返乡的各类人才进入农村社区，加入集体经济组织，与其他成员享受同等待遇，从而使农村集体经济组织转变为一个能进能出的开放型组织，为城市人才、资金、技术进入乡村创造更加公平的环境。

7. 坚持拓宽投入渠道，增强政策支持保障　乡村振兴是一项系统性工程，需要发挥行政组织的力量，也需要各种社会组织参与，实现资源共享、风险共担、自我监督、提升效益。肥城市要积极探索资源整合的有效方式，加快形成财政优先保障、金融重点倾斜、社会积极参与的多元投入机制。

一是加大财政支持力度。统筹整合财政涉农资金，加大对标准化基地、畜牧养殖、绿色生产、品牌培育、生态保护、产业融合等方面的支持力度，优先扶持基础设施、产业发展、科技创新等方面公共服务设施的建设。全面落实强农惠农政策，发挥财政资金“四两拨千斤”的作用，优先保障资金投入；做好各来源资金的整合，提高资金使用效益。对群众关注和急需的服务设施，采取税收、土地等优惠政策措施引导。

二是加大对企业、合作社、种植大户的金融服务力度。建立激励考核机制，推动金融机构面向合作社、农户发放贴息贷款、低息贷款、生产保险。引导金融机构积极调整信贷投向，探索发展产业链、产业集群贷款，以满足农村基础设施、涉农产业项目和涉农经营主体的资金需求。开发适合本地农业农村特点的金融工具，放宽贷款条件，降低贷款门槛，提高贷款额度，满足工商资本下乡的金融需求。

三是放大政策性担保机构作用。推行由农业产业化龙头企业、农民专业合作社、农户、银行、保险公司、担保公司等组成信用共同体的联合增信贷款模式。进一步推动农业信贷担保，扩大业务规模。采取财政补贴等形式，鼓励涉农企业联合组建会员制担保机构，实行封闭运作，为企业贷款提供规范有效担保，减少融资成本，提高融资效率。

四是引导社会资本通过村企共建、参股合作等方式，参与到乡村振兴中来。开展土地承包经营权、集体经济组织“四荒地”使用权、集体经济组织养殖水面承包经营权、集体林地使用权和林木所有权、农业类知识产权、集体经济组织股权、房屋所有权、闲置宅基地使用权、农业生产性设施使用权、二手农机具等农业生产工具所有权等交易试点，激活农村产权市场，促进生产要素资源转化为资本。稳步推进农村宅基地三权分置改革，允许社会资本长期租赁农村宅基地，赋予宅基地使用权抵押担保权，盘活利用闲置资产，为乡村新产业新业态发展提供空间。